国家出版基金项目
国家重大出版工程项目
"十二五"国家重点图书

◎雍振华 著

江苏古建筑

中国古建筑丛书

中国建筑工业出版社

审图号：GS（2015）2780号

图书在版编目（CIP）数据

江苏古建筑／雍振华著 .—北京：中国建筑工业出版社，2015.12
（中国古建筑丛书）
ISBN 978-7-112-18238-1

Ⅰ.①江… Ⅱ.①雍… Ⅲ.①古建筑－介绍－江苏省 Ⅳ.① K928.71

中国版本图书馆CIP数据核字（2015）第141545号

责任编辑：李东禧　唐　旭　吴　绫　杨　晓
书籍设计：康　羽
责任校对：姜小莲　党　蕾

中国古建筑丛书

江苏古建筑

雍振华　著

*

中国建筑工业出版社出版、发行（北京西郊百万庄）
各地新华书店、建筑书店经销
北京嘉泰利德有限公司制版
北京顺诚彩色印刷有限公司印刷

*

开本：880×1230毫米　1/16　印张：27$\frac{3}{4}$　字数：733千字
2015年12月第一版　2015年12月第一次印刷
定价：398.00元
ISBN 978-7-112-18238-1
　　（25811）

版权所有　翻印必究
如有印装质量问题，可寄本社退换
（邮政编码 100037）

《中国古建筑丛书》总编委会

总顾问委员会：

罗哲文　张锦秋　傅熹年　单霁翔　郑时龄

总编辑委员会：

主　任：吴良镛　周干峙
副主任：沈元勤　陆元鼎
总主编：陆　琦　戴志坚
委　员（按姓氏笔画排序）：

丁　垚　王　军　王　南　王金平　王海松　左满常　朱永春
刘　甦　李　群　李东禧　李晓峰　李乾朗　杨大禹　杨新平
吴　昊　张玉坤　张兴国　张鹏举　陆　琦　陈　琦　陈　颖
陈　蔚　陈伯超　陈顺祥　范霄鹏　罗德启　柳　肃　胡永旭
姚　赯　徐　强　徐宗威　翁　萌　高宜生　唐　旭　黄　浩
谢小英　雍振华　蔡　晴　谭刚毅　燕宁娜　戴志坚

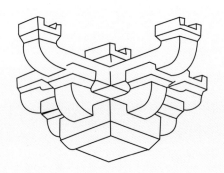

《江苏古建筑》

雍振华　著
审稿人：路秉杰

总 序

中国历史悠久，地大物博，人口众多，是一个多民族的国家，文化遗产极为丰富。中国古建筑是世界建筑史上的四大体系之一，五千年来，光辉灿烂，独特发展，一脉相传，自成体系。在建筑历史发展过程中，从来都没有中断过，因而，积累了大量的极为丰富的优秀建筑文化遗产。中国古代建筑的实践经验、创作理论、工艺技术和艺术精华值得总结、传承和发扬。

中国古代建筑具有强大的生命力，首先是独特的地理环境。中国位于亚洲东方，北部有长白山、乌苏里江高山河流阻挡，西有天山、喀喇昆仑山脉和沙漠横贯，西南有喜马拉雅山脉，东南则沿海，形成封闭与外界隔绝的地域，加上地处热带、温带和寒带，宽阔的地理和悬殊的气候，促进建筑与环境的巧妙和谐结合。

其次，独特的民族性格。中国是以汉族为主的多民族所组成。以中原文化为主的汉族人民团结、凝聚着居住和生活在各地的少数民族。由于各民族的历史、文化、宗教信仰、生活习俗与审美爱好的不同，以及他们所处地区的自然条件和地理环境的差异，长期的劳动实践，形成了各民族独特的性格和绚丽灿烂的建筑风貌。

其三，文化的独特体系。中国文化是以黄河流域中原文化为中心，周围有燕赵文化、晋文化、齐鲁文化、吴越文化、楚文化、秦文化和巴蜀文化所烘托，具有历史渊源长久、人类智慧集中、思想资源丰富的特点。中国传统文化思想的集中表现是以儒学、道学为代表，其后，佛教的传入与中国传统文化的结合，形成以儒学为主的儒、道、释三者合一的中国传统文化思想。归纳起来，就是天人合一的宇宙观念，以人为本、和为贵的人文思想，整体直觉的思维方式，真善美相结合的美学观念。

封闭而独特的地理环境，团结凝聚而又富于创造的民族性格，以儒学为主的文化独特体系，创造了中华民族的雄伟壮丽的建筑工程。长期的经验积累，独树一帜，虽经战争的炮火，民族之间的斗争与融合，外来文化之传入及本土化，但中华民族建筑始终一脉相传，傲然生存下来，顽强发展，独树一帜而不倒，在世界建筑史发展中是罕见的、独有的。

中国古代建筑发展经历了原始社会、奴隶社会和封建社会三个历史阶段。

旧石器时代，原始人群利用天然崖洞作为居住场所。南方湿热多雨，虫害兽多，出现巢居。1973年，在浙江余姚河姆渡村发现大约建于6000~7000多年前的、长约23米、进深约8米的木构架建筑遗址，推测是一座长方形、体量相当大的干阑式建筑，这是我国最早采用榫卯技术构筑房屋的一个实例。

原始社会晚期，黄河流域有广阔而丰厚的黄土层，土质均匀，含有石灰质。黄河中游的氏族部落，在利用黄土层作为壁体的土穴上，用木架和草泥建造简单的穴居，逐步发展到浅穴居，再到地面上的房屋，形成聚落。

奴隶社会，夯土技术逐步成熟，宫室建于高大的夯土台上，木构建筑逐步成为中国古代建筑的主要结构方式。等级制度出现。工程管理有了专职的"司空"，以后各朝代沿袭发展成为中国特有的工官制度。

封建社会初期，高台建筑盛行，修建了长城、驰道和水利工程。东汉时代，建筑中已大量使用成组的斗栱，木构楼阁增多，城市和建筑类型扩充，中国古代独特的木构建筑体系基本形成。

两晋南北朝是我国历史上充满着民族斗争和民族融合的时期，佛教的传入，宗教建筑大量兴建，高大的寺庙、壮丽的塔幢，石窟中精美的雕塑和壁画，这是我国古建筑吸收外来文化使之本土化的创造时期。

隋、唐统一全国，开凿贯通南北的大运河，促进了我国南北物资和文化的交流和发展。唐代的长安、洛阳成为世界上最大的城市。木构建筑的宫殿、楼阁和石窟、塔、桥，无论布局或造型都具有较高艺术和技术水平，唐代建筑已发展到成熟的阶段。

宋、辽、金时期，南方在经济和文化方面居于先进地位。由于手工业分工更加细致，国内商业和国际贸易活跃，城市逐渐开放，改变了汉以来历代都城采用的封闭式里坊制度，形成沿街设店的方式。建筑的设计和施工达到一定程度的规格化、制度化，公元12世纪初在总结经验的基础上编写了《营造法式》这一部重要文献。

元代大都建立，喇嘛教和伊斯兰教建筑影响到各地。明、清时期官式建筑已经达到完全程式化、定型化阶段。明代后期出现资本主义萌芽，清代在城市规划上、建筑群体布局和建筑艺术形象上有所发展，例如北京城、故宫、天坛等。民居、园林和民族建筑遍布各地，呈现一片繁荣景象。

中国古建筑有明显的特征。在城市规划上，严谨规整、对称宏伟，表现出庄重威武的中华民族性格。单体建筑中，雄伟的飞檐屋宇、大红的排列柱廊、高大的汉白玉台基，呈现出崇高壮丽又稳定的形象。黄河流域盛产的木材资源，形成了中国古建筑木构架体系的特色。室外装饰的富丽堂皇、金碧辉煌，室内陈设装修的华丽多样、细腻雕饰，体现了中国古建筑绚丽多彩的民族风格。

聚居建筑方面，包含民居、祠堂、家庙、书院等遍布全国各地，它们与人民生活息息相关。各地各族人民根据自己的生活习俗、生产需要、经济能力、民族爱好和审美观念，结合本地的自然条件和材料，因地制宜、因材致用地进行设计与营造。他们既是设计者，又是营建者、使用者，可以说设计、施工、使用三位一体，因而，这种建造方式所形成的民宅民间建筑，既实用简朴，又经久美观，并富有民族风格和地方特色。

中国古园林的特征。以自然山水即中国山水画为蓝本，并以景区、景物和建筑、山水、花木为构件，由景生情，产生意境联想，达到艺术感受。皇家园林因其规模大、范围广，其园林布局自秦、汉时期的一池三岛，到唐、宋以山水画为蓝本，明、清仍沿袭池中置岛古制，但采用人工造山置水的方法。

明、清私家园林因属民间，士大夫文人常在宅后设园休闲宴客，吟诗享乐，其特点是以最小的场所造成无限的景色为目的。因其规模小，常以叠石或池水为主，峰峦洞壑、峭壁危径或曲径通幽取胜。在情景中则采用巧于因借、精在体宜的手法。

我国是一个人口众多的多民族国家。相传秦汉以前，中华大地上主要生存着华夏、东夷、苗蛮三大文化集团，经过连年不断的战争，最终华夏集团取得了胜利，上古三大文化集团基本融为一体，历史上称为华夏族。春秋、战国时期，东南地区古老的部族称为"越"，逐渐为华夏族所兼并而融入华夏族之中。秦统一各国后，到汉代都用汉人、汉民这个称呼，直到隋、唐，汉族这个名称才固定下来。

由于各民族的历史文化、宗教信仰、生活生产、习俗性格的不同，又由于各族人民所处地区的自然条件和环境的不同，导致他们各自产生了富有特色的建筑和民宅，如宏伟壮丽的藏族布达拉宫，遍布各族聚居地的寺院庙宇、寨堡围村、楼阁宅居，反映了绮丽多彩的民族风貌。

中国传统文化渗透了中国古建筑，中国古建筑深刻地体现了中国文化。

新中国成立后，作为全国性有领导有组织地编写中国古代建筑史，第一次是1959年，由原建筑科学研究院组织"编写三史"开始。当时集中了全国高等院校、科研部门分工编写，1962年由中国工业出版社出版《中国建筑简史》第一册（古代部分）。随后，又组织有关院校、文化、历史、考古等单位对古代建筑史有研究的人员，经多次修改，由刘敦桢教授执笔主编的《中国古代建筑史》，于1966年完成。由于"文化大革命"，未能出版，1980年才由中国建筑工业出版社正式出版。作为高等院校的中国建筑史教材则由全国高校教师编写，参考了上述专著，由中国建筑工业出版社1982年出版。

作为系统的、全面的、编写中国古建筑丛书是从1984年开始，当时作为《中国美术全集》中的一个门类——建筑艺术，称为《中国美术全集·建筑艺术编》，共6辑，包含宫殿、坛庙、陵墓、宗教建筑、民居、园林，1988年完成出版。

第二次编写从1992年开始，编写的原因是《中国美术全集·建筑艺术编》6辑出版后，各界反映良好，但感到篇幅不够，它与我国极为丰富的建筑文化遗产大国不相适应。于是，再次组织编写《中国建筑艺术全集》丛书30辑，其中古建筑24辑，近现代建筑6辑。古建筑部分仍按类型编写。该丛书中的24辑于1999年5月出版。

由于这两次丛书都是全国性编写，按类型写，又着重在艺术，因此，一些地方特色和民族特色的、中型的优秀古建筑就难于入选。为了弘扬和传承优秀传统建筑文化体系，总结经验和规律，保护我国优秀传统建筑文化遗产，因此，全面地、系统地、按省（区）来编写古建筑丛书是非常必要的、合时宜的。

本丛书编写的主要特点是：其一，强调本省（区）古建筑的民族特色和地方特色；其二，编写不限于建筑艺术，而是对本省（区）古建筑的全面叙述，着重在成就、价值、特色、技术和经验、规律等各个方面，这是我国民族和地区的资料比较全面和丰富的传统建筑文化丛书。

陆元鼎

2015年1月10日

前　言

地处我国东部的江苏省，辖江临海，扼淮控湖。平坦的地形、肥沃的土壤、密集的水体加上温润的气候孕育了无数的生命，也吸引了人类的祖先到此繁衍生息。数千年来，当地居民在这片土地上生产、生活，辛勤劳动创造了璀璨的古代文明，自旧石器时代直至近现代社会，江苏境内形成了十分完整的文化序列，而当地留存的无数遗迹、古建筑既反映了当地文明发展的历程，也在默默地向人述说着这里曾经有过的辉煌。

尽管因自然的磨蚀与人为的毁损，使今人无法见到早期的建筑遗存，但保留至今的古代建筑依然为数众多。时至2013年，国务院公布第七批全国重点文物保护单位之际，江苏已有123处各类古代建筑被列入其中，而已公布的省级文物多达500余处，省级以下的文物保护建筑更有数千处之多，这不仅显示了江苏地区在古代社会中经济、文化发展的成就，同样也反映了它在中华文明史上的地位。

现存的江苏古建筑类型极为丰富，不仅城池、市镇、村落、民居、园林、学宫、书院、会馆、佛寺、道观、清真寺、祠祀等一应俱全，而且像据称在2500多年历史演变中城池位置与格局都未发生太大改变的春秋吴国阖闾城（今苏州）、被誉为"六朝古都"、"十朝都会"的南京城、被称之为"天下之有学自吴郡始"的苏州文庙以及代表着我国园林艺术最高成就的苏州园林及扬州园林等等，都已成为具有江苏特色的地域文化。

从外观形貌上看，江苏与其他汉民族聚居之地的古建筑具有诸多相似之处，但如果细细分析其结构方法，却会发现即便是在江苏境内，不同地区也存在着许多相异之处。比如，江南地区高规格建筑的歇山和庑殿屋顶不用收山和推山做法，山尖的梁架直接落于边间立柱之上，而边间面阔与前后廊同宽，由此简化了屋架结构，也保证了屋顶造型；又如小型民居中，江苏北部常见的为"大叉手"构架形式，而江淮以南则普遍使用"抬梁式"屋架；再如，同为使用圆形断面的梁柱，扬州地区常将梁端截出箍头榫插入柱端开设的口槽内，而苏州地区则在柱端做直榫插入梁端榫眼中等等。类似的实例其实还有很多，这些结构处理其实彼此间并没有优劣之分，或许仅能以习惯传统予以解释。可见仅以风貌特征、构造体系、建筑材料等宏观角度予以探讨，似乎还不足以获得江苏古建筑的完整理解，所以还需从更为细微的结构形式、构件造型乃至不同区域的营造用尺等方面来研究江苏古建筑的地区差异，进而在这些差别中找寻习俗、传统以至文化层面的规律。

本书按目前常见的分类，将古建筑分为城池、市镇、村庄、民居、园林、学宫、书院、会馆、佛寺、道观、清真寺、祠祀以及桥梁等13类。在对江苏的环境、气候、历史、文化以及建筑发展作了介绍、综述之后，分别对上述各类案例予以分析。在城池、市镇、村庄以及园林等的论述中，着眼于空间结构的研究；对于民居、学宫、书院、会馆、佛寺、道观、清真寺及祠祀等的探讨，则重点放在空间布局、建筑构造以及装修装饰方面。以期用专业的角度切入，让读者能够更深入地了解和理解江苏古建筑的特征所在。

由于江苏古建筑的数量众多，类型丰富，以一册的篇幅实难以全部概括，而且那些知名度较高的建筑前人叙述较多，而较少见诸以往书籍的又为人们所不熟悉，所以本书在案例的选择上兼顾了知名度较高的和尚不为人熟悉但具有一定特色的，所余部分以列表的形式附于书后。虽然本书容含了作者多年研究的积累和对古建筑的思考，在写作过程中进行了深入的调查和踏勘，但限于自己的见解，其中或许会有不足和缺陷的存在，十分期望在刊印后能得到同行的批评指教。

雍振华

2015 年 2 月 10 日

目 录

总 序

前 言

第一章 绪 论
第一节 自然环境与气候 / ○○二
第二节 社会历史与文化 / ○○八
第三节 建筑的发展 / ○一○
　一、史前时期的江苏民居 / ○一○
　二、先秦时期的江苏建筑 / ○一一
　三、汉、魏六朝的江苏建筑 / ○一二
　四、唐宋时期江苏的建筑 / ○一三
　五、明清时期的江苏建筑 / ○一四

第二章 城 池
第一节 概述 / ○二一
第二节 南京城 / ○二一
　一、沿革 / ○二一
　二、都城 / ○二二
　三、皇城 / ○二四
　四、宫城 / ○二五
　五、坛庙 / ○三○
　六、聚宝门 / ○三○

第三节 苏州城 / ○三四
　一、沿革 / ○三四
　二、阖闾大城 / ○三四
　三、宋平江府 / ○三五
　四、盘门 / ○三五
　五、胥门 / ○三九
第四节 扬州城 / ○三九
　一、沿革 / ○三九
　二、隋唐江都（广陵）/ ○四○
　三、明清扬州 / ○四三

第三章 市 镇
第一节 概述 / ○四七
第二节 周庄 / ○四七
　一、周庄镇的形成 / ○四七
　二、自然环境的影响与周庄古镇的平面
　　　格局 / ○四九
　三、城镇要素与周庄古镇的空间结构 / ○五一
　四、张厅 / ○五七
　五、沈厅 / ○五七
　六、民风习俗与周庄古镇空间的多义性 / ○六四
第三节 同里 / ○六四
　一、沿革 / ○六四

二、市镇形态 / 〇六四
三、退思园 / 〇六六
四、耕乐堂 / 〇六八
第四节　千灯 / 〇七六
一、历史沿革 / 〇七六
二、形态格局 / 〇七七
三、民居建筑 / 〇七七
四、商住建筑 / 〇七八
五、寺庙建筑 / 〇八一
六、桥梁 / 〇八二
第五节　窑湾 / 〇八二
一、市镇格局 / 〇八二
二、建筑特色 / 〇八七
三、保存价值 / 〇八八

第四章　村　落
第一节　概述 / 〇九三
第二节　明月湾 / 〇九四
一、古村平面布局和空间结构 / 〇九四
二、古村的建筑特色 / 〇九八
三、古村的建筑结构与装饰 / 一〇一
四、古村及其传统建筑的存在价值和可持续发展 / 一〇五
第三节　陆巷 / 一〇五

一、历史变迁 / 一〇七
二、村落形态 / 一〇七
三、遂高堂 / 一一〇
四、惠和堂 / 一一〇
五、三元牌楼 / 一一四
第四节　南厍 / 一一五
一、村庄历史 / 一一五
二、村落形态 / 一一六
三、民居 / 一一六
四、店铺 / 一二一
五、庙宇 / 一二四
六、桥梁 / 一二四
第五节　杨柳村 / 一二六
一、古村格局 / 一二六
二、民居建筑 / 一二六
三、建筑修饰 / 一三二
第六节　尹宋村 / 一三五
一、村庄变迁 / 一三五
二、村镇形态 / 一三五
三、民居建筑 / 一三六

第五章　民　居
第一节　概述 / 一四三

第二节　彩衣堂 / 一四三
一、建筑组群 / 一四四
二、建筑构造 / 一四四
三、建筑彩画 / 一五一
第三节　师俭堂 / 一五三
一、建筑组群 / 一五四
二、建筑构造 / 一五六
三、建筑装饰 / 一五八
第四节　薛福成故居 / 一六一
一、中部住宅 / 一六一
二、后花园 / 一六七
三、东部建筑 / 一六七
四、西部花园 / 一七二
第五节　五柳堂 / 一七三
一、建筑现状 / 一七三
二、建筑特色 / 一七三
三、装修装饰 / 一七五
第六节　汪氏小苑 / 一七八
一、园宅概貌 / 一七八
二、建筑构造 / 一八二
三、装修装饰 / 一八五
四、园林艺术 / 一八五
第七节　朱自清故居 / 一八八

一、建筑格局 / 一八八
二、结构特点 / 一九四
三、装修装饰 / 一九五
第八节　余宅与翟宅 / 一九五
一、余宅构成 / 一九五
二、翟宅构成 / 二〇〇
三、建筑特色 / 二〇〇

第六章　园　林

第一节　概述 / 二〇七
第二节　拙政园 / 二〇七
一、历史变迁 / 二〇七
二、园林格局 / 二〇八
三、主要建筑 / 二〇八
第三节　留园 / 二二〇
一、沿革 / 二二〇
二、布局 / 二二〇
三、特色 / 二二二
四、空间 / 二二四
第四节　网师园 / 二二五
一、沿革 / 二二五
二、布局 / 二二五
三、特色 / 二二九

第五节　寄畅园 / 二三一
一、沿革 / 二三一
二、布局 / 二三三
三、特色 / 二三六
第六节　寄啸山庄 / 二三七
一、沿革 / 二三七
二、布局 / 二三七
三、建筑特色 / 二四二
第七节　个园 / 二四三
一、住宅部分 / 二四三
二、花园部分 / 二四九
三、丛书楼 / 二五一
第八节　水绘园 / 二五二
一、沿革 / 二五二
二、布局 / 二五二
三、现状 / 二五六
四、特色 / 二五六

第七章　学　宫
第一节　概述 / 二六一
第二节　苏州文庙 / 二六一
一、大成殿 / 二六二
二、戟门 / 二六三
三、棂星门 / 二六三
四、明伦堂 / 二六六
第三节　南京朝天宫 / 二六六
一、文庙布置 / 二六七
二、建筑特色 / 二六八
三、周边建筑 / 二七〇

第八章　书　院
第一节　概述 / 二七五
第二节　无锡东林书院 / 二七六
第三节　南京崇正书院 / 二七七
第四节　扬州梅花书院 / 二七七
第五节　泰州安定书院 / 二七八

第九章　会　馆
第一节　概述 / 二八三
第二节　苏州全晋会馆 / 二八三
第三节　苏州嘉应会馆 / 二八六
第四节　苏州潮州会馆 / 二八九
第五节　扬州岭南会馆 / 二八九
第六节　苏州横塘驿 / 二八九
第七节　高邮孟城驿 / 二九一

第十章 佛 寺

第一节 概述 / 二九五
第二节 南京栖霞寺 / 二九五
　一、舍利塔 / 二九五
　二、千佛岩 / 二九六
　三、寺院建筑 / 二九八
第三节 扬州大明寺 / 三〇三
　一、历史沿革 / 三〇三
　二、寺院格局 / 三〇三
　三、寺院建筑 / 三〇三
第四节 苏州西园寺 / 三〇七
　一、历史沿革 / 三〇七
　二、寺院格局 / 三〇七
　三、主要建筑 / 三一二
第五节 苏州寒山寺 / 三一五
　一、寺院变迁 / 三一五
　二、寺院格局 / 三一五
　三、主要建筑 / 三一八
第六节 东山紫金庵 / 三二〇
　一、罗汉堂 / 三二〇
　二、净因堂 / 三二二
　三、其他建筑 / 三二五

第七节 无梁殿 / 三二六
　一、南京灵谷寺无梁殿 / 三二六
　二、苏州开元寺无梁殿 / 三二八
第八节 塔幢 / 三三二
　一、虎丘塔 / 三三二
　二、罗汉院双塔 / 三三二
　三、北寺塔 / 三三三
　四、瑞光塔 / 三三四
　五、甲辰巷砖塔 / 三三四
　六、万佛石塔 / 三三四
　七、慈云塔 / 三三五
　八、扬州文峰塔 / 三三七
　九、扬州白塔 / 三三九
　十、昭关石塔 / 三三九
　十一、仪征天宁塔 / 三四〇
　十二、南通光孝塔 / 三四〇
　十三、连云港阿育王塔 / 三四一

第十一章 道 观

第一节 概述 / 三四五
第二节 苏州玄妙观 / 三四六
第三节 扬州琼花观 / 三四八

第四节　东山轩辕宫 / 三五〇
一、历史沿革 / 三五〇
二、城隍庙建筑组群 / 三五〇
三、轩辕宫正殿 / 三五二

第十二章　清真寺
第一节　概述 / 三五九
第二节　镇江清真寺 / 三六〇
第三节　扬州仙鹤寺与普哈丁墓 / 三六三

第十三章　祠　祀
第一节　概述 / 三七一
第二节　无锡泰伯庙 / 三七一
第三节　苏州城隍庙 / 三七五
第四节　盛泽先蚕祠 / 三七九
第五节　无锡华孝子祠 / 三八三

第十四章　桥　梁
第一节　概述 / 三八九
第二节　苏州宝带桥 / 三八九
第三节　苏州枫桥 / 三九一
第四节　车坊大觉寺桥 / 三九一

第五节　同里思本桥 / 三九三
第六节　扬州五亭桥 / 三九三
第七节　溧水蒲塘桥 / 三九五
第八节　无锡清名桥 / 三九六
第九节　宜兴鲸塘桥 / 三九六

附录一　被列入全国重点文物保护单位的江苏古建筑 / 三九八

附录二　被列入江苏省级重点文物保护单位的古建筑 / 四〇三

江苏古建筑地点及年代索引 / 四一九

参考文献 / 四二四

后记 / 四二五

作者简介 / 四二六

江苏古建筑

第一章 绪论

建筑最初只是人类为遮风避雨、祛暑御寒而构筑搭建的容身之所，随着社会的发展，其内涵和外延不断扩大。渐渐地，建筑除了被人们继续用作自己的居所之外，还被视为鬼神的栖止之地，他们仿照居宅予以修造，出现了坟茔、祀祠、庙宇等类型；由于建筑的形象所具有的感人魅力，以致被赋予社会等级的属性，于是在居处建筑之中也分化出宫殿、府邸、民宅等类型；为适应人们生活及生产方式的发展，建筑也需顺应社会的需求而有所变化，因而产生了服务于手工业的作坊、服务于商业的店铺、服务于教育的学宫与书院等类型。各种不同的建筑承担着人们赋予它的职责，满足人们物质和精神的需求。在岁月的推移中，它们又默默地完成着新老更迭、推陈出新的演变历程。在时间的冲刷下，无数建筑终于消失于历史的长河之中，然而仍有不少的各类建筑被顽强地保留了下来，如今这些古老的建筑常被看作我们祖先留下的宝贵遗产，也被视为今人了解过去的文明标识。

江苏地区自然环境优越、气候宜人，所以早在上古时期，这片土地上已有了人类活动的踪迹。经历了千百年的演进，这里逐渐发展成我国经济最为发达、文化最为昌明的地区之一。人们在此的长期生活需要物化成一幢幢各式建筑，他们对自己生活境域的不断追求又使建筑精益求精。虽然在长期的大一统文化背景之下，我国传统礼仪制度的限定，致使各类不同建筑的形态呈现出相近的风格与特征，但我国地域广袤，江苏不同于其他地区的自然环境与气候条件造就了其独特的结构、造型；经济、文化发展的不均衡也令其因修饰而产生外观、形貌的变化，从而展现出地域特色。

第一节　自然环境与气候

江苏地处我国东部，位于东经116°18′~121°57′，北纬30°45′~35°20′。其东濒临黄海，西连安徽，东南与浙江、上海毗邻，北接山东。全省总面积10.26万平方公里，占全国总面积约1.1%（图1-1-1）。其地形平坦，自南而北有苏南平原、江淮平原、黄淮平原以及东部的滨海平原，平原占省域面积的近70%；水域面积达17%。

由于我国第一大河长江（图1-1-2）由江苏南部穿越注入东海；第二大河黄河也曾改道江苏；第三大河淮河（图1-1-3）原先横贯江苏北部入海，后因黄河夺淮，形成废黄河以南的淮河水系及北部沂、沭、泗水系。江河与大海的交汇，造就了江苏典型的冲积平原特征。大江、巨河裹挟的泥沙在此淤积，形成了广袤的三角洲平原，地势低平，河湖密布，除长江、淮河之外还有大小河流数以千计。当地居民为了生活与生产，在充分利用当地自然地形的基础上又对自然作了改造，疏浚河道、勾连水系。早在春秋晚期就出现了像邗沟这样的人工水道，到隋代形成著名的大运河（江苏段）（图1-1-4）。此外尚有人工河道苏北灌溉总渠、新沂河、通扬运河等。长期的淤积和切割的共同作用，再加上附近丘陵的山涧、陆地的涌泉，以及丰沛的雨水，经汇潴又在低洼地区而形成沼泽、湖泊。于是苏南平原、江淮平原地区呈现出河港密布、湖泊星罗的景象。我国五大著名的淡水湖，江苏得其二，太湖以2250平方公里，居第三（图1-1-5），洪泽湖为2069平方公里，居第四（图1-1-6），至于1000平方公里以下的大小湖泊还有数百个之多。众多的湖泊与密集的河道致使江苏省的水体总面积达1.73万平方公里，比例之大，在全国各省中居于首位。

在江苏一望无际的平原中也偶尔会有丘陵地貌隐现。这些低山丘陵在远古时期都是滨海岛屿，随着海岸泥沙的淤积远推，当初的浅海陆架逐渐成了如今的平原和湖沼，而这些海岛则逐渐脱离海洋，成为陆地山脉。江苏的低山丘陵主要集中于北部和西南，有老山山脉、宁镇山脉、茅山山脉、宜溧山脉、云台山脉等。这些山陵高度大多在200米左右，其中被誉为江苏第一高山的云台山，海拔也仅为625米。相对于崇山峻岭会给人的生活带来不便和麻烦，这些丘陵山坞所形成的遮蔽性和内聚性正符合了人的安全要求，因此江苏的山陵地区也常被视为理想

图 1-1-1　江苏的行政区划

图 1-1-2 长江

图 1-1-3 淮河

的居处之地，始终存在着人们的生活印迹。

　　从整体来看，江苏省处在亚热带的北缘，受季风气候影响，全省绝大部分地区属于北亚热带湿润季风气候区，仅北部边缘地区（徐州、连云港）属于向暖温带湿润季风气候的过渡地带。春、夏季节由东南海洋吹入的暖湿气流，带来了充沛的雨水。因而全省显现出光照充足、四季分明（图 1-1-7）、气候温和、雨量丰沛、无霜期长的气候特征。但由于江苏自南到北超过 600 多公里，从东部沿海至西侧腹地相距有 300 公里左右，因此省内气候差异明显。全省年平均气温为 13～16℃，但江南约为 15～16℃，江淮流域为 14～15℃，淮北及沿海为 13～14℃，且由东北向西南逐渐增高。最冷月在 1 月份，平均气温为 -1.0～3.3℃，其等温线与纬度平行，由南向北递减；7 月份为最热月，沿海部分地区和里下河腹地最热月在 8 月份，平均气温为

图 1-1-4 运河

图 1-1-6 洪泽湖

26～28.8℃，其等温线与海岸线平行，温度由沿海向内陆增加。全省春季升温西部快于东部，东西相差 4～7 天；秋季降温南部慢于北部，南北相差 3～6 天。同样，省内年日照时数平均为 2200 余小时，北方的徐州地区年日照时数为 2284～2495 小时，而江南的无锡市区年日照时数仅 2019.4 小时。全省年降水量大部分地区均超过 1000 毫米。但相对而言，近海的南通市降水量最高，年均超过 1200 毫米，而偏西北的宿迁市最低，年降水量约 900 毫米左右。

受地理位置的影响，江苏各地的气候差异还是较为明显的。北缘徐州一带，春、秋季短，而冬、夏季长，夏无酷暑，冬无严寒；偏东的连云港地区，温度适宜，光照充足，雨量适中，日照和风能资源最为丰富；南方的太湖平原，则气候温和，雨量充沛。由此带来的是苏北的植物体系兼具我国南北特性，形成以小麦、水稻、棉花、大豆、瓜果、花生

图 1-1-5 太湖

图 1-1-7 江苏的四季
(a) 春；(b) 夏；(c) 秋；(d) 冬

种植的农耕方式；江南地区则构成盛产油菜、水稻、兼营桑麻、林果、茶叶等经济作物的生产传统。气候变幻的润色给因地貌特征大致相近所奠定的江苏文化基调中增添了清晰而鲜明的细部色彩。处于不同地区的建筑同样也由于气候的原因而呈现变化，诸如江南民居的营建中以缓解夏日潮湿、闷热为考虑的主导方向，因而形成早期的"干阑"式建筑和晚近的楼居宅第；苏北民居的构筑则需要以主要解决冬季寒冷为出发点，于是单体建筑则三面严封以御风寒，建筑组群则庭院开阔以纳景日。

第二节　社会历史与文化

江苏大地优越的自然环境和良好的气候条件，使之成了人类栖息的理想之地，因此当地的历史可以追溯到极其久远的旧石器时代的早期。南京汤山"南京直立人"的发现，显示了早在 35 万年以前当地先民活动的踪迹。时间稍后的还有属于更新纪晚期的泗洪"下草湾人"、丹徒"莲花洞人"、溧水"神仙洞人"等。近数十年的考古成就，还发现有太湖三山岛、东海大贤庄等一批旧石器时期文化遗址，反映了江苏境内在整个旧石器时代居民的分布十分广泛，由此也可推测江苏的原始建筑也在这广大的区域中孕育、产生。

在经历了漫长的发展之后，处于长江下游太湖流域的新石器文明已经高度发达。从这一地区良渚文化遗址中出土的大量碳化籼稻、粳稻、大米显示出稻作生产已经普及；发现的野生葛纤维织成的罗纹葛布残片以及众多史前琮璧玉器则反映了手工技艺已经达到了非常精湛的程度。由此证明，江苏境内的远古文明地位已居于当时其他地区的前列。然而璀璨的良渚文明在距今四千年前后戛然中断，并未继续发展，上升为中国文化的主流，据研究是由于这一时期全球性的气候变化引起了海平面上升，海浸淹没了的良渚居民的家园，迫使人们远徙他乡，融入华夏民族发展的洪流之中。

数百年之后，海水退落。当周围的人们重返这片沿海低地时，这里又回复到洪荒时代。直到商周之际，周族的一支相传由泰伯率领迁徙南下，在江南与当地居民融合，共同建立了吴国，逐渐改进生产方法，使生产力水平逐渐提高。十余世之后，时至春秋中叶，原先不为世人注意的吴国开始壮大，其国君寿梦"问礼中原"，开始登上以中原为中心的历史舞台。再传至阖闾、夫差，吴国业已国力强盛，开始争霸于诸侯之间，并于夫差十四年（公元前 482 年）凭武力获得了霸主的地位，吴都阖闾城及其宫室台观也因此而被载入史册。

春秋、战国时期天下纷扰，战乱不断，最终为秦始皇所统一。但仅过了十余年时间，因暴秦急政，激起了民众的武力反抗。在诸多亡秦势力中最为人瞩目的两支就兴起于江苏，其一是沛县的刘邦；另一是宿迁的项羽。3 年之后，秦朝灭亡，西楚霸王项羽曾在彭城（今徐州）建都。刘、项两大集团又经过长达五年的楚汉之争，终以刘汉的胜利而告结束，确立了我国历史上第二个统一王朝。

东汉后期宗室式微，朝中宦官、外戚为争权而相互倾轧。各地豪族土地兼并剧烈，百姓流离失所，加上对外用兵和自然灾害，引发了黄巾起义。虽然黄巾军不久即被镇压，但在战乱中壮大的豪强却成了拥兵自重的割据势力。江东的孙氏也在此时崛起，并在之后的兼并战争中不断壮大，以今天的南京为中心，据有东南大片领地。至天下三分，南京成为东南吴国的国都，自此奠定了作为东南政治中心的地位。三国归晋，中国获得了短暂的统一，但不久发生"八王之乱"，北方少数民族乘机进入中原，演变成"五胡乱华"的动荡局面。晋元帝被迫率宗室、百官以及士农工商南迁，在南京建立东晋王朝，建都建康（今天的南京）。之后南北对峙 200 多年，如今的南京则在东吴、东晋的基础上，相继成为宋、齐、梁、陈的都城。直至公元 589 年，隋将杨素灭陈，这里的城池宫室被"荡为耕田"，六朝古都的历史就此中断。

秦汉之后中国统一，各地的交往变得更加便利。传统的封建礼仪制度经过春秋、战国的解析、重构之后已经为更广泛的汉民族聚居地区的居民所接受，在不断强化的大一统思想之下，文化上的趋同日益明显。虽然江苏和当时的政治、经济、文化中心仍存在着时空距离，但由于主流文化被强势推行，故与许多地区一样，一方面开始普遍接受而同步发展，另一方面当地的传统也作为特有的民风习俗而保留在了当地人的日常生活之中。西晋末年，江苏地区终于迎来了文化、经济迅速提高的契机。"永嘉之乱"以后，北方少数民族乘机进入中原，琅琊王司马睿率中原士族"衣冠南渡"，在今天的江苏南京建立东晋王朝。自此不仅使全国的政治重心南移，北方士族还将中原传统带到南方，并与南方的土族相互融合，使南方的文化地位逐渐提高。之后近200年间因北方战乱频发，迫使百姓不断南迁，大量人口的南下又带来生产技术和劳动力，从而使南方尤其是苏南一带的经济得到快速增长。

大业初（公元605～608年），隋炀帝即位后不久开始了南北大运河的开凿。尽管史书上普遍认为此举是出于隋炀帝个人的游乐需要，但客观上却对之后运河沿线的政治、经济与文化发展起到不可估量的促进作用。由于整个江苏省水系特别发达，当长达690公里运河南北贯通之后，使纵横河道交织成网，这在以舟楫作为主要交通工具的古代，无疑是构筑了十分便利的交通体系，从而促进了商品流通和贸易，进而带动了当地的生产。自南北大运河开通之后，漕运的兴起不仅保障了北方的需求，同时物资的集散、商品的流通又反过来促进了南方经济的发展。因运河纵贯江苏，所以在唐代社会稳定、国力强盛的大背景下，当地进一步得到繁荣。不仅形成苏州、扬州那样"雄富冠于天下"的大都市，即便是广大乡村也随着粗放农耕向精耕细作转变，成了粮食生产基地，以至于"军国大计，仰于江淮"。唐代中后期，在江淮之间的河道交汇处始有大量以商品贸易为特征的聚落——"草市"的涌现，而地近运河的州县更是迅速发展。比如地处江淮之间的扬州以及位于江南的苏州，在隋唐时期由于交通的改善，南方的货物在此集中、转运北方，俨然成为南北货物的集散中心，凭着商品流通以及对当地农业、手工业的促进作用，一跃成为富甲天下的东南第一大都会。

唐代末年，割据的藩镇终于演成五代十国的分裂局面。唐淮南节度使杨行密割据扬州，天复二年（公元902年）受封为吴王，建都广陵（即扬州）。吴国后期，徐温养子徐知诰逐渐独掌吴国大权，吴天祚三年（公元937年）终于废黜吴帝杨溥，登上皇位。次年，徐知诰改姓名为李昪，改金陵府为江宁府，以府治为宫，以城为都。原来的杨吴都城扬州降为东都，将金陵改作国都，南京再度成为吴以及后来南唐的国都。此时，江南为吴越所有；江苏的北部则归五代各朝。此时北方战乱频繁，南方社会相对安定，于是我国南北方政治、经济、文化的差异日见明显。北宋时期因鉴于唐末藩镇割据的教训，实施"偃武崇文"的国策，虽然国力积弱不振，但在手工业、商业等方面却有了长足的发展，江苏尤其是江南基于隋唐五代的积累，进一步繁荣。至宋室南渡，大批北方人口再度南迁，使长江下游的苏南、浙北一带无论是人口还是文化、经济已经超越北方。

随着宋室南渡，再度引发衣冠士族、黎民百姓大规模向南迁徙。江南的环境宜人、气候优越、物产丰富，又因之前长期经济稳步发展的积累，使这里成为无数人理想的卜居之地。宋王朝也因此而偏安于东南一隅，失去了恢复中原之志。政治中心的南移，再次吸引了大量官员、文人来到都城及其附近城乡定居，在文人的影响下，当地几乎每个家庭都普遍崇尚耕读，从而提升了整个地区的文化层次。而大量人口渡淮南下定居之后，也使当地生产结构发生改变。农地的进一步开垦，精耕细作，使此时淮河以南尤其是太湖流域地区粮食的产量上升到前所未有的水平；与此同时，蚕桑、茶叶等的生产也较以前有了大幅的提高，于是江苏南部城乡经济呈现出日新月异的变化。如果说魏晋南北朝时期的那次民族迁徙，将黄河中下游的古老传统带到江南，并逐渐融入当地居民的习俗内，而此次迁徙则是将经历了北方少数民族文化注入、融合之后，被重新整合、积淀的律令制度引进南方人的生活之中，因而影响到了南方人的文化品位和生活追求，这为江苏南部之后的文化和经济步入鼎盛奠定了坚实的基础。

在元朝统治的90余年中，江苏与我国许多地区一样，未能使社会保持像宋代那样的发展。到朱明王朝的建立，江苏又迎来新的辉煌时期。由于朱元璋的反元实力的兴起是在安徽、江苏北部一带，因此在消灭了陈友谅、张士诚、方国珍等南方割据势力后即在"六朝古都"南京建都，并挥师北上逐步完成了全国的统一。尽管在燕王朱棣即位后不久将都城迁到北京，但南京依然作为"留都"而继续对周围地区施展影响。明代前期的百余年间，社会安定、经济在经历了恢复、发展之后逐渐显示出繁荣的景象。当时苏南太湖流域人口密度已达到全国最高，其赋税之重也名列全国之首。

清初，江苏境内爆发剧烈的反清斗争，许多地方惨遭战争破坏，扬州、苏州等城市都曾一度受到严重摧残。由于当时的江苏尤其是苏南大部分地区的农业、手工业、商业已经有了相当的积累，所以当战争平息后不久即得到恢复和发展。随着"康乾盛世"的到来，以康、乾两帝南巡为契机，江苏尤其是南部地区迅速繁荣，再现并超越了昔日的辉煌。晚清时期，太平天国起义在广西兴起，并迅速席卷南方数省，不久建都于南京。之后与清军在江苏南部展开了长达十余年的战争，致使繁华的江苏再遭破坏。

明清时期的江苏已是我国最为富庶的地区之一，商品经济不断向纵深发展，已延伸到了广大的乡村。尤其是江苏的南部，粮食产量虽仍在稳步提高，但其在整个经济结构中的比重已开始逐渐低于蚕桑、棉花等经济作物的生产。由于经济作物的生产以及与之进行配套加工的家庭手工业亦已普及到了千家万户，农家与城镇居民的手工业及其商品化经营倾向日益显著。生产结构的转变大大地提升了这一地区的经济地位，使之成为全国首屈一指的赋税重地。据史料记载，明代仅苏州一府的税粮已经占据全国的近1/10，理所当然地排在了国家税收的第一位。在经济飞速发展的同时，当地居民在文化方面也有了普遍的追求。有文献记载，在明代，当地的城镇乃至有些乡村常常有入夜之后机梭声与读书声交相呼应的景象，"后生小子无不读书，及至二十无成，然后习为手艺。故凡百工贱业，其性理纲常，皆全部烂熟"。如此广泛地对于经济与文化的关注，致使这里人才辈出。据统计，明清两代由科举入仕的江苏人已在朝中官员中占到了很大的比例。可以认为明清时期全国的政治中心虽然仍长期居于我国的北方，但文化的重心已经转移到江南。

进入近代社会，西方列强用武力打开了我国的国门。一系列外交上的不平等条约，使英国强占了香港，同时强迫将广州、厦门、福州、宁波、上海五地开放为通商口岸，之后日本又抢占了我国的台湾及周边岛屿。受西方文化的强烈冲击，我国的传统文化开始发生蜕变。江苏因地处东南沿海，特殊的地理位置因此率先受到影响，而当地历史上文化发达，人们有感于清代末年的国运衰落，为奋发图强也期望用西洋文明来振兴国家，于是在主客观因素的共同作用下走上了近代化的道路。

第三节　建筑的发展

建筑的产生或许最初仅是为了遮风避雨、祛暑御寒，在之后的发展演进中，影响因素就变得错综复杂，比如材料选择、技术进步、经济条件、审美时尚、社会变化等，但归结起来，应该就只是使用者的追求以及客观因素的限制。因为若无不断追求，就不会有材料的改善和技术的改进，就不会有让人心动的建筑造型。而人力、物力、财力的限制，律令制度的规定以及社会之乱的影响等，使得民居及其他建筑持续发展而不致发生突变。

一、史前时期的江苏民居

旧石器时代生产力水平低下，人们主要靠狩猎和采集为生，有时还要为获取食物而长途迁徙。在这种生存方式下，江苏的先民与其他地区一样，洞窟和岩穴常常是较为现实的栖身之所。已发现的"南京直立人"、丹徒"莲花洞人"、溧水"神仙洞人"等即以山间洞穴作为居所。

到新石器时代，狩猎开始向养殖转化、采集逐渐发展成为种植。在淮安青莲岗文化遗址中已发现有碳化小米，吴县草鞋山文化遗址中也出土了碳化籼稻、粳稻，由此可以看到此时江苏先民的生产方式已经转变。新的以种植、养殖为主的生产方式要求人类能有较为稳定的定居生活，于是民居、聚落开始在这一时期大量涌现（图1-3-1）。

尽管至今尚未在北部江苏发掘到较完整的新石器时代早期的建筑遗构，但不少房屋残迹却存在于这一时期的文化遗址中。在这些残迹中可以看到，当时的民居占地面积大致都在20～30平方米左右，室内地面普遍有焙烧的痕迹。对照仰韶文化遗址所发现的建筑遗构，似可以发现，彼此之间具有许多相似的地方。据此也显示了江苏北部与中原地区文化上的渊源联系。

江南地区居民的定居似乎更早于江苏北部，属于新石器前期马家浜文化期的苏州草鞋山遗址中，发现相当数量的碳化稻粒，显示出当地的先民已经有了一定的定居历史，并广泛从事水稻的栽培生产。据对遗址中房屋残迹的考古发掘，可以看到，当地的民居为木构，以下部架空的干阑式为主，平面呈矩形，南北向；也有部分地面建筑呈圆形平面。地面建筑的室内普遍采用夯打、铺砂粒或蛎壳、将黏土与小石子混合夯实以及烧烤地面等措施。在一座圆形平面的民居中地基四周不均匀地分布着十余柱洞。柱洞附近散布有印有芦苇痕迹的土块，被认为可能是墙体。屋顶用芦苇、竹席和草束构成。建筑中已经有了防潮、排水措施，这反映出当地居民为应付当地潮湿多雨的气候环境方面已经有了丰富的经验。一些残存的木构件上还带有榫卯，考察周边地区，不少时代接近的文化遗址中亦有相似的建筑构件遗物的发现，似可推断榫卯技术及其木构架结构方法应该在当地的民居中已经被普遍运用。

二、先秦时期的江苏建筑

今天不仅所能了解到的夏、商、周时期江苏民居资料不多，有关当地的史料也甚少。依据我们对于民居发展的研究，凭借对其他地区早期民居的了

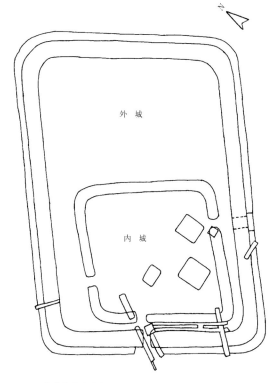

图1-3-1 藤花落古城遗址

解，大致可以推断，这一时期的一般居宅、普通村落不会较之前有太大的改进。然而，随着社会的发展，或出于政治目的，或为了精神需要，夏、商时期较普通民居稍大的"大房子"到商、周时期已逐渐转变成为大型宫殿和庙宇。而出于经济原因，也为了体现社会各阶层的等级地位，民居建筑所能使用的尺度、规模甚至装修、装饰也逐渐被限定，于是城市、乡村间的建筑、宫殿与民居开始显现奢简的差异。

随着社会的发展，中心聚落的地位迅速提高，为有效地对周边地区实行统治，许多地方开始"立城郭，设守备，实仓廪，治兵库"，形成一方的政治、文化、经济中心（图1-3-2），后世"城市"的基本含义逐渐被确立，原先或许只是主要用于抵御自然灾害、毒蛇猛兽的环壕、城垣也被作为用来防范外族的侵扰、国人的反抗的城市防御体系了，即所谓"筑城以卫君，造郭以守民"。而城市之中出于各种需求的建筑也就陆续出现，如为崇奉祖先，自天子以至于庶人都会营建庙祠，当然这些庙宇会依使用者的身份、地位而有所区别，"有违规逾制者，

则见于史传";随着社会等级的出现,不同的居所也以相应的等级呈现在世人的面前,有了宫殿、府邸与民宅等的形式;到春秋晚期,各诸侯间均以"高台榭,美宫室"相互夸示等,而这些现象在今天的江苏疆域之内同样也在演绎着。

三、汉、魏六朝的江苏建筑

秦始皇平灭六国,统一天下。统一战争期间的"每破诸侯,即写仿其宫室,筑于咸阳北坂之上",以及中央集权大帝国建立后将六国十二万豪强富户迁居咸阳等措施,造就了我国建筑第一次大规模的有意识交流与融合,而统一文字,统一度、量、衡,确立中央集权的郡县制度等举措,有意无意地对于各地的文化及居住建筑式样产生重大影响。由于暴秦急政,不久为农民起义所推翻。继之而起的汉代继承了秦代的律令制度,致使秦始皇开创的统一政策得到了延续。随着社会的发展,由汉武帝时期开始的推崇儒术、罢黜百家,儒家思想逐渐成为我国文化思想的主流,虽在东汉末年起我国经历了近400年的战乱、动荡与分裂,但在思想、文化以及宗法制度上却不断被巩固与强化。

汉代以后,过去那种形式多样、平面随意的民居逐渐向规矩、对称、具有主次有序、前堂后寝、院落组织特色的住宅转化。依据文献和出土的文物,可以了解汉代最常用的住宅单位是一种被称为"一堂二内"的住宅形式,"内"的大小约一丈见方;"堂"约等于二内,所以宅平面呈方形,近于"田"字。这种双开间的宅制在汉代明器、画像砖、画像石上常能见到。规模较小的住宅平面为方形或长方形,屋门开在房屋一面的当中或偏在一边。房屋的构造大多数采用木构架结构,也有少数用承重墙结构。墙壁为夯土筑造,窗的形式有方形、横长方形、圆形等多种。屋顶多采用悬山式,也有少量其他形式。规模稍大一点的常以墙垣构成院落。汉代楼居的风气也很盛行,但主要是在南方,楼居显然是从干阑式建筑发展而来,底层抬高以形成堂,而居室仍置于楼层之上。现存汉代建筑遗物中,墓葬、石阙、石室等为实物资料,而明器,画像砖、画像石之类则为间接资料,

图1-3-2 春秋时期的古淹城遗址

在江苏类似的资料中也有发现（图1-3-3）。

六朝是江苏城市建设历史上的第一个高潮期，史籍记载江苏境内六朝的城市星罗棋布，仅南京（建康、建业）周边就建有石头城、东府城、西州城、越城、丹阳郡城、新亭城、白下城以及临沂、江乘、同夏、湖熟、秣陵等县城。只是这些城址经历了千余年自然、人为毁损，多已无迹可寻了。

佛教在东汉传入我国，至东汉末佛寺佛塔已流行于全国。汉末三国之际，笮融"大起浮屠。上累金盘，下为重楼，又堂阁周回，可容三千许人。作黄金涂像，衣以锦彩"。公元527年，梁武帝萧衍舍身同泰寺，铸造金铜佛像，开凿佛窟，于是各地纷纷效仿，寺院在各地盛行。南朝的宫殿、佛寺，今已无存，陵墓石刻则在南京、丹阳近郊还保留了不少遗物。

四、唐宋时期江苏的建筑

公元6世纪末，隋文帝结束了我国300多年的战乱分裂，建立了统一的政权，不久又为更加强大的李唐帝国所替代，将我国的古代社会带入鼎盛时期。国力的日益强盛带来了经济的繁荣，人们对建筑上的种种追求有了实现的可能，因而整体上展现出恢弘的气度。然而我国礼仪制度之下依然对不同人等的宅第等级具有严格的限定，甚至更为严厉。唐末分裂割据，演成了五代十国的混乱局面。

自隋炀帝开凿运河之后江苏境内的运河沿岸得到了迅速发展，江淮之间的村市繁荣。五代十国的南唐（公元937~975年），定都金陵，历时39年，为包括今天江苏的长江下游经济开发作出了重大贡献。当时割据江南的吴越（公元907~978年）采取保境安民和"休兵息民"的战略方针，重农桑、兴水利，也使两浙之地有一个较长的稳定发展时期。这都为之后宋代大江南北的经济繁荣奠定了基础。

至北宋王朝建立，为防止分裂动荡的再次发生，确立了"崇文偃武"的国策，武将因交出了兵权而享受着高薪闲适的生活；文人则因地位尊崇也过着"一曲新词酒一杯"的生活，所以尽管在体量上宋代的建筑不能与唐代相比，但其精致、华丽程度却

图1-3-3 明器中的建筑

要远远超越唐代。

唐宋时期的官宦人家不仅普遍采用深宅大院，园林别墅的建造也逐渐风行，这不仅推动了我国造园艺术的普及和提高，同时士大夫追求恬淡典雅的趣味和理想也逐渐成为审美的主流，以至于影响居住建筑。溧阳出土的一组北宋琉璃陶屋反映了这一时期园林建筑的特色。这组陶屋中有一件是一座歇山顶的陶楼，上下两层，中间用腰檐，正脊两端有鸱尾，垂脊下端置坐狮，斜脊上用仙人走兽，檐柱有明显的"侧脚"。另一件是两座歇山顶的亭榭，当中连以小桥，亭榭的屋顶形式与陶楼相似，檐柱也有明显的内倾，柱脚之下用莲花柱础，亭榭的台阶高于陶楼，前一进亭榭前用台阶三级。再一件是一座凉亭，屋顶造型、柱枋构件等的处理与前几件基本相似。如果说上述琉璃陶屋或许只是当时园林建筑的一个缩影，那么扬州地区出土的五代到两宋的一些木棺前部所做的精美木屋则可以认为显现的是当时的民居形式，因为在"事死如生"的古人看

来，棺木不仅是逝者的居所，需要对生前住宅的像貌进行模仿，而且木棺前部还是逝者灵魂出入的出入口，所以常常按照自己生活中常见的大门形式予以刻画。图1-3-4中所见的两座木屋，其庑殿屋顶、前置的拱桥、柱枋等与北宋琉璃陶屋非常接近，因此它们的形象与现实应该相去不远。

吴越武肃王钱镠深信佛教，所以在成为吴越王后对佛教采取了特别的保护措施，广建塔寺，招致各地高僧前往，给予"国师"之号，使佛教在江南广为流布。而吴越王之忠懿王钱俶更是热衷于佛教，在后周世宗下令整顿佛教时，依照佛教传说中阿育王的做法，铸造了八万四千个小铜塔，中间藏有《宝箧印陀罗尼经》，分发到各地，于是江南掀起了营建佛寺的热潮。

唐末与五代的战乱使中原与北方遭到了很大的破坏，江南一带相对稳定，南唐、吴越等地区经济文化都有一定程度的发展，建筑上也有某些创新，如砖木混合结构的楼阁式塔在江南地区的兴起就是一例。这种塔既满足了佛教崇信礼拜和登高远眺浏览的要求，又提高了防火防腐防蛀性能，当时这一地区的建筑技术水平也比较高。到北宋后期，仍保持这种高水平，所以苏轼在《灵璧张氏庭院记》中说："华堂夏屋有吴蜀之巧"，说明苏州成都两地建筑以工巧闻名于时，居全国前列。到宋代，原来就已作为朝廷经济所倚的江淮地区更趋繁荣，经济上的紧密联系必然带来文化、技术方面的交流，因此，江南与汴京之间的技术交流也是势所必然。成书于元符三年（1100年）的《营造法式》，据记载，是李诫在江南工匠喻皓《木经》的基础上编撰而成的，由此可知早在唐、五代之际，江浙一带的营造活动已经有了按照尺寸比例来安排构件的方法。到宋《营造法式》刊行，严格的工料限定被制度化，这对于生产、检测都会带来便利，同时这种对各工种的构件进行按等级、大小和质量进行预制加工的方法，也大大提高了建造的速度和质量。南宋绍兴十五年（1145年）平江知府王唤在苏州重刊《营造法式》，这又对江南建筑产生影响，直到明代，苏州、徽州、赣东北等地仍保留这梭柱、月梁、木（质）版壁隔断等宋代旧法。

五、明清时期的江苏建筑

明清时期的历史年代较为晚近，文献资料十分丰富，传统建筑实物以及古老的市镇聚落、历史街巷等亦常能目睹。

（一）城市建设

在我国，自秦代确立郡县制之后，县城及县以上的城市数量几乎未有太大的增加，但随着社会的发展，城市形态却发生了巨大的改变。从早期城市的里坊制形态到唐宋之后的街坊制形态是一个飞跃式的变化，而明清以来江苏地区经济发达，又令城市变得繁华、热闹，甚至精美。这里有雄伟壮丽的古都南京，也有以园亭取胜的扬州和以市肆闻名的苏州。由于古代社会中，城市居民的生活资料大多取自于乡村，城市除了拥有相应的管理机构——各类衙署以及满足生活必需的民居之外，就是服务于人们生活的店铺与作坊了，所以也被冠以"消费城市"之名。

图1-3-4 明器木屋（摹自考古1983年第9期《扬州邗江县扬庙唐墓》）

(二) 市镇发展

明清年间是我国市镇飞速发展的时期，如果说县城以上的城市数量从汉初到清末几乎没有太大变化的话，那么县城以下市镇一级行政建制在明清有了急剧增长，尤其是在江南地区不仅形成了密集的市镇网络，不同的市镇还因周边乡村的经济作物、手工业生产形成各自的商品集散特色，成为所谓的"专业市镇"，而且随着商业和手工业的发展，有些市镇逐步壮大，以至于江南地区的有些市镇的规模已超过内地许多县治、府城。

(三) 民居建筑

如果说乡村以及小型民居的情况与前一阶段差异不大，那么由于经济的发展（图1-3-5），一些大型住宅从规模到修饰都远胜前人。而明代起都市、城镇人口的增长使得建筑密度提高，由此促进了砖木结构民居所占的比例。宗法制度盛行，五世同堂、九室而居共财者也不少（图1-3-6），因而周匝数里的宅院，多至数百间的屋宇，规模宏阔的巨大组群亦不乏实例。

(四) 宅邸园林

明代中晚期，士大夫的造园活动又掀高潮。由于明初建都南京，成祖朱棣迁都北京后，南京依然作为"留都"而保留许多闲职散官，因而兴建了不少豪宅赐园。到明代中叶之后，南京及其附近的扬州、镇江、苏州等地的造园达到高潮（图1-3-7），以至于被认为"扬州以园林胜"，苏州则不仅豪富之家"竞以湖石筑峙奇峰阴洞"，即便闾阎下户"亦饰盆岛以为玩"。正是社会的普遍追求，造就了《园冶》、《长物志》、《闲情偶寄》等一批论述造园的理论专著的诞生。

图1-3-5 明清时期的普通民居建筑
(a) 江南民居（张家港）；(b) 宁镇民居（高淳）；(c) 淮扬民居（淮安）；(d) 苏北民居（连云港）

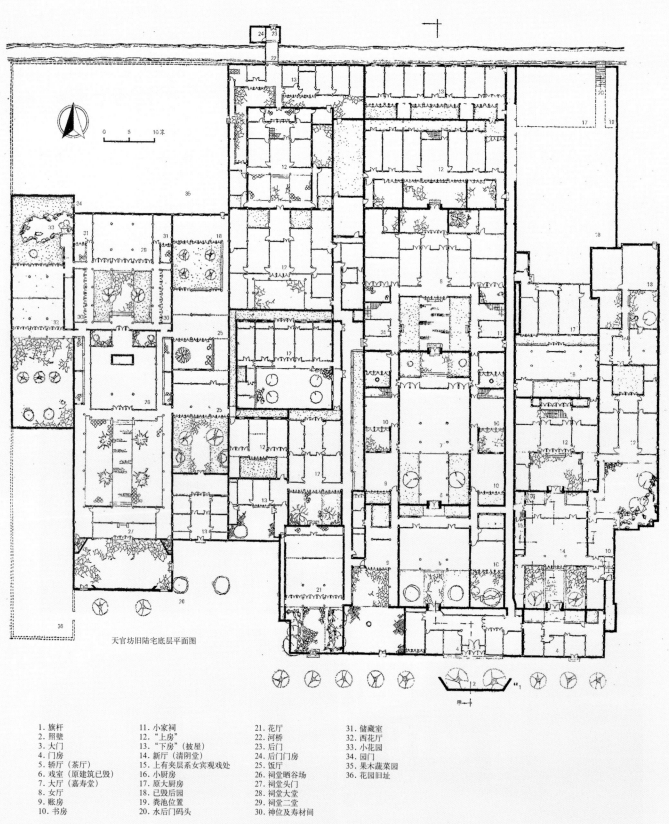

天官坊旧陆宅底层平面图

1. 旗杆
2. 照壁
3. 大门
4. 门房
5. 轿厅（茶厅）
6. 戏室（原建筑已毁）
7. 大厅（嘉寿堂）
8. 女厅
9. 账房
10. 书房
11. 小家祠
12. "上房"
13. "下房"（披屋）
14. 新厅（清阴堂）
15. 上有夹层系女宾观戏处
16. 小厨房
17. 原大厨房
18. 已毁后园
19. 粪池位置
20. 水后门码头
21. 花厅
22. 河桥
23. 后门
24. 后门门房
25. 饭厅
26. 祠堂晒谷场
27. 祠堂头门
28. 祠堂大堂
29. 祠堂二堂
30. 神位及寿材间
31. 储藏室
32. 西花厅
33. 小花园
34. 园门
35. 果木蔬菜园
36. 花园旧址

图 1-3-6 大型苏州民居（摹自陈从周《苏州旧住宅》）

(a)

(b)

(c)

图 1-3-7　明清园林
(a) 苏州园林；(b) 扬州园林；(c) 泰州园林

江苏古建筑

第二章 城 池

江苏历史文化名城分布图

① 南京*
② 苏州*
③ 扬州*
④ 徐州*
⑤ 镇江
⑥ 常熟
⑦ 淮安
⑧ 无锡
⑨ 南通
⑩ 宜兴
⑪ 泰州

* 本书选取介绍的历史文化名城

（地图引自：中华人民共和国民政部编.中华人民共和国行政区划简册 2014.北京：中国地图出版社，2014.）

第一节　概述

我国古代，一地的政治、经济、文化中心被称之为城，为有所保障，都要修筑城墙、开掘城壕，所以被称之为城池。按照古代政治体制，一国的政治中心等级最高，称谓国都，在其之下有郡（州或府）城及县城。

江苏地区人类活动的历史极为悠久，因而城的出现相当早。依据已掌握的资料，我国在新石器时代晚期的龙山文化时期已陆续有城池出现，目前已发现的这一时期的城池有河南登封告成镇王城岗、淮阳平粮台、郾城郝家台、辉县孟庄、山东寿光边线王、章丘龙山镇城子崖、邹平丁公、临淄桐林田旺等城址，基本都分布于黄河下游地区。江苏连云港的藤花落古城也是这一时期的城址之一。尽管当时的城池已经具备了城垣、城壕以及城内的建筑高台等要素，但性质上与后世的城市还存在着很大的差异，所以被认为仍然属于原始聚落的一种类型，或称"中心聚落"。

江南地区居民的定居似乎更早于江苏北部，太湖流域如今已发现了不少新石器时期的聚落，并且有不少是以聚落群的形式出现的，即每个聚落群中都有一个中心聚落。据研究，中心聚落居住的可能属于居于统治地位的部落首领。尽管这些中心聚落并未采用类似苏北藤花落古城那样的墙垣围合，但彼此间在性质上却有许多相近的地方。

随着社会的发展，中心聚落因地位的迅速提高而成为周边地区的政治、文化、经济中心。从记载及考古发掘可以了解到，到春秋时期，城市得到了飞速的发展，仅江南地区，如今已发现了淹城、胥城、留城、阖闾城、下菰城、固城、邗城、朱方城、平陵城、云阳城、吴大城、吴城、越城以及塘西城等一批城址。

秦始皇平灭六国，统一天下之后确立了中央集权统治下的郡县制，分天下为三十六郡，下辖县。江苏以前的城池就都成了郡、县的治所。秦汉之后郡县制为历代传承，但作为每一座城池的位置、规模甚至是建制大多会有所变化。

第二节　南京城

南京位于长江下游，是一座历史悠久的古都，有"六朝古都"、"十朝都会"之称。

一、沿革

南京有着2500年余的建城史，相传在春秋战国时期，这里因处"吴头楚尾"，为了守备，吴国置冶城于此。之后越王勾践灭吴，令范蠡修筑"越城"于秦淮河畔。楚代越兴，楚威王筑城于石头山，置金陵邑。至秦始皇平灭六国改金陵为秣陵。汉初秣陵相继为楚王韩信、吴王刘濞之封地。汉武帝时封其子刘缠为秣陵侯。

东汉末年，天下大乱，孙坚父子在江东建立了割据政权，公元211年，孙权自京口迁秣陵，改名建业。公元229年，孙权称吴大帝，自武昌还都建业，由此开始了作为都城的历史。公元280年，西晋灭吴，改建业为建邺。后因避晋愍帝司马邺之讳，改名建康。公元317年司马睿即位，是为晋元帝，东晋正式建立，定都建康。公元420年刘裕代晋称帝，宋立国，都建康。公元479年萧道成代宋称帝，齐立国，都建康。公元502年萧衍代齐称帝，梁立国，都建康。公元557年陈霸先代梁称帝，陈立国，都建康。吴、东晋、宋、齐、梁、陈合称六朝，故南京被称为六朝古都。

公元589年，隋灭陈，将建康彻底破坏，宫室城池被"荡为耕田"。之后隋文帝以石头城为蒋州，隋炀帝时改为丹阳郡。此后隋、唐两朝统治者将扬州治所自金陵迁至广陵，曾一度取消南京州一级的建制。唐初，杜伏威、辅公祐义军占据丹阳郡，归顺唐廷，唐改丹阳为归化。杜伏威、辅公祐起兵反抗，建立宋政权。唐平江南，置升州。

五代杨行密父子建立吴国，修缮金陵，以为西都。公元937年，徐知诰（李昪）代吴，南唐立国，定都金陵，改金陵府为江宁府。

公元975年，北宋灭南唐，以江宁府为升州。1018年，宋真宗以赵祯为升王，不久立为皇太子，改升州为江宁府。1127年，宋高宗即位，改江宁府为建康府，作为东都。不久金兵南下，高宗南逃，以绍兴为临时首都。1138年，宋高宗再次逃至杭州，建立行在，改杭州为临安府。建康府绍兴府为陪都。1275年，元兵南下，以建康府为建康。1329年，改建康为集庆。

1356年，朱元璋攻克集庆，改集庆路为应天府，作为根据地，朱元璋自称吴国公。1368年，朱元璋在应天称帝，"山河奄有中华地，日月重开大宋天"故定国号为明，是为明太祖。以应天府为南京，以为首都，以开封为北京，以为留都。1378年，罢北京，改南京为京师。1403年，明成祖升北平为北京，以为留都。1420年底，明成祖迁都北京，以南京为留都。1644年福王朱由崧在南京即位。

1645年，清兵克南京。改南直隶为江南省，应天府为江宁府。1649年，清设两江总督于江宁。1853年，太平军攻克江宁，改江宁为天京，以为都城。在今总统府一带修太平天国天王府。1864年，清兵克天京，太平天国亡。

1911年，清王朝被推翻，次年孙中山在南京就任中华民国临时大总统，而南京又成为我国近代社会的第一个首都。

二、都城

明朝开国之初的五十三年（1368～1420年）建都在长江下游的南京。永乐十八年（1420年）迁都北京后，南京成为明朝的留都。

南京地理条件优越，北倚长江，水源充沛，运输便利，南有秦淮河绕城而过，是水运集散地。这里自古就有"龙蟠虎踞"的美誉，钟山龙蟠于东，石城虎踞于西，北有玄武湖一片大水面（图2-2-1）。

皇城区设在旧城东侧，北枕钟山支脉富贵山，南临秦淮河。既有水运方便，又和旧城紧密相连，各方面都很理想，也合乎风水术所追求的阳宅"背山、面水、向阳"的模式，唯一的缺点是地势低洼。

南京的道路系统呈不规则布置，城墙的走向也沿旧城轮廓和山水地形屈曲缭绕，皇宫偏于一边，使全城无明显的中轴线，一反唐、宋、元以来都城格局追求方整、对称、规则的传统，创造出山、水、城相融合的美丽城市景观。

旧城区位于秦淮河与长江的交汇处，是城市对外交通的要冲地带，居民密集，商业繁荣，为朝廷服务的大批手工业作坊也设置在这里。由于地近皇城，大臣们的宅第也都集中在此区，如徐达宅在大功坊、常遇春宅在常府街、郑和宅在马府街等。皇帝命令建造的16处大酒楼则分布在商市汇集的旧城西南一带。

明南京城，为南北长、东西窄的不规则形，南北20里（10公里），东西11里（5.5公里）多，周长67里（33.5公里），面积55平方公里。(《明史·地理志》及《大明一统志》所载南京城周长是96里（48公里））。设13门，南3门，正门为正阳门；西5门；东1门；北4门。城墙用大石条奠基，完全用青砖

图 2-2-1 今天的玄武湖

包砌，有垛口 13616 个，藏兵洞 200 座，平均高度 12 米左右。城墙依山带水，尽占地利，十分坚固。北起狮子山，南到聚宝山，西包清凉山（石头城），东尽钟山之麓，"皆据岗城之脊"，犹如蟠龙。

南京的城墙墙基用条石铺砌，墙身用 10 厘米×20 厘米×40 厘米左右的大型城砖垒砌两侧外壁，中实杂土，唯有皇宫区东、北两侧的城墙全部用砖实砌（图 2-2-2）。南京城 33.68 公里长的城墙，所用之砖由沿长江各州府的 125 个县烧制后运抵南京使用，每块砖上都印有监制官员、窑匠和夫役的姓名，其质量责任制之严格可以想见。城墙沿线共辟 13 座城门，门上建有城楼、马道（图 2-2-3），

图 2-2-2 城门

图 2-2-3 马道

重要的城门设有瓮城，其中聚宝门、通济门、三山门是水陆交通要道，每门都设有三道瓮城以加强防卫。当初城墙上建有军士宿卫用的窝铺房200座，雉堞13000余个。现城墙尚存21.35公里，窝铺无存，雉堞有少数残留。

在这一都城城墙之外，又修筑了一座长达50余公里的外郭城，把钟山、玄武湖、幕府山等大片郊区都围入郭内，并辟有外郭门16座，从而形成保卫明皇宫的四道防御线，即：外郭、都城、皇城、宫城。

三、皇城

皇城（图2-2-4），是护卫宫城最近的一道城垣，环绕宫城等距而建（图2-2-5）。永乐年间拓皇城西垣，致使西华门至西安门的距离，要比东华门至东安门的距离长一倍左右，平面呈倒"凸"字形。皇城与宫城以及所囊括的建筑，合称为"皇宫"。

在皇城城垣上共开筑城门7座，皇城的正南门是洪武门，位于京城正阳门内北面。进洪武门后，为南北向的千步廊，两边建有连续的廊屋，由南而北，到承天门前的横街分别转向东西而成为曲尺形。千步廊后面两侧为"五府六部"中央官署的所在地。过了外五龙桥即是承天门。洪武二十五年（1392年），改建大内金水桥，在宫城南面正中的午门至皇城南面正中的承天门之间，建端门以及端门和承天门楼各5间，端门两旁的御道东西两侧，建有南北向的宫墙，把东面的太庙、西面的社稷坛隔在外头，使得这条御道更加森严，成为通向宫城的唯一交通线，因而承天门虽是建在皇城的正南，实际上成为进入宫城的正南第一道门。承天门前南北走向的皇城墙上，建有衔接长安街东、西相向的长安左门和长安右门；在皇城主城的东面为东安门，西面为西安门，北面为

图2-2-4 皇城

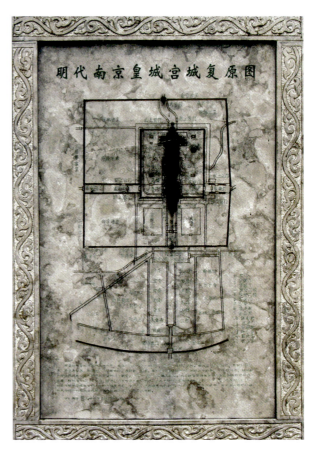

图2-2-5 皇城平面

北安门。

在皇城西南角的皇墙下，为宦官诸监所在地。其他各司、局、库、房、厂等为朝廷服务的机构，有的设置在宫城里，有的设在皇城内。

皇宫内、外的河道上，除了建有内、外五龙桥（图2-2-6），还在东长安门外附近建有"青龙桥"，在西长安门外附近建有"白虎桥"，即堪舆术中常用的所谓"左青龙，右白虎"之制。

四、宫城

宫城，又称大内、内宫，俗称紫禁城、紫垣，是朱元璋起居、办理朝政、接受中外使臣朝见以及皇室成员居住之地，位于南京四重城垣最里边一重，有御河环绕。元至正二十六年（1366年）受朱元璋之命，由精通堪舆术的刘基占卜后填燕雀湖而建，因而地势南高北低。宫城坐北朝南，平面略呈长方形，宫墙主体南北长约0.95公里，东西宽约0.75公里，周长约3.4公里（图2-2-7），正中为御道（图2-2-8）。

在宫城墙体上，初期开有城门4座，洪武"十年改作大内午门，添两观。中三门，东、西为左右掖门"，故共建有6座城门（图2-2-9）：南面的正门为午门，在午门左右两侧为左掖门和右掖门，西门为西华门，东门为东华门，北门为玄武门。玄武门，俗称"厚载门"（即今误称的"后宰门"），取《易经》坤卦："地势坤，君子以厚德载物"。

午门前，是传达圣旨及朝廷文告的地方，从午门入，有宫墙环绕，过内五龙桥，便是奉天门。奉天门左有东角门，右有西角门，门上都有楼阁。

东角门的南边有左顺门，可通文华门入宫城左路抵文华殿，亦可通东华门；西角门的南边有右顺门，可通武英门入宫城右路抵武英殿，亦可通西华门。

在宫城的城门中，目前午门的墙体部分尚存，

图2-2-6　金水桥

图 2-2-7 宫墙

图 2-2-8 御道

图 2-2-9 后宫门

只是门上的五凤楼早已毁圮，仅留下石柱础（图 2-2-10）；东华门基本保存完整，西华门已毁。

过奉天门就是皇宫最重要的三大殿建筑（图 2-2-11）。奉天殿，是三大殿的主体，上盖琉璃金瓦，重檐庑殿顶，雕梁画栋，朱漆描金雕花的门窗，是朱元璋举行重大典礼和接受文武百官朝贺的地方。奉天殿旁左庑向西边的称文楼，右庑向东边的称武楼。奉天殿的后面是华盖殿，单檐渗金攒尖顶，四面出檐，殿顶上还缀有硕大的金球一颗。殿旁东有中左门，西有中右门。再向后去就是谨身殿，规划仅次于奉天殿，重檐歇山形的大殿。以奉天、华盖、谨身这三座宏伟的建筑为主，构成了宫城"前朝"的主体部分。

"前朝"的后面，属于"六宫"（亦称"后宫"）范围。后宫南面正中的大门为乾清门，乾清门内为乾清宫大殿。宫殿左边有日精门，右边有月华门，殿的东西有斜廊，廊后左边有东暖阁，右边有西暖阁。省躬殿后为坤宁宫，是皇后居住的地方。坤宁宫的东、西两侧，建有柔仪殿和春和殿两座别殿。

此外，宫城内还有祭奉朱元璋祖先的"奉先殿"；有位于奉天门之东，珍藏、修编经典书籍的"文渊阁"；还有专门为"东宫亲王读书"而建造的"大本堂"以及诸多富丽堂皇的宫廷建筑。

随着王朝的更迭，明南京城遭到了彻底的毁坏，如今被建成遗址公园（图 2-2-12）。

图 2-2-10　石柱础

图 2-2-11　奉天殿台基

图 2-2-12 明皇宫遗址公园
(a) 坤宁宫北望；(b) 奉天殿北望

五、坛庙

明代南京主要的祭祀坛庙有：圜丘、方丘、天地坛、社坛、稷坛、社稷坛、太庙、帝王庙、功臣庙等，约20多座。

（一）圜丘

圜丘（建于1367年），是祭"天"之所，在京城东南正阳门外钟山之阳（即今天堂村一带）。仿汉制为坛二层。第一层"广七丈，高八尺一寸，四出陛。正南陛九级，广九尺五寸；东、西、北陛亦九级，皆广八尺一寸"。从坛的表面一直到坛基，全部饰以琉璃砖，四面以琉璃栏杆环之。第二层"周围坛面皆广二丈五尺，高八尺一寸。正南陛九级，广一丈二尺五寸；东、南、北陛九级，皆广一丈一尺九寸五分"，坛面以及栏杆均如第一层之制。

（二）方丘

方丘，祭"地"之所（1377年后废）。"在太平门外钟山之北，为坛二成（层）……"其制式大致与圜丘同。圜丘与方丘，一个祭天，一个祭地，取"天圆地方"之意。洪武十年（1377年），朱元璋感到"天地犹父母，父母异处，人情有所未安"，"乃命即圜丘旧址为坛，而以屋覆之，名大祀殿"，也就是后人所称的天地坛。

（三）社稷坛

社稷坛（初建于1367年），祭祀土神、谷神之所。"在宫城之西南，背北向。社东稷西，各广五丈，高五尺，四出陛，第陛五级。坛用五色土，色各随其方（东方青色、南方赤色、西方白色、北方黑色、中央黄色）……"。早期的社稷坛，实际是"社坛"和"稷坛"两座坛。直到洪武十年秋八月癸丑日（1377年9月10日），才"改建社稷坛于午门之右，共为一坛"。

（四）太庙

太庙（初建于1367年），祭祀朱元璋一系的祖宗之所，位于宫城东南，与社稷坛隔御道相向。四祖各为庙，"皇高祖居中，皇曾祖东第一，皇祖西第一，皇考东第二，皆南向"，每座庙中供奉神主，东西两夹室，旁两庑，设三门。每门"皆设戟二十四，外为都宫，正门之南，别为斋次……"。正殿两廊楹室崇深，功臣配享，左有神宫监。"洪武八年，改建太庙，前殿后寝，殿翼皆有两庑，寝殿九间，奉藏神主，为同堂异室之制"。

（五）奉先殿

奉先殿（初建于1371年），起因于朱元璋和礼部尚书陶凯论及父母的养育之恩，感到每年只能"岁时祭享"太庙，为了"晨昏谒见，节序告奠"，遂于洪武四年（1371年）正月下令在宫城内乾清宫东侧建造奉先殿，同年十月建成。奉先殿南向，正殿五门，深二丈五尺。殿前为轩五间，深一丈二尺五寸。

除了上述这些主要殿堂坛庙之外，明初在南京最集中建造的庙宇，要算设置在鸡鸣山南边山脚下的祭庙。如：帝王庙、城隍庙、真武庙、卞壶庙、蒋忠烈庙、刘越王庙、曹武惠王庙、元卫国公庙、功臣庙、五显庙、关羽庙等十多座，号称"十庙"。这些祠庙集中排列在鸡鸣山下，祭庙和所祭祀的对象，显然远远超出了一般庙宇的范围。

六、聚宝门

聚宝门（今称中华门）是明南京13座城门之一，也是其中规模最大的城堡式城门（图2-2-13）。

洪武二年至八年（1369～1375年）明王朝在原先南唐都城和南宋建康府城南门旧址予以拓建，前以雨花台作为屏障，门前后有两支秦淮河水横贯东西，前临长干桥，后倚镇淮桥，地势险要，为南京城南交通咽喉所在（图2-2-14）。

聚宝门布局严谨、构造独特，有三道瓮城、四道券门贯通（图2-2-15）。城堡东西宽118.5米，南北长128米，占地面积约1.5万平方米，设计巧妙，结构完整。首道城门高21.45米，各门原有双扇木门和可上下启动的千斤闸（图2-2-16）。内有藏兵洞27个，可以藏兵3000余人（图2-2-17）。战时用以储备军需物资和埋伏士兵。东西两侧各建有一条宽11米的斜坡式登城马道，陡峻壮阔（图2-2-18），可用于运送军需物资，将领

图 2-2-13　聚宝门（今称中华门）

图 2-2-14　城墙

图 2-2-15 聚宝门三道瓮城

图 2-2-16 拱门与木门扇（左）
图 2-2-17 藏兵洞（中）（右）
(a) 外观；(b) 内景

图 2-2-18 聚宝门马道

亦可策马直登城头，马道下的外侧还各有一排七个小藏兵洞。

对外的第一道城门分上、中、下三层，上层原建有庑殿式重檐筒瓦顶的镝楼，现镝楼已毁，尚存台基残迹；中层为砖石结构，朝内一排 7 个藏兵洞；下层中间为瓮城甬道，两侧各有 3 个藏兵洞。二至四道城门为两层结构，上面有木质城楼，下层为砖石结构。

第三节 苏州城

苏州位于江苏省东南部，太湖之滨，长江南岸的入海口处。

一、沿革

相传在商代末年，周族首领古公亶父希望传位于幼子季历，但按照当时的嫡长子继承制度，这将会引起很大的麻烦，长子泰伯和次子仲雍为尊重父意，避让君位而来到了当时尚处于荒蛮阶段的江东，并入乡随俗。在梅里，泰伯被拥立为君长，国号为"勾吴"。

到吴国第 24 任君主阖闾继位，听从了从楚国投奔而来的大臣伍子胥的建议，开始兴建吴国都城阖闾大城。于是伍子胥"相土尝水"、"象天法地"，开始督造城池，并于阖闾十一年（公元前 508 年）大城建成。

自春秋吴国阖闾大城建成以来，历史发生了翻天覆地的变化，但城市的位置及格局却延续至今。公元前 473 年，因越王勾践攻吴，城破，夫差自杀，吴亡。吴地遂归越所有。公元前 312 年越为楚所灭，吴地归楚。秦始皇帝二十五年（公元前 222 年），在江南置会稽郡，过去的阖闾大城就成了会稽郡治所。直到东汉永建四年（公元 129 年）吴、会分治，这里成为吴郡治所。南朝陈祯明元年（公元 587 年）析扬州置吴州，城池改名为吴州、吴郡。隋文帝开皇九年（公元 589 年），因苏州城西有姑苏山，由是更名苏州，苏州之名从此开始。唐为江南道治所（首府）。五代十国时期，属吴越国，后唐同光二年（公元 924 年）置中吴郡，北宋政和三年（1113 年）属浙江西路，改名平江府。明嘉靖年间称苏州府。之后苏州之名一直被沿用。

二、阖闾大城

据《吴越春秋》载，为"安君治民，兴霸成王"，即位不久的阖闾采纳了伍子胥的"立城郭、设守备、实仓廪、治兵库"的建议，决定建造都城。于是伍子胥"相土尝水"、"象天法地"，开始督造城池，于阖闾十一年（公元前 508 年）大城建成。

建成后的吴大城周四十七里，设陆门八座，以象天之八风；有水门八座，以法地之八聪。其内筑有小城，周十里，置南、北、西三门。此外推测可能还有外郭，因为按当时诸侯国都城的规制，一般有三道城垣，而一些相关的史料中也透露出吴大城具有外郭的信息。城内有宫殿、苑囿、集市、民居，设有大道与小巷，还有众多的河道，因而呈现出"水道陆衢"、"车船并入"的景象。

这一城市格局据宋代朱长文的《吴郡图经续记》称"自吴亡至今仅二千载，更历秦、汉、隋、唐之间，其城洫、门名，循而不变"。而对照南宋所刻《平江图碑》则又被认为当年吴大城的城市形貌直至今天仍依然保留。

三、宋平江府

北宋末年，升苏州为平江府。治吴县，长洲（今苏州市）等地，相当今江苏苏州及张家港、太仓、吴县、常熟、昆山、吴江等市和上海市的嘉定、宝山等区，今天的苏州即为当时的治所。南宋建炎三年（1129年）又毁于金兵焚掠，遭受战火破坏。南宋绍兴(1131～1162年)初年，高宗赵构拟迁都平江，于是城池重建。建成之后于绍定二年（1229年）刻碑以志（图2-3-1）。

宋平江城规模很大，布置严谨，南北长约4公里多，东西宽约3公里余，平面呈南北向略偏东南的矩形。城池四面辟齐门、娄门、葑门、盘门、阊门五座城门。因地处水乡，故分别布置了陆门及水门。城墙之外有宽阔的护城河。

城内道路系统呈方格形，主要道路间或十字相交，或丁字连接，主路通向各座城门。大街之间是无数的小巷。除道路之外，城里还有不少河流，与街巷一样，河道也是南北、东西轴线，与街道形成"双棋盘"交通网络。

府治所在称子城，相传即阖闾城的皇宫，位于城市中央，偏东南，内有府院、厅司、兵营、库房等，后部还建有花园。

府城之中被道路与河流分为里坊，据不完全统计，城中的里坊有60余个，坊前立有二柱一楼的牌坊，上标坊名。在一定的地段设有商业行、市，据留存的《平江图》碑中可以见到，有些坊的坊名即与商业行、市有关，如米市、鱼市、花市、皮市等，反映了当时城市之中商业已相当发达。

宋代佛教和道教都为人们所崇信，《平江图》碑中描绘的寺观有近百处。

直到明清时期，苏州的城市面貌并无太大改变，甚至许多地名仍可以在《平江图》碑中找到。但商业更为繁荣，以至于被认为"苏州以市肆胜"。正是经济的发达，苏州在明清时期吸引了不少文人雅士、退位官员在此定居，而他们的赋闲生活，又为这里的园林发展提供了推力。据称苏州在明清时期的园池亭馆多达200余处。

四、盘门

盘门是苏州城的西南门，伍子胥兴建阖闾城时即已设置，为是吴国"阖闾大城"八门之一。宋《平江图》碑亦有描绘，且形象与今天所见相差无几。据文献记载，现存城门为元至正十一年（1351年）在原址上重建，元末张士诚增筑瓮城，明清时又数次修缮。

盘门水陆城门紧相毗连，遥相对峙，平面呈曲尺形（图2-3-2）。水门在陆门南侧，内外有两重，纵深24米。外门石拱券作分节并列式构筑，金刚墙高达7.25米，墙角各立方石柱，上架楣枋以承拱券（图2-3-3）。拱券矢高2.75米，开有闸槽。内门由三道纵联分节并列式石拱串连构成，三拱尺度不一，第三道最大，高9.7米，宽9.3米，深6米。内外两水门建筑结构不同，非同一时代遗存，外门显然早于内门。前后水城门均置水闸和木栅等，两门之间有暗道通向城楼。陆门亦有两重，中为周长180米，呈方形的瓮城（图2-3-4）。城门系砖石结构，北城砖砌有登城坡道（图2-3-5），城上筑有垛墙，沿外墙置驰道、射孔、炮洞、闸口及绞关石等防御设施。现存城楼为1986年依循古制重修。复建的城楼，为传统木结构的二层重檐歇山顶式的建筑，面阔3间，周围设回廊；城楼阔15.48米，高11.3米，进深8.65米，总面积一百二十余平方米，外形古色古香，雄伟壮观（图2-3-6、图2-3-7）。盘门现有城墙长300多米、高5米多。

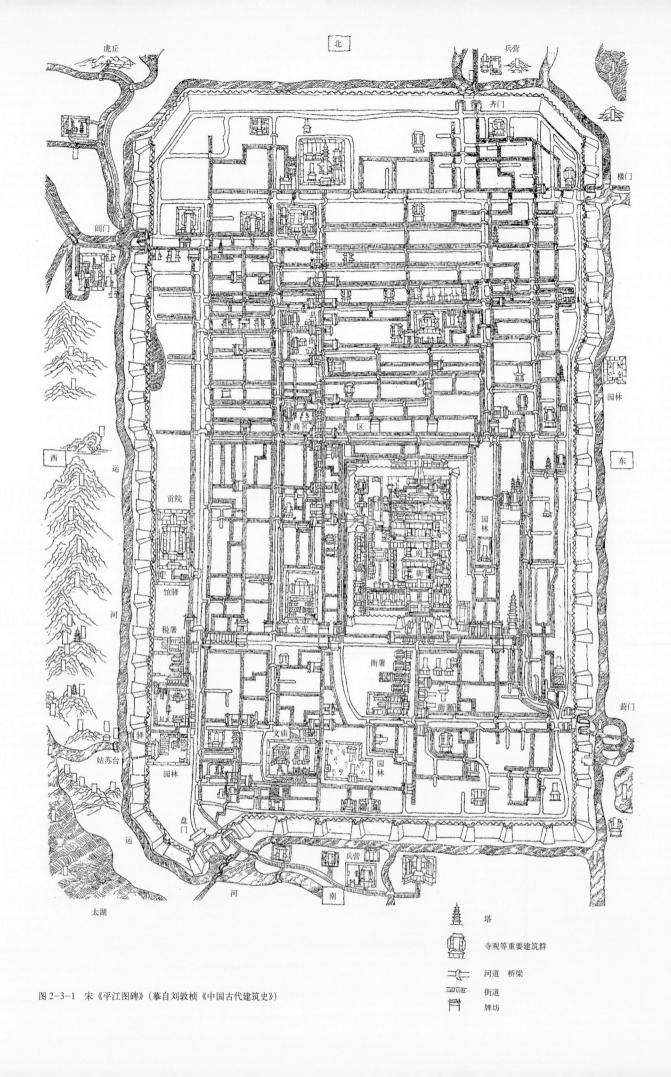

图 2-3-1 宋《平江图碑》（摹自刘敦桢《中国古代建筑史》）

(a)

(b)

图 2-3-2 盘门
(a) 陆城门；(b) 水城门

图 2-3-3 券门

图 2-3-4 瓮城

图 2-3-5 马道

图 2-3-6 城楼前台阶

(a) 　　　　　　　　　　　　　　　　　　　　　　　　　(b)

图 2-3-8 胥门
(a) 正面；(b) 背面

图2-3-7 盘门城楼远眺

图2-3-9 胥门马道

五、胥门

胥门亦为"阖闾大城"八门之一，位于苏州城的西侧，以遥对姑胥山（即姑苏山）得名，《苏州府志》云："胥门，西门也，在阊门南，一曰姑胥门"。历史上胥门曾被人为填塞，元至正十一年（1351年）重建，明清重修。苏州古城门均为水陆并列，唯胥门为防太湖洪水进城，宋元以后就无水门（图2-3-8）。陆门原有至正十六年（1356年）张士诚增建的瓮城，已于民国时期拆去。

胥门门洞由三道砖砌拱券组成，第二道与第一、三道垂直相交砌筑，结构与盘门陆门内门相同。拱门高4.65米，宽3.3米，纵深11.45米。东向（城内）尚存横额，"胥门"二字已毁。门洞左、右残存垣长约65米，残高7.2米，砖石尚较完整。西向（城外）砖石保存甚少（图2-3-9）。

第四节　扬州城

扬州地处江苏省中部，长江下游北岸，江淮平原南端。

一、沿革

扬州建城的历史可追溯到公元前486年，相传在周代，这里曾有一个称之为"邗"的方国，后为吴所灭，并在附近建邗城。秦、汉时称"广陵"、"江都"等，汉武帝时，在全国设十三刺史部，其中有扬州刺史部，但这些建制的治所均不在今天的扬州城附近。

直到唐高祖武德八年（公元625年），将扬州治所从丹阳移到江北，从此广陵才享有扬州的专名。唐太宗贞观元年（公元627年），分全国为10道，扬州属淮南道。玄宗天宝元年（公元742年），改扬州为广陵郡。肃宗乾元元年（公元758年），广陵郡复改扬州。唐末，江淮大乱。昭宗天复二年（公元902年），淮南节度使杨行密在扬州受封吴王。天祐十六年（公元919年），杨渭（隆演，杨行密次子）

正式建吴国，以江都为国都，改扬州为江都府，改元武义。吴天祚三年（公元937年），南唐灭吴，以金陵（今南京市）为国都，以扬州为东都。南唐保大十五年（公元957年），后周改江都府仍为扬州。宋太宗淳化四年（公元993年），分全国为10道，扬熙州属淮南道。太宗至道三年（公元997年），又分全国为15路，扬州属淮南路。神宗熙宁五年（1072年），分淮南路为东、西两路，扬州属淮南东路。高宗建炎三年（1129年）高宗南渡后，江都县析出广陵县，扬州增领广陵、泰兴2县。元世祖至元十三年（1276年），设置扬州大都督府。次年，改大都督府为扬州路总管府，领高邮府和真州、滁州、通州、泰州、崇明（今上海市崇明县）5州，并直领江都、泰兴2县。元惠宗至正十七年（1357年），朱元璋军占领扬州，改扬州路为淮南翼元帅府，寻改淮海府，属江南行中书省。至正二十一年（1361年），淮海府改维扬府。至正二十六年（1366年），改称扬州府。扬州府领高邮州、通州、泰州3州及江都、泰兴、仪征、如皋、海门、宝应、兴化、六合、崇明9县。明太祖洪武元年（1368年），罢除江南行中书省，设置京师（后改南京），扬州府属之。洪武二十三年（1390年），分六合属应天府，崇明属苏州府，扬州府领3州7县，并直辖江都、仪征、泰兴县，高邮州领宝应、兴化县，泰州领如皋县，通州领海门县。清顺治二年（1645年），设立江南省，扬州府属之。雍正年间，江都县析为江都、甘泉两县。乾隆二十五年（1760年），江南省正式分为江苏、安徽二省，扬州府属江苏省。咸丰三年（1853年）四月，太平军攻占扬州，曾改扬州府为扬州郡，改甘泉县为甘泉天县，历时8个多月。清末，扬州府领高邮州、泰州和江都、甘泉、天长、仪征、兴化、宝应、东台县，俗称"扬八属"。

二、隋唐江都（广陵）

隋唐之际，我国的城市格局开始出现变化，过去的"闾里制度"因商品经济的冲击逐渐瓦解，代之而起的是适合于商业经营的"街坊制度"。在此转变中扬州（隋江都）无疑是走在前列的。

隋统一全国后，江都城是全国四大行政区之一——扬州大行台首府的治所，担负着对江南以及周边地区的政治、经济控制。隋炀帝即位后，东都洛阳成了全国的政治中心，江都则被提升到了陪都的地位，并建造了行宫、苑囿（图2-4-1）。入唐之后运河漕运促进了当地的商品流通，使扬州出现了空前的繁荣，尤其是"安史之乱"后，南方相对安定，朝廷格外依赖江淮财富的支撑，这里几乎成为两京之外的全国第三大城市。唐末和五代的战乱使扬州遭受严重破坏，故在北宋时期，政治、经济地位都明显下降，特别是南宋时期扬州城的军事性质凸显，城市格局、功能也有了相应的调整。

隋江都城是在汉代吴王濞城、东晋以及刘宋所筑广陵城的基础上兴建的，由宫城、东城和罗城三部分组成。宫城平面近方形，四面设门。南为"江都门"，北称"玄武门"，东辟"芳林门"，西门失载，俗称"西华门"。城门内外均突出城墙，外表包砖。城垣用土夯筑，外有城壕，周长约5.1公里，宫城面积1.8平方公里。宫城内当时有"成象殿"、"流珠堂"、"迷楼"等著名建筑。东城平面呈不规则多边形，周长约4公里，面积约1平方公里左右，城墙四面各开一门。据记载，东城当时主要是驻扎随行的禁军，随行的亲王和文武官员也居于东城。江都有无罗城文献记载不详，但从政治、经济、人口等方面的需求看，隋江都应该有一个罗城。依据考古调查，也发现了多处可能与隋江都罗城有关的城垣遗迹，范围应毗邻蜀冈，在今瘦西湖、漕河以北一线的范围内。

进入唐代，位于蜀冈之上的原宫城和东城被设为扬州子城，四面各辟一门，城内设十字形大道，南北长1.4公里；东西长1.86公里。路宽11米，交叉处宽22米。南门是主要城门，也是唯一与罗城相连通的城门。为一门三洞结构，门洞铺石，中间门道宽7米，两侧5米，门洞长约14米。城北与城东还各辟一水门。子城的城墙墙角设角楼，墙体转角处内外包砖，内侧用特制的斜面砖，石砌成的墙体自然收分。蜀冈之下是罗城，修筑于唐代中

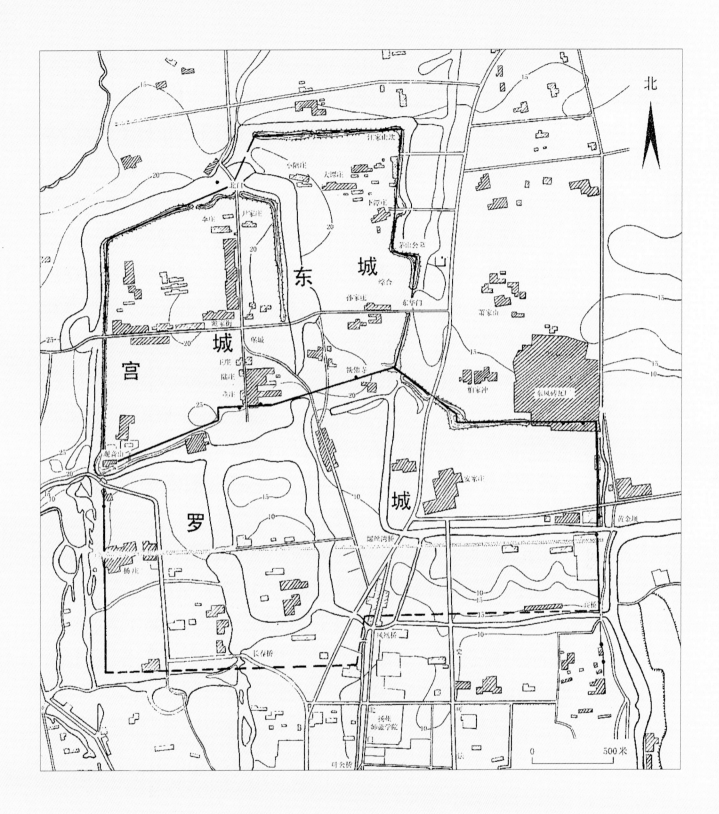

图 2-4-1 隋江都城

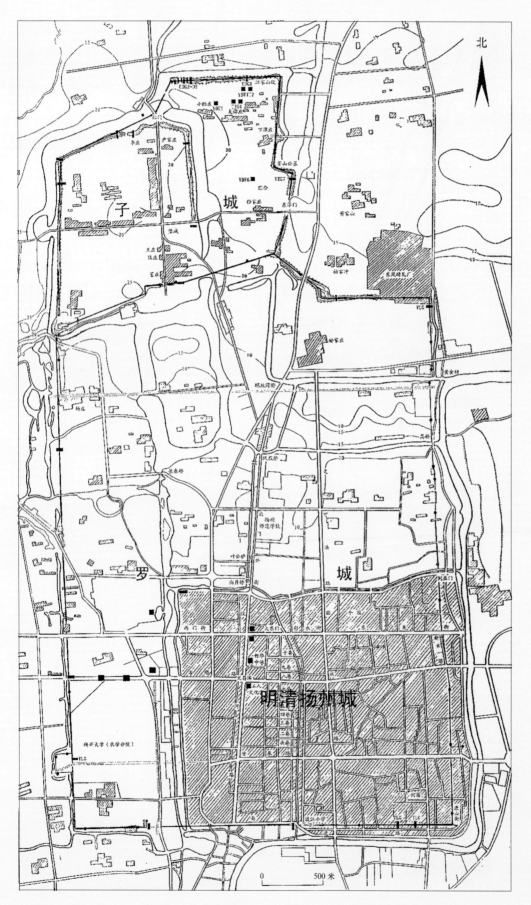

图 2-4-2 唐代及明清扬州城

期。呈长方形，东西长约 4.2 公里，南北宽约 3.1 公里。城内交通有水、陆两套系统，据考古发掘，已探明的有南北路 6 条，东西路 14 条，干道之间围合成里坊，坊内开十字路，这种坊制街巷，应是仿效隋唐都城的里坊形制。城内河道，有文献记载中的"官河"、"漕河"、"市河"、"柴河"及其支流。罗城范围内建筑密集，官河两岸市肆鳞次栉比（图 2-4-2）。"安史之乱"后，大量北人南迁，受人口剧增的巨大压力，中唐扩建时根本来不及进行整体规划，沿运河自然形成一些热闹的商住区，造成后来城外设坊管理的特例。传统的坊市制度在发达商品经济的冲击下逐渐瓦解，唐扬州城开了先例。

三、明清扬州

宋金战争使隋唐江都（广陵）遭受破坏，元代对大城的东南部做了重点修复，形成城周 1775 丈 5 尺的城墙，奠定了明清扬州城（老城）的基础。

明清扬州城设五门，东侧大东门称海宁，又有小东门；西门名通泗；南门曰安江；北门为镇海，另有两水门。明代商业发达，因城东有运河，故城、河之间形成繁华的商业中心。嘉靖年间，倭寇为患，为加强防御，于嘉靖三十四年（1564 年）在老城之西加筑西城（新城），并与老城相接。使城周扩展了 1542 丈（约 5140 米），并开设了七门：即挹江门、徐宁门（便门）、拱宸门（天宁）、广储门、便宜门（便门）、通济门（缺口）和利津门（东关）。沿旧城壕南北各设南北水关。东南两面以运河为城壕，北面开掘护城河与运河相通。明末史可法据守扬州，被清兵攻破后城市曾遭受严重破坏，但不久得到了恢复，并在清乾隆年间达到鼎盛。

扬州自运河开通，即为交通运输的枢纽，商业繁荣，经济发达。清初盐业放开后，盐商云集于此，因获利丰厚，故他们在扬州城内广建豪宅、园林。与此同时，他们生活豪奢，带动了当地的服务型行业及消费手工业的发展，茶馆、酒楼等随处可见；治玉、漆器、珠翠、绒花等极为有名。各种行业往往相对集中，于是出现了像小东门、钞关、东关街、河下街一带成为最为繁荣的商业街，又有像缎子街（多子街）、翠花街这样的专业街市。大商户往往也就近居住，建有大型的园宅。

江苏古建筑

江苏古建筑

第三章 市镇

江苏历史文化名镇分布图

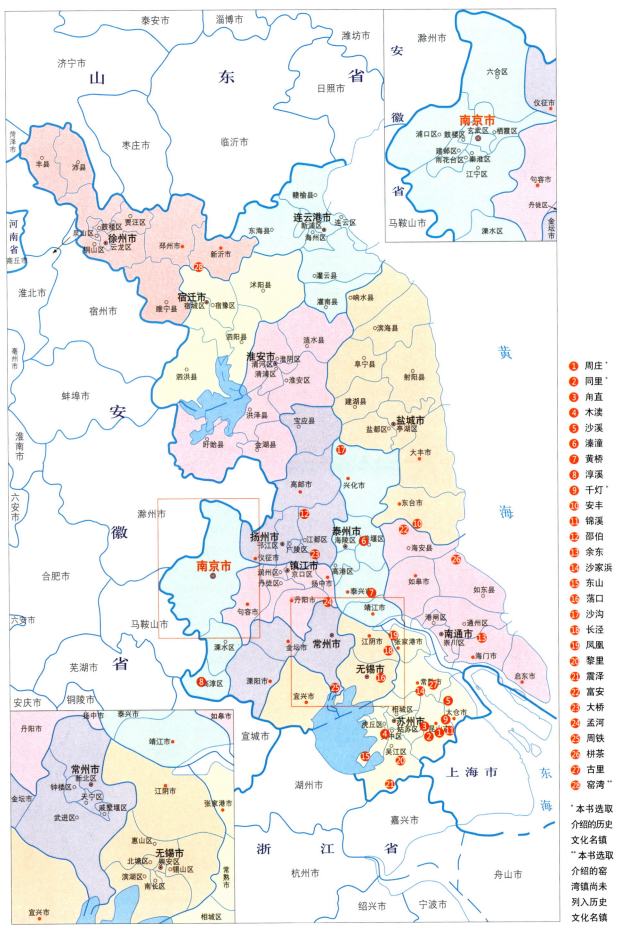

第一节 概述

市，原是交换商品的场所。自有了社会分工，商品交易就随之出现，作为交易场所的"市"也就应运而生。由于商品交易可以带来利润，官府希望将市场置于统一的监管之下，所以在其治所往往都会辟有专门的场所。然而随着商品经济的发展，以及都市管理制度给交易带来的不便，许多位置合适、交通便利的地方就会自发形成定期的或长期的交易场所，城市周边有了"草市"，远郊地带出现了"村市"。隋炀帝开凿运河，不仅将南方的物资输送到了北方，同时也为运河沿岸的州县、乡村带来了发展商品经济的契机，所以在唐代的中后期，江淮之间的"村市"开始有了急速的发展，而江南地区也出现了市、集。

镇，起初是作为军事要冲而兴建的，以驻守军队。由于人口逐渐聚集，商品交易的需求激增，因而市的许多特征也在镇中显现，尤其是在较长时间的安定时期，一方行政与经济中心的特点凸显，而军事中心的地位下降。

出于税赋征收的需要，政府最初是派出官吏前往各"草市"、"村市"，久之这些市中就出现了常驻机构，直到北宋初年，最终确立了市一级的行政建制，处于州县的辖管之下。

明清年间是我国市镇飞速发展的时期，据统计县城以上的城市数量从汉初到清末几乎没有太大的变化，但县城以下，自唐末出现大量"村市"之后，经宋代市镇作为一级行政建制的确立，到明清有了数量的剧增。尤其是在江南地区不仅形成密集的市镇网络，不同的市镇还因周边乡村的经济作物、手工业生产形成各自的商品集散特色，成为所谓的"专业市镇"，而且随着商业和手工业的发展，有些市镇逐步壮大，以至于江南地区有些市镇的规模已超过内地的许多县治、府城。

第二节 周庄

周庄原是江南众多古镇中的一座，近年来它的声名却日益显赫。其原因并不在于它的历史的悠久，因为江南各市镇产生和繁荣的年代相距都不太远；也不在于曾经的辉煌，在明清时期江南地区类似的市镇十分普遍。周庄之所以在今天备受世人的关注，更主要的在于原镇域范围内传统的水乡建筑基本得到了保留。虽然在当年城镇的社会地位及经济水平使镇中的建筑在技术和艺术上无法达到更高的层次，但随着传统城镇、传统建筑的迅速消亡，它的存在不仅为我们研究城镇级的传统建筑提供了实证，而且对探讨过去城镇的空间构成，以至于了解以往城镇的经济、文化都具有相当的价值。

一、周庄镇的形成

如前所述我国的"城镇"是介于县治与广大乡村之间的行政和经济中心。它源于早期散布于广大乡村地带的"草市"以及屯兵驻军之地的"镇"，只是其中的经济意义逐渐为政府所认识，故在北宋初期正式确立"市"、"镇"为州、县与乡村之间的行政与经济中心，终于城镇开始步入我国城市发展的历史舞台。在此之后，"市"或"镇"在我国大地上大量涌现，尤其是长江下游太湖流域的江南地区因为自然环境优越，加之历史上较战乱频繁的北方相对安定，所以在北方因长期的社会动荡而使生产力遭受巨大破坏之时，这里的经济却得以持续发展。明清时期江南城镇规模之大、数量之多，已成为全国之冠（图3-2-1）。

周庄就是在江南城镇运动中形成与发展起来的。这里原为荒僻冷落的渔村，相传宋代周迪功郎在此设庄经农，遂有"周庄"之名。南宋时北人南下侨居，人烟渐密。元末沈万三之父沈祐，由浙江南浔镇徙居于此，在东垞置庄田，周庄之名始著。

图 3-2-1 周庄古镇区平面

明末清初，周庄逐渐繁荣，形成以富安桥为中心的繁华商业区。清末民初，全镇居民达到5000余人，镇内多各种工商业作坊，镇民以商工为业，几乎每家每户都与工商业有着密切的关系。更由于这里地处吴江、昆山和青浦三县的交界处，故街市中商贾列肆货物充盈，俨然成为苏州葑门外的巨镇。

二、自然环境的影响与周庄古镇的平面格局

江南水乡，河港纵横，湖泊星罗，密布的水网被当地百姓用作交通运输的孔道，舟船就是他们生产、商业、生活服务与交通的运送工具（图3-2-2）。一些位置合适的河道交汇处往往形成集市，这形成日后城镇空间的骨架。出于商品交易的需要，城镇一般以河港的交汇处形成中心，街巷沿河道排列，构成了河街平行的交通体系，两岸散布着水陆码头，街畔商铺鳞次栉比（图3-2-3、图3-2-4）。虽然江南城镇普遍采用相似的河街布置，但由于河港形态的不同、建筑风格的差异以及各城镇商业的专门化格局，构成了不同水乡城镇的特征风貌。

今天隶属于苏州昆山市管辖的周庄，地处上海青浦和江苏吴江、昆山的交界处。其周边为澄湖、白蚬湖、急水港、南湖、油车漾等湖港环抱。在汽车、火车等现代交通工具尚未出现之前，四周密布的水网使之成为交通十分便利之地，且与三县交接，自然形成四方货物的集散地。古镇的四乡因得天独厚的地理条件，长期以来种植粮棉，水产捕捞为当地的传统产业，到明清时期广大的农户除棉花种植与粮食生产外，普遍都有从事纺织以及其他手工业生产的经营活动，因而周庄在集散四乡农副产品、手工制品等商业活动的同时，也形成手工业加工的中心。

周庄的旧镇域东西长3里（1.5公里），东西宽2里（1公里），由南北向的市河贯镇而过，并有中市河、后港东向与之相交汇。镇中的主要市街平行于这三条河港布置，形成"双丁字形"的河街格局。与市街相交的巷、弄分划街旁的地块，并分隔或通向巷、弄内的民居。总体上讲，周庄的街巷尺度较小、密度较高，这与城镇级的地位相吻合。各巷、弄由

图3-2-2　渔民

图 3-2-3　周庄的河道景观

图 3-2-4 周庄的街景

市街向内伸展，形成进入各户民宅的交通。由于不同地段巷、弄存在着形态的变化，这就营造出了各具特色的多样性空间（图 3-2-5）。

由于周庄地处江南，这里的气候条件决定了古镇的建筑必须采用与北方或岭南地区完全不同的构造形式。虽然与周边地区密切的经济、文化甚至技术的交流，以使其建筑风格与苏式建筑、徽派建筑及浙江建筑趋于接近，但因古代封建等级制度之下决定了城镇的地位，致使其建筑的尺度与规模必须考虑彼此的差异。而不同城镇的产业结构上的分工，又显现出它有异于周边同级城镇的街市形象。加上民居、商铺、作坊以及庙宇（图 3-2-6）、道观等（图 3-2-7）其他建筑间不同的组合排列，从而构成了独特的建筑风貌。

三、城镇要素与周庄古镇的空间结构

作为一方民众的聚居地，城镇需要具备各种满足居民需求的建筑与构筑物。其中为人们生活需要而营造的民居占有绝对的比重；因城镇的经济性特点，用于生产、经营的作坊、店铺也会有相当的数量；人们的需求当然还不止于为生存而攫取物质资料，寻求精神的寄托以修复因物质需求的不足带来的创伤，或用精神享受来调剂常态的物质生活也往往是重要的需求之一，所以城镇中大都会有寺观，甚至还会有园林的设置；城镇需要对外联络，各类建筑之间需要相互联系以方便实用，于是就会依据人的行为要求修筑河道（图 3-2-8）、街巷、桥梁（图 3-2-9、图 3-2-10）和埠头（图 3-2-11）。这些要素的存在构成了传统城镇最主要的直观空间风貌。

周庄与大多数江南城镇一样，是以河港的交汇处形成商业中心，所以南北市河与中市河、后港相交接的富安桥、双桥周边是镇中最为繁华的地方。城镇以这两点为中心向南、北及西面展开。在过去"东西长三里，东西宽二里"的边缘建有"四栅"，但随着社会的发展，今天的周庄已经突破了这一边界。在旧镇域范围内（今天的古镇中心区），沿河地段主要设为街市。面街多为店铺（图

图 3-2-5　周庄的小巷

图 3-2-6　周庄的庙宇

图 3-2-8　双桥

图 3-2-7　周庄的道观

图 3-2-9　拱桥与店铺

图 3-2-10　平桥与店铺

图 3-2-11 埠头

3-2-12），鉴于商业活动的公共性，传统店面都呈现出面街开敞的空间特征。而在店面背后，通常为用实墙围合起来的民居，高大的墙体在某些地段形成巷、弄，其形象封闭而狭窄。由于古镇中的建筑并非统一规划、同时建设的，因此街巷立面常常前后参差，而在街巷之中或桥塊之旁，时而分布着一些隙地，形成居民休息、交往的小广场。这些变化的立面及不大的公共交往空间的存在，常给人以亲切感。

古镇民居虽有规模大小的区别，但通常都以厅堂作为全宅的中心，建筑的高低、天井的开阔、装修的繁简不仅暗示着建筑的用途，而且也展示着空间次序（图 3-2-13）。大型府宅进深较大，楼堂可多达六七进。建筑遵循"轴线对称、尊卑有序、内外有别、外向封闭"的传统布置。大厅与其前的天井成为全宅最为重要的位置，厅堂装饰华丽，厅堂前设置精致的砖细门楼（砖雕门楼的吴语说法，下同），使其重要性得到了强化。在其前后虽也设有砖细门楼，但从建筑功能看，这些门楼主要是设置了以防火为目的的后檐墙而辟的通道，为突出主次，故其结构与修饰都较为简洁。同样，天井的安排也是如此，依据建筑的关系来确定进深。

中小型住宅虽然进深较小，通常仅为两到三进，但同样也有主次序列。一般堂屋是全宅的中心，其两侧安排厢房（楼），底楼用于对外的事务，楼层作为内宅。天井功能上是为采光、通风、排水而设，空间作用则是建筑组织及家人交流活动的空间。

周庄的店铺、作坊规模都不大，临河面街的店铺、作坊深仅一进。除用于餐饮的饭店、茶馆又将两层都用于营业外，大多以底层营业而楼层居住。其实这也符合"内外有别"的原则。街市另一侧的商铺则因为有可以向内拓展的空间，所以可以见到

图 3-2-12 店铺

图 3-2-13 民居

"前店后宅"的布置。这类店铺、作坊往往有三进或三进以上的建筑，其空间处理的方法与普通住宅相差不多。

四、张厅

坐落在周庄北市街永安桥南的张厅，原名"怡顺堂"，相传为明代中山王徐达之弟徐逵后裔于明正统年间（1436～1449年）所建。清初售予张姓人家，改名"玉燕堂"，故俗称张厅。历经了数百多年沧桑变迁之后，虽然其规模、范围以至某些结构形式已发生了或多或少的改变，但留存的建筑基本保持着早期的风格。可以看到，该住宅大部分建筑在外形上提栈（吴地建筑用语，类似于北方的举架，但计算方法不同）变化较大；保留着柱端置斗以承托桁条（檩条）、柱下是用木榶柱础等较为古老的结构方法；一些厅堂的梁架采用"圆堂扁做"的处理等，都体现出江南古老的结构传统，由此可以认为它属于周庄乃至苏州地区为数不多、颇具特色的早期邸宅之一。

现存建筑东西向布置，临市街辟门，西向（图3-2-14）。墙门间后有厅、堂六进，其后为花园（图3-2-15），园中设佛堂和书房庭院，南侧轴线前部为花厅，中间一进仍被占用，后部今为茶室，当年应是厨房（图3-2-16）。

张厅第一进为面街的门厅（图3-2-17）。第一、二进的结构基本相同。面阔三间，进深六界（吴语，类似于北方"步架"）。两进之间用小段廊庑相连，但檐下用半窗，形成两厢。二进后檐做包檐墙，正间设砖细门楼（图3-2-18）。三进为张厅的正厅（图3-2-19），面阔三间加两边楼，进深七界。其前设厢楼，厅后仅两侧用后厢，中间无穿廊，使原应呈两边布置的蟹眼天井（吴语，指厅堂背面穿廊两侧的通风、采光天井）连为一体。四进堂楼之前是狭长的天井，正面是砖细门楼，两边间前用塞口墙。堂楼前后无厢，面阔五间。五进建筑面阔三间，进深六界；六进建筑面阔三间，进深五界，均为单层。结构大致与一、二进相似，唯屋面下凹明显。

从现有建筑的周边环境看，如今开放部分当为中路建筑。其南侧花厅之前，当年应属张厅的范围，但目前不仅已被改造，而且亦归他人所有。花厅与厨房之间的平房也应为张厅建筑组群中的一部分，而如今尚未收回。书房庭院旁边的民居穿插其间，似乎原先也应属于张厅。现有建筑北侧，过花园的暖桥是一条幽深的备弄，按过去江南建筑的布置特点，备弄绝不可能设置到别人家中，所以张厅北侧的界墙应在备弄之外，甚至在备弄之北还应有一路房屋。由此可见，张厅最初的规模至少会有四到五条轴线，属于周庄最大的宅邸之一，这也能与传说中巨宦之后的府宅较为相符。

五、沈厅

坐落在古镇南市街富安桥东块的沈厅是周庄古镇域内现存规模最大的传统民居。这座古宅建成于清乾隆七年（1742年），原名敬业堂，到清末改称松茂堂。相传其主人沈本仁原是明初巨富沈万三的后裔。《周庄镇志》中称："沈本仁早岁喜欢邪游，所交者皆匪类。及父殁，……闭门谢客经营农业，于所居大业堂侧拓敬业堂宅，广厦百馀椽，良田千亩，遂成一镇巨室"。随着岁月的推移，沈厅也经受了自然和人为的毁损。直至20世纪80年代当地政府对其做了全面整修，如今西起市河埠头，直至楼后厨房得到了修复，并向游人开放，现已被列为江苏省重点文物保护单位，并成了周庄最为著名的旅游景点。

现存的沈厅坐东朝西，大门面街西向，隔街相对为临河埠头。大门后沿轴线布置敬业堂、松茂堂、大、小堂楼以及厨房等六进屋宇（图3-2-20）。

沈厅目前的大门是五楼五底的楼房（图3-2-21），其南侧边间实际属于备弄前侧门的门间，以至于楼层通面阔为六间。进门，过砖细门楼，正面是三间前堂——"敬业堂"（图3-2-22），两侧为夹厢。第三进是正厅，即"松茂堂"（图3-2-23～图3-2-25）。其前是精致的歇山顶砖细门楼（图3-2-26），两侧的厢楼规则而端庄，成为全宅的

图 3-2-14 平面与轴线剖面

图 3-2-15 花园
(a) 花园一角；(b) 暖桥水榭

图 3-2-16 厨房　　　图 3-2-17 门厅

中心。其后内宅部分为两进堂楼。最后是一进厨房。

从沈厅与周边的关系看，墙门间（即沈厅大门）的楼层面阔6间，完全贯通，因而其底层亦应属于沈厅。虽然今天为邻里街坊共用，但其主权应归属原沈厅似无异议。沿河一排6间是否同为沈厅的宅地则应进一步考证。因为沿河的铺面、埠头间是2间、4间的分隔，其间分别砌筑山墙，这在过去通常会被视为分属两家的标志，所以沿河建筑的归属需要进一步予以考察。

沈厅的北面有巷子为界，应该没有太大的异议，但过去的界墙应是建筑的山墙和院墙，今天所见靠墙的附房，是为后来搭建的，在过去可能也有一些附房，其形式应该与今天所见不同。

厨房的东面还有一进建筑，两坡，上架气楼，与沈厅其他建筑相异，因而目前被划在范围之外。可从厨房留有后门，以及附近再无关系密切的房屋的情况判断，这座建筑，或者是建造这所建筑的宅

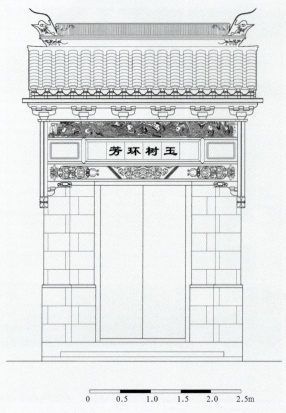

图3-2-18 砖细门楼

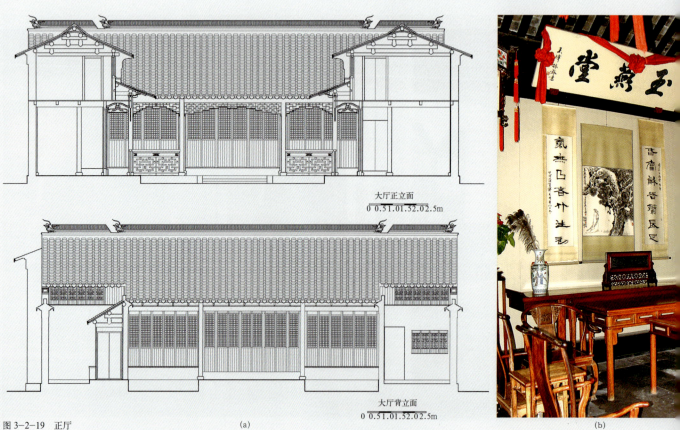

图3-2-19 正厅
(a) 正立面与背立面；(b) 内景

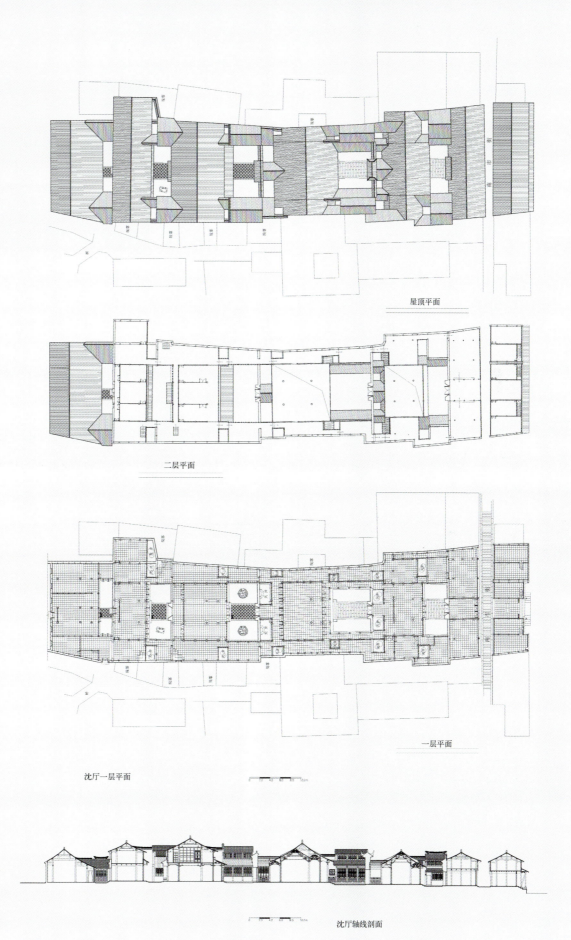
屋顶平面

二层平面

一层平面

沈厅一层平面

沈厅轴线剖面

图 3-2-20 平面与轴线剖面

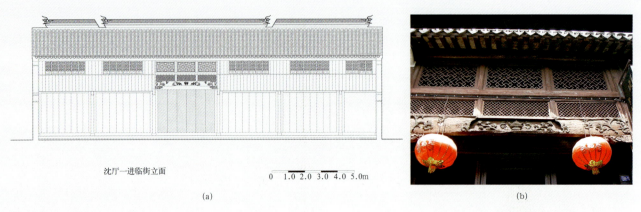

图 3-2-21 大门
(a) 正立面；(b) 内景

图 3-2-22 敬业堂　　　　　　　　　　　图 3-2-24 松茂堂立面

图 3-2-23 松茂堂外观

图 3-2-25 松茂堂室内陈设

图 3-2-26 砖细门楼

基地当年应属沈厅。

现存沈厅的南侧情况较复杂，小堂楼向南伸出一间，其前有一平房坐北朝南。平房的后部设穿廊，与大堂楼侧的备弄有门相通。再看其他建筑以及稍南另有小巷等相互关系，似可推测，沈厅在当年可能不是今天所见到的仅一路数进建筑，而是存在着南北两路，只是在岁月的推衍中，析为2家乃至数家。

六、民风习俗与周庄古镇空间的多义性

周庄古镇空间形态特征的形成源于传统文化、当地居民的生活追求以及生产方式。因为这是当地居民的实际需要，通过将城镇要素的组织，不仅获得了自己的满足，同时又反过来强化对这些空间的感受，因此即便是今天，当我们观察、认识这些要素构成的特定空间时，也会对其中所表达的意义获得理解。

在我国古代的封建等级制度限制下，城镇的地位仅略高于广大的乡村，因此其中的建筑、街巷所构成的空间形态仅能维持在较小的尺度中。这种尺度的空间往往给人带来亲切宜人的感觉，但同时也给空间组织带来影响。一般来讲，住宅的内部空间因人的活动有限，其空间相对宽敞，故界定较为明确。尤其是那些大型的宅邸，高大的门屋与一进进的楼堂、砖细门楼可以强调轴线的庄重以及森严的气派，其间不仅有确定的内外空间，以此可以体现出内外之别和尊卑秩序，交通空间的组织也十分明确。而在城镇的公共空间中，由于人流较多，较小的尺度就不容易界分得十分确定。比如街巷的隙地既是一种交通空间，同样也是邻里交往、居民休息甚至是家务活动的空间。又如桥梁两侧的栏杆，既属出于安全考虑的维护结构，但在实际的使用中，人们又常用以休息、聊天。另外店铺面街开敞，琳琅的货品有时已堆向街市，选购商品的人其实已经不知身在室内还是室外，其内外空间界线已变得模糊不清。

正是由于这些特定空间为人们所感知，不仅向人们暗示特定的空间气氛，引导人们参观、利用，同时通过与其他古镇的比较感受到了彼此的异同，于是江南诸城镇的共性、周庄古镇的特色就会在人们的心目中留下印象。从而在世界日益趋同的今天，能让人从中看到具有民族性、地方性的乡土建筑的丰富魅力。

第三节　同里

同里又名同川，位于吴江松陵镇之东，是一个具有悠久历史和典型水乡风格的古镇。最初当地被称为"富土"，后因初名太侈，将旧名拆字为"同里"。

一、沿革

同里镇的形成年代业已无考，但据《吴江县志》，其在宋末元初已经成镇，宋末仅设巡检司一员。到元时已有由税课局大使、副使各一员以及务提领、务大使、务副使、巡检司各一员组成的庞大政府机构，其规模之大可以想象。据当地志书的描述"宋元间民物丰阜，商贩骈集，百工之事成县，园池亭榭、声伎歌舞，冠绝一时"。元明时期，镇域扩大，到明初已是"地方五里，居民千余家，屋宇丛密。街巷逶迤，市物腾沸，可方州郡，故局务税额逾于县市"。到明代中叶之后，居民已增至2000余家。

二、市镇形态

明清时期的同里镇居于众湖的环抱之中，四外湖泊星罗，有同里、叶泽、南星、庞山、九里5个湖泊。镇域东西长2里（1公里），周回越5里（2.5公里）。镇内原有三条市河，呈"川"字形贯穿镇区，又有纵横交叉的支流伸向各方（图3-3-1）。主要街道有三元桥弄、南濠弄、尤家弄、白场弄、石皮弄、仓场弄、穿心弄、磨坊弄、史家弄、圣堂弄、盐店弄以及西弄等，相互交接（图3-3-2），形成了繁华的商业街区（图3-3-3）。此外还曾有米市、棉

图 3-3-1 同里的河道

布市、船厂等，形成由米业、棉布业、造船作坊以及竹器制作为特色的市镇。

由于同里处于河网之中，因交通不便而少受外界干扰，致使古建筑保存较多，镇内存有明清两代园宅（图3-3-4）、桥梁、寺观，现存著名的园林和古建筑有退思园、耕乐堂、环翠山庄、三谢堂、侍御第、卧云庵、城隍庙、尚义堂、嘉荫堂、崇本堂等。建于清光绪年间的退思园，因亭台楼阁及山石均紧贴水面，如出水上，所以又有贴水园之称，在建筑史上堪称一绝。崇本堂、嘉荫堂木雕艺术十分精美。耕乐堂庭院以田园风光见胜。古街坊、古街道粉墙黛瓦，俄脊高挑，水、声、空气都融有古远的韵味。

原先当地还有"前八景"、"后八景"、"续四景"等20多处自然景观，如今尚存"东溪望月"、"南市晓烟"、"北山春眺"、"水村渔笛"、"长山岚翠"诸景。

三、退思园

退思园位于同里镇中部，是清光绪年间内阁学士任兰生的园宅。光绪十一年（1885年）任兰生落职回乡，开始营建园宅，取《左传》"进思尽忠，退思补过"之意，题园名为"退思"，经过3年的建设，形成了亭、台、楼、阁、廊、坊、桥、榭、厅、堂、房、轩，一应俱全，布局巧妙、独特，既简朴无华，又素净淡雅，是具有晚清江南风格的著名园林。

退思园受地形所限，布局突破了一般园宅的常规，改纵向为横向，自西向东设置宅、庭、园三个部分。

住宅沿轴线布置门厅、茶厅（轿厅）、正厅（图3-3-5）三进，正厅主要用于会客、婚嫁盛事、祭祖典礼等较为隆重的活动。其东建有南北两幢五楼五底的跑马楼，楼间由廊贯通，廊下设梯，以通上下。楼东为通往花园的一区庭院，坐春望月楼为庭

图3-3-2　同里的街巷

图3-3-3　同里的店铺

图 3-3-4 同里的民居

院主体，其东侧设一不规则的五角形楼阁，伸向花园，名为揽胜阁。庭院中置一旱船（图3-3-6），船头向东，直向通往花园的月洞门。出门为花园（图3-3-7）。花园以水为中心，建筑、假山沿水边布置。主体建筑退思草堂坐北朝南踞于池北（图3-3-8）；池西偏南为一船舫形建筑闹红一舸（图3-3-9）；池东置眠云亭；水池东南是一处临水小轩菰雨生凉与南侧的辛台以两层的楼廊相连（图3-3-10）。建筑多贴水而筑，尺度小巧，使不大的花园显得开阔。

园地面积不足十亩（约6667平方米），由于构思精巧，因地制宜，使之紧凑自然，结合植物配置，点缀四时景色，给人以清澈、幽静、明朗之感。

四、耕乐堂

耕乐堂位于同里镇西端，为明代处士朱祥所建园宅。初建时占地约六亩四分（约4267平方米），居宅原有五进建筑，后几经兴废，现尚存三进。堂楼西侧有一条备弄直通后园，花园内布置了园池、厅堂、亭榭，高低参差，清幽别致。

老宅前后三进，墙门间后就是两进堂楼（图3-3-11），不似苏地大型府邸常见的门厅、轿厅、大厅、楼厅的布置。前楼宽敞、高大，其大厅与楼厅合二为一的意图十分明显。相对而言，后楼的尺度更接近于当地的民宅。在整组建筑之中雕饰不多，更多地在意于制作精良。建筑之上，大到梁、柱、屋架，小至门窗花格、裙板，并无太多雕镂，显示了耕乐堂主人低调、沉稳的品性，而建筑构件的简洁造型、流畅线条却又反映出文人雅士的审美情趣。因此在整体上透露出简洁而不简陋、精致而不奢华的气息，能让人有一种优雅、亲切与平和之感。

宅后以一方园池为中心（图3-3-12、图3-3-13）。这里有亭榭疏朗、池沼明瑟、花径蜿蜒。园中

图3-3-5　正厅

图3-3-6　旱船

图 3-3-7 花园

图 3-3-8 退思草堂

图 3-3-9 闹红一舸

图 3-3-10 辛台与楼廊

(a)

图 3-3-11　堂楼

(b)

(c)

图 3-3-12 花园

图 3-3-13 花厅
(a) 外观；(b) 内景

的花厅将园地分隔成前后两部分，前院今沿园墙设置的一亭、一廊，平整的石板铺地使前院变得开敞，亭侧的湖石花坛及其中的花木植栽让园景显出生机，且更富变化。花厅之后则凿池架桥，缘池布置亭廊楼阁，令园景更为丰富。池畔一株白皮古松自池边横空斜出，遒劲苍古。

第四节　千灯

千灯位于昆山市东南，隶属昆山，离苏州市中心约35公里。

一、历史沿革

千灯旧称千墩，据清陈元模《淞南志》载，昆山县东南36里（18公里）。有"淞江自吴门东下至此，江之南北凡有墩及千，故名千墩"。而清宣统二年（1910年）则"因墩上长满茜草"而易名茜墩。20世纪60年代因嫌恶"墩"字，而吴语"墩"、"灯"同音，故经批准易名"千灯"。

千灯之地在数千年前的石器时代已经有了人类活动的踪迹。春秋战国时这里属娄邑。秦始皇二十六年（公元前221年），改称娄县。西汉王莽时，曾一度改称娄治，到东汉建武（公元25～55年）时，复名娄县。梁天监六年（公元507年），娄县改置信义县，地属信义。大同二年（公元536年），信义县分置昆山县，被归于昆山。宋嘉定十年（1217年）前后，属昆山县疁川乡、全吴乡，直至清末。宣统二年（1910年），建茜墩乡，属昆山县。民国18年（1929年），茜墩乡改为茜墩镇。民国27年（1938年）复为茜墩乡。民国30年（1941年），

(b)

茜墩乡复为茜墩镇。民国36年（1947年）再改茜墩乡。1950年改划乡镇，建茜墩镇。1966年茜墩更名为千灯。

二、形态格局

千灯的市集在宋室南渡后逐渐形成，原初是在千墩浦东侧的东弄。明初曾一度迁市至千墩浦与吴淞江交汇处，但嘉靖年间遭倭寇洗劫而毁，遂又迁回原址。之后逐渐繁荣。到清同治年间，太平军与清兵在此激战，又使市镇毁损大半。

明末清初，千墩浦东、西分属两乡，两岸居民靠渡船交流。之后市集逐渐兴盛后，为方便来往，邑人先后在河上架设了3座阶梯石拱桥和一座梁式桥，从此东、西两岸得以相连。之后市街在浦西发展，民居、店铺沿河修建，尤其是沅渡泾与千墩浦十字相交处的香火桥（香花桥）一带，逐渐形成热闹的棋盘街街市中心。每日清晨，四乡的村民驾船到此云集于"十"字形河港中，登岸后在桥畔、茶馆出售自己的农副产品。至午散市，到市街的店铺中选购所需的日常用品或农资商品，然后返回乡村。

清代晚期的千灯是由千墩浦西侧的香火桥街市发展起来的，沿千墩浦形成南北向的街市，即南大街和北大街。与北大街相交接的有唐巷、沅渡泾、中宅弄、典当里、王祥弄等巷弄；与南大街相交接的有西场里、木花浜、蒋泾湾等，由此构成了千灯的街巷格局（图3-4-1）。千墩浦东侧虽然也有河东街、方泾浜、东弄等巷弄，但在同治之后始终较为萧条。

20世纪30年代当地开通了前往苏、沪、昆的小火轮，大大方便了与这些大、中城市的交流。1931年这里有了电灯。

三、民居建筑

千灯的传统民居规格较低，基本都为小瓦平房，市街两侧一般两层，前后一到三进，或前店后宅（图3-4-2）；或下店上宅。巷弄内的规模稍大，但最多也只有四进，或全为两层的楼房；或前堂单层，后楼两层。直到20世纪70年代末，其间未有太大的变化，直到20世纪80年代后半叶，新建的住宅才大量出现。目前所保留的还有不少，主要集中在棋盘街周边和北大街两侧。

棋盘街转折处的顾坚纪念馆属于当地一户规模稍大的民居。据称原主人谢姓，修造于清末民初，是一组坐西朝东，沿街而筑的三进两楼传统民居。临街的墙门间是一幢面阔三间的单层平房。改建为纪念馆后正间辟门，中柱落地，以设门扇，上悬"顾坚纪念馆"门额（图3-4-3）。墙门两侧的配一幅竹刻对联，右为"和声鸣盛世"，左为"雅乐协之音"。门内是石板天井，其南北各植石榴一株。对门两层的为堂楼，原先底层用作客堂，两旁及楼层用于屋主居住。改造后底层用作"淞南书场"；后楼底层成为可供演出的多功能厅堂。靠南墙设有小戏台，

图 3-4-1　千灯的街巷与河道
(a) 街巷；(b) 河道

图 3-4-2　民居
(a) 临河民居；(b) 沿街民居

是江南丝竹、评弹曲艺、戏剧表演的场址。戏台四框为木质挂落。台上备有戏台桌椅、评弹桌椅各一付，上铺绣花桌围，以供演出选用。戏台前整齐地摆放着十多付方台条凳，供来访者休息、观赏戏剧表演。楼上旷世斋为顾坚蜡像馆，陈列有顾坚的著作以及南戏、昆曲剧本，还有反映中国戏剧发展史的蜡像。

三进之后还有后花园，也是 2002 年改造后的作品。

四、商住建筑

南大街和北大街在过去是千灯的主要街市。据史料记载，街道的石板铺地是在民国初才被铺筑完成。狭窄的街道两侧是鳞次栉比的店铺、作坊。与江南许多市镇一样。建筑规模不大，面阔一到三间，高两层，底层内收，以使街道更为开阔；楼层出挑，得以增加居处面积，屋面出檐十分靠近（图 3-4-4）。当然当地也有一处规模巨大的商住建筑，即坐落在

图 3-4-3 顾坚纪念馆
(a) 临街大门；(b) 辟为小剧场的客堂；(c) 堂楼楼层；(d) 天井内的门楼

图 3-4-4 店铺
(a) 商店；(b) 当铺

当铺弄的余氏典当。

余氏典当坐西朝东，南北两路。原先自千墩浦西岸起，跨北大街，形成前后七进，现存五进。原先临河面街的四开间门面，主要经营茶杂山货。对街朝东的四间为典当铺的第一进，也是收兑典物的场所。大门内，上方是清代特色的砖雕，镌刻着"积善馀庆"四个大字。店铺步柱间陈设着高1.8米的典当柜台，上安栏杆。

过典铺侧门，经备弄右折是这所商住建筑的前堂"立三堂"。立三堂虽只是采用了三开间，圆作梁架，但尺度较普通民居更大。进深九界，自前至后设前廊、前轩、内四界及后双步。之后是后堂，两堂之间未像当地传统那样，用高墙分隔，而是将前后两堂和两侧走廊围合成天井。许多人以为，天井上方是四方内聚的屋面，且屋主余氏原籍徽州，故以为就是徽州建筑中的"四水归堂"形制，但实际上这两者相距甚远，至少在布局、构架、尺度方面更接近苏地风格。后堂的尺度及进深略小于前堂，由此突出了主次。

两堂之后有两进堂楼，是内宅部分，用作屋主及家眷的日常居处。前楼底层设有用作类似于今天起居室的内堂，楼层是屋主的居室，故底层的承重梁稍做雕饰，前用翻轩，且进深尺寸略大，被称之为大堂楼。后楼是子女的居室，进深略小，称作小堂楼。两楼左右均置厢楼，有通道联系前后，形成当地所谓的走马楼格局。

作为典当，还需设有特殊的专用房屋，即当库。当库被安排在整个建筑组群的最后，在结构、布置上作有特殊的处理。余氏典当的外围，三面筑有高墙，后面还设置了更楼，由此加强了防盗、防火的功能，可确保财产安全。

五、寺庙建筑

千灯过去也曾有不少寺庙，以满足当地居民的精神生活的需要，据当地地方志记载，千灯境内曾有小庵大寺16所，镇域范围内也曾有过6所。但如今这些佛庙大多已经不存，仅存的秦峰塔成了当地的名胜，原先塔畔的延福禅寺也在2005年得以重修恢复。

延福禅寺始建于梁天监二年（公元503年），由邑人王束舍宅捐建，僧从义开山建寺，取名"延福禅寺"（图3-4-5）。后晋始称波若寺，北宋为延福教寺，后复名延福禅寺。宋时香火鼎盛，规模宏大，成为远近信众的圣地。元末寺毁，明洪武年间重建，明末又毁，清中叶重建佛殿、经阁，但在同治年间太平军与清兵的战争中，再度毁于战火。直到1997年寺院开始重新恢复，到2005年先后修复和重建了天王殿（山门）、大雄宝殿、东西厢房和一些配套建筑、设施等。

延福禅寺内的秦峰塔（图3-4-6）亦始建于南朝梁代，明洪武年间重修，明末塔坍，入清后依据

(a)

(b)

(c)

图3-4-5　延福禅寺
(a) 山门；(b) 大雄宝殿；(c) 玉佛殿

图 3-4-6 秦峰塔

原貌重建，同治年间塔亦与延福禅寺一样遭受兵燹，烧却各层楼板、扶梯、四周腰檐、平座，仅余塔身。直到 20 世纪 60 年代后，经过数次修葺，恢复过去的风貌。今佛塔高 7 级，平面呈方形，底层在塔身外加置回廊。塔身砖砌，逐层内收，形成柔和优美的曲线。外檐出挑木质平座、木栏、腰檐，平座四角的望柱延伸至檐下，以承托腰檐的戗角。塔身外壁倚柱分划为 3 间，正间辟门，两次间置直棂假窗。倚柱头部施檐枋，上承牌科。顶刹铁铸，高约 2 丈（约 6.7 米），作铁葫芦状，下焊八角环，用铁链连接顶层屋角。塔内各层铺设木质楼板，有木扶梯连接上下，直达顶层。

佛塔尽管在近年做了大规模的修葺，但其形制保留了明清以来的特征。如今已开放。登塔远眺，会令人想起清方豪思的诗，"千墩墩上塔层层，高入云霄碍野鹰。我欲登上观四海，秋风病骨未堪胜"。

六、桥梁

千灯地处水乡，过去也曾建有无数的桥梁，以方便通行。这些桥梁在时代的变迁中大部分或毁，或改，但至今还保留着始建于明代的启秀桥、重凝桥，始建于清代的种福桥。如今在原香火桥（香花桥）的位置重建了三桥，分别为东侧方泾浜上仿明式的单孔拱桥方泾浜桥、中部横跨千墩浦的仿清式的三孔石拱桥恒升桥、西面沅渡泾上仿宋式的木梁桥鼋渡泾桥，构成了当地的一大景点——"三桥邀月"。

第五节 窑湾

窑湾（图 3-5-1）位于江苏北部京杭大运河与骆马湖的交汇处，今属徐州新沂市。史料记载，"该镇始建于唐，清康熙七年（1668 年）大地震后重建，为京杭大运河重要码头之一"。这里与新沂、邳州、睢宁、宿迁四县交界，号称能"东望与海、南瞰淮泗、西顾彭城、北瞻泰岱"，"鸡鸣闻四县"，曾一度市井繁华，人气旺盛，是苏北鲁南重要的商品集散地，为苏北商业重镇。而晚清以来海运兴起替代了运河的航行，津浦铁路开通分流了运河的运输，河湖的阻隔影响了当地的发展，致使发展停滞，经济逐渐衰落。如今镇中古街青石铺就的小巷，纵横相连，沿街店铺多为晚清风格建筑，1990 年 5 月原新沂县公布为县级文物保护单位。

一、市镇格局

窑湾其实只是苏北一座普通的集镇，周围水网相绕。这里曾因依托近临运河的交通之便，而使之兴盛、繁荣，成为运河沿岸重要商品集散地之一，同样随着水运为公路运输所替代，于是四外的河湖就成了限制其发展的屏障。

图 3-5-1 镇域平面

今天的窑湾被清晰地分成了新旧两区。

新区近于条状布置，主要道路东西向伸展，形成集镇的中心，南北向的纵深建设都不是太大，反映出新区建设的时间不长，这里定居的人口不多。从这条主干道宽阔、平直来看，规划者的意图似想将此作为与其他城镇沟通的过境通道。这种规划构想如今已显得陈旧。尽管它来源于我国传统城镇依托道路或河流形成的交通线的发展模式，其优点是适宜于四乡民众的集散，便于进行小宗商品交易，也有利于四向扩张，但随着集镇规模的扩大，街市杂乱的缺陷就会显现，尤其是这样的主要街道被用作过境交通时，杂乱就会加剧，以至于产生安全问题，所以这样的布局如今许多地方已经不再采用。新区的建筑（图 3-5-2）大多为商住两用型的两三层楼房，即底层可用作商铺，楼层供居住使用。其结构方式显得陈旧，造型也较为简陋。

老镇位于新区南侧，稍偏西，相距约数百米。镇西南濒临黄墩湖，沿湖的二湾、三湾曾是镇外上下货物的码头。镇东的湖荡原为沟通南北的老沂河，镇北还散布着数片大小水面，由水道将镇域围合成三角形地块。镇中由南北向的"中宁街"和东西向的"西大街"曲尺形相接构成了古镇的街市中心（图 3-5-3），街道青石铺地，两街有鳞次栉比的店面，曾有钱庄、当铺、货栈、粮行、酒馆等，可以想象当年繁华时的景象。如今中宁街向北延伸即与新区相连。

两街之间由多条小巷通往古镇内部，随着镇域的发展，街巷结构也变得错综复杂。与所有的集镇一样，镇里的建筑绝大部分为民宅（图 3-5-4）和店铺（图 3-5-5）。过去这里还有具有一定规模的商行、会馆，但如今已经被改造，无法见到曾经的辉煌，尚能见到的唯有学校（图 3-5-6）和教堂（图 3-5-7），这反映出当地的文化特质。据当地居民介绍，以前古镇设有四栅，每日夜晚或非常时期，紧闭栅门即可保障镇上的安全。但这样的景致已经消失在过去的岁月里了。

图 3-5-2　新区建筑

图 3-5-3 古镇中心

图 3-5-4 民宅

图 3-5-5 店铺

图 3-5-6 学校

图 3-5-7　教堂

图 3-5-8　传统民居建筑

图 3-5-9　前廊

图 3-5-10　后廊

图 3-5-11　传统民宅

二、建筑特色

窑湾古镇中保留的传统民居建筑虽然兴建年代不一,但风格大致相同,且规模不大。就所能见到的而言,当地最大的民居仅三进楼房围合的院落,其余多为三合院或四合院。单体建筑的尺度不太大,围合也较随意(图3-5-8)。其实这是过去集镇一级行政建制的社会地位所决定的,因此即使当年这里经济繁荣,也不允许居民建造超过规定的居宅。

当地早期的民居大多为青砖灰瓦的硬山建筑,面阔三到五间,进深六七步架,开间尺寸不大,每步架的进深也很小。建筑以单层平房为多,也有少数采用两层的楼房。

街市上的店铺临街设深两步架的前廊(图3-5-9),若为二层,其楼层较低矮,且退于廊后(图3-5-10)。有些建筑的廊柱和前金柱略粗壮。底层柱间用门板,楼层用裙板和支摘板窗。后檐砌为封檐砖墙。

小巷内的民居若建楼房,则大多较高,前后檐均砌清水砖墙。正面明间辟门,次间开窗,门窗的尺寸都不太大。为了安全和私密要求,背面底层一般对外不开窗户,楼层则开设与正面相同或更小的窗户。若建筑设前廊,往往仅添筑于底层,上架建腰檐。由于前后檐均为砖砌,所以出檐极浅,但在明间楼窗前则用斗栱、挑梁将屋檐挑出,形成较深的雨篷。这是徐州地区传统民居建筑上的显著特点之一(图3-5-11)。

建筑内部,年代较早的大多在明间用柱支承木构架以承托屋面,山墙处则将檩条直接搁于墙上,稍晚的小型建筑也有将明间的构架直接架设在前后檐墙之上的,因而省却了木柱。屋架用"大叉手",即由下横梁(下弦木)、叉手(上弦木)以及蜀柱、上横梁组成的"人"字形屋架。檩条较细、较密,且常有两条并用(图3-5-12)。这种构架方式不同于其他常见的抬梁式屋架,但在徐州地区及山东南部的乡村、城镇的民居中被广泛采用,因此可以视为这是当地的建筑传统,也极具地方特色。由于使用了"大叉手"屋架,因此其屋面变得平直,没有举架,且较北京等地的民居更显陡峻。

建筑的外观立面在经历了岁月的磨蚀之后显得陈旧,甚至像两条主要市街的立面因长期得不到应有的养护、修缮而给人以破败的感觉,但若能仔细观察,就会发现,这些建筑依然透露出当年的精美。从临街店铺出挑的梁头雕纹、蜀柱的收杀等中,可以看出当年屋主对美的追求。而隐于小巷之中的那些宅第则可以从墙砖用料较好、砌筑质量较高以及一些细小的砖木雕装饰中看到当初建筑的讲究。仅从檐下砖枋、山墙博风以及屋脊所用的砖饰件上就能见到丰富的变化(图3-5-13)。

门窗框樘的造型变化不仅给人留下精致与优美的印象,而且还可以让人感受到时代演进的影响。比如稍早的建筑门窗框樘的上部施用木过梁,外皮青砖贴护,因而在外立面上既可以让人感受到它的结构方式,又使其与墙面格调统一,同时也具有一定的装饰效果。年代稍后的,则使用青砖砌平过梁或圆券过梁(图3-5-14),这或许就是受了外来建筑形制的影响。

晚近的民居改用了红砖、机制瓦,内部的使用了"人"字形桁架式屋架,但造型上还是保留了过去传统建筑的形制,而且数量不多,因此在整体风格上还是能够与古镇保持一致(图3-5-15)。

图3-5-12 屋架

三、保存价值

窑湾，一座已有久远历史的古镇，当人们面对它时，常常会引起无尽的思索。

今天的人已经不再讳言功利，所以提出的第一个问题必然会是"它的价值何在"。有人以为，这里的经济已经滞后，所以要奋起直追，不能让已经破败或将要破败的东西成为发展的障碍。或者认为，其他地方的古镇，已有人凭借着祖先遗留之物取得了巨大的利益，因而可以借用这样的模式予以开发，也有望获得成功。这些想法确实都有道理，但需要看到的是不同的地方具有自身的特点，其经济、文化条件与氛围各不相同，别的地方的成功有着多方面因素的综合作用，照搬所谓"成功经验"，充其量也只能成为某一古镇的第二。所以说像一些媒体将窑湾说成是"苏北的周庄"，如果只是想借用人们已经熟悉的周庄之名唤起注意尚可接受，如果真的以为窑湾的周边拥有丰富的水系，镇上又遗留不少传统建筑，因而可以打造成与周庄相同的旅游胜地则可能不仅误导别人，甚至将自己也误导了。

应该说，窑湾之所以是窑湾，有着历史的原因，也有环境的原因。窑湾经济的滞后是令人遗憾的，但要促使其发展不能简单地照搬"模式"，需要的是认真、仔细地研究当地的社会、经济与文化，找出制约经济发展的内在原因，依据本身的条件与特点，发挥其优势，从而达到快速稳步的发展。同样宣传中也不应该用"打造苏北周庄"提法，因为这种比喻的背后其实是已经承认了不如周庄，就像周庄绝不会说自己是"江南的窑湾"一样。

那么对于窑湾，其发展的具体措施首先应该建立在对现状准确评价的基础上。在对现状作出深入细致的分析研究之后，需要在整体上作一细致的规划。同时还有环境整治的问题，某些传统建筑的修复设计问题和开发利用问题需要考虑和逐步推进。

忽然想到曾与人探讨当今颇为流行的"原真性"问题。具有一定历史，并拥有为数不少传统建筑的古镇，它的"原真性"又是什么呢？答案应该是当地居民的生活。传统的建筑产生于百余年之前，其使用的方式与今天已有了相当大的差异；古镇同样也是为了满足当时的需求而形成发展起来的，其中肯定也有与今天的生活、生产不相吻合的地方。将其修缮一新，使之成为观光景点，这是不少古镇的做法，似乎很成功，但难免给人以"假"的感觉，因为那里的商店都是旅游商品，那里的居民都成了公园的服务人员，唯独缺乏当地居民的具有活力的生活气息和场景，所以"让游人体验古镇居民的生活"就成了空话。

考虑今天的使用要求和未来发展的需要，让当地居民生活在一个熟悉、舒适、便捷的环境之中是发展的前提，因此保持现有的风貌，在保证原有外观、原有布局的基础上对那些与今天的使用要求不相符的部分进行必要的改造，就会成为最好的保护了。

图 3-5-13　檐下砖饰

图 3-5-14 过梁

图 3-5-15 晚近的民居

江苏古建筑

第四章 村落

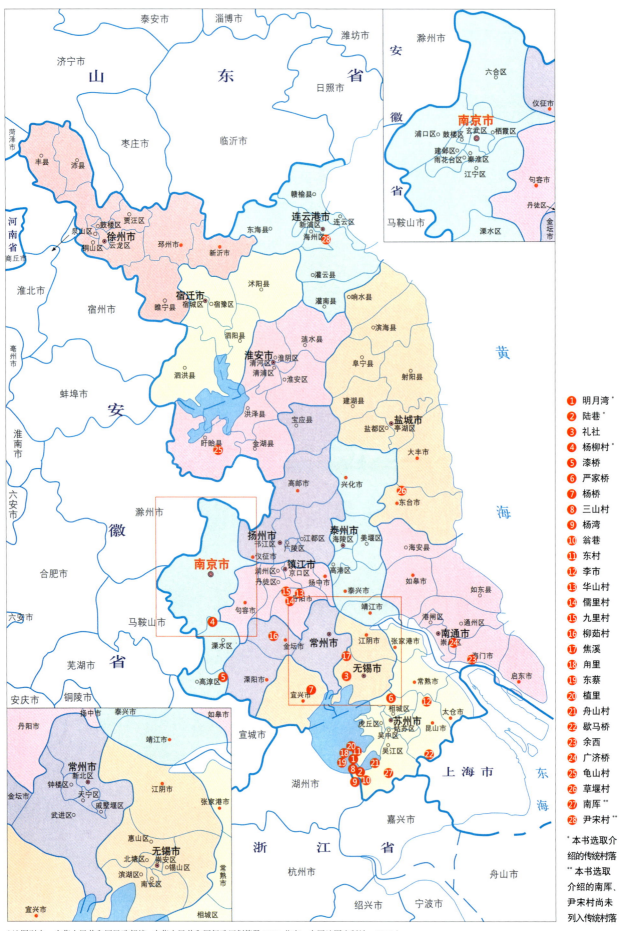

第一节　概述

村庄是最为古老的聚落形式之一，在我们的祖先开始改采集为种植、变狩猎为养殖之际，乡村也就应运而生。为了更好地满足生存的需要，人们对于自己的聚居之地也会有所选择。肥沃的土地、丰沛的水源能够为植物生长提供必要的基础条件，适宜的气候能保障植物长势良好，同时，这样的环境也造就了各种动物赖以繁衍生息的空间，而丰富的动植物资源则保证了人们生存的持续和发展，因此乡村通常会在具备了良好环境、生活资源充足的地方长期存在。随着社会的发展，人们不断地改良土地、兴修水利，乡村的种植、养殖业生产除了满足村庄居民自身的需求之余，还能为社会提供必不可少的衣食资源，因而形成了所谓的"第一产业"。

乡村作为人类聚居形式之一，它与周边的自然具有极为密切的联系。因为人们在其间生活，需要适应当地的环境与气候，受周边环境影响，逐渐造就出人们的生理和心理特质，所以它在文明的起源和发展中扮演着重要角色。而乡村的生产通常是在土地上获取农林产品，在水体中获取渔业资源等，不同的地域会带来生产结构的差异。在地理环境与生产方式的共同作用下，乡村就呈现出千变万化的形态，可以认为乡村形态最初是由地理环境的影响确定的。但还应看到，随着时代的演进，人们为发展生产、提高自己的生活品质，也会对身边的自然予以人为的改造，进而又反过来会影响到自己所居住、生活的村庄形态。

江苏地处长江与淮河的下游，全省绝大部分土地属于江、淮的冲积平原，这里河港纵横，湖泊密布。丰富的水源为人们带来了灌溉之利，从而使农耕和经济作物的生产得以持续稳定的发展。而密布的水系也造就了便捷的交通网络，人们可以驾着舟楫抵达欲往的地方，所以选择临河作为村落的基址，能够充分利用水体带来的便利。江苏平原地区的绝大多数村落与水有着密切的联系，或紧靠河、湖而建，或傍于河、湖的一侧，或分布于河道两岸，建筑常常呈带状分布。一些规模较大的村落虽然进深较大，但在村中往往也有小港河湾，人们滨水建宅，以方便用水。

江苏地区最初的原始文明已经在历史的演变进程中汇入华夏民族发展的洪流之中，而历史上数次民族大迁徙，带来了当时北方黄河流域先民最先进的农耕生产技术以及汉民族的文化理念，造就了当地经济的持续快速发展，这反过来又进一步吸引更多的人来此定居，致使当地人口在我国古代社会的中后期开始有了迅速的增长，其中绝大多数当然是散布在各个村落之中。

然而，晚近以来，当地的民众为了进一步发展农业生产而规整土地、完善水利设施，为兴办乡村企业而对原有村落进行改造、建设，致使绝大多数的村落传统风貌已经改变，如今已经很难再从中了解当年原始自然村落的形态了。

江苏低山丘陵地带占全省面积不足15%，而且普遍高度不大，这样的地形虽然也有自身的环境特色，形成林果、茶叶以及其他旱地作物的生产形式，并不会影响人们来此卜居的选择，但起伏的山地毕竟会对交通带来不便，尤其是在以舟楫作为主要交通工具的古代社会，相较于周边水系密布的地区，其经济发展明显滞后。但由此却让我们在今天还能了解到江苏山地传统村落的风貌。如今保存比较好的山村大致有三种类型：其一是背山（面水）型的；另一是山环内聚型的；再有是长条带状的。

虽然江苏省内的山体大多不高，但选择在山巅、岗阜之上建立村落的极少。理想的村址一般被选在山麓处的平地，这可以最大限度地利用山地和平原发展生产，同时也避免了山岭地带出行的困难。而在像太湖流域，可能山麓就是山水交接之处，于是就形成背山面水的村落。这类村落一般选址于山体的阳坡，但建于阴坡的也能见有实例，原因是山体高度有限，并不足以影响通风纳阳。

如果村落两旁还有山体支脉向前伸展，形成环抱之势，则被认为属于最为理想的建村基址。所以在山岭地区常常可见到三面环山、一侧开口的山村。这种建于山坞之中的村落无论从心理上还是实际中，都能给人以内聚的安全感。

山岭地区还有一种长条状的村落，成因是两山之间拥有一片带状的平坦区域，如此地形的中间往往有小溪流经，因这样的环境有山水相伴，自然生态良好，所以也为常见的山村选址。

山地村落中的民居大多集中布置，村中以"一"字形或"十"字形主干道路穿越村庄，其间联络小巷通往各家各户。在过去，若为单姓家族的村落，村中会建造一两处祠堂，成为村民祭祀或重大活动的场所；若为数姓杂居的，则会有几个大姓家祠。晚近以来由于人们对于文化的重视，往往在祠堂中延师课徒，于是在20世纪中叶前后，有些地方的祠堂就被改造成小学。虽然村民也有佛、道信仰，但出于禁忌村中一般不建寺、观，即便营建也会建在村落近旁，有一定距离的地方。

背山型的村落在近代大多会发生变化，大多是因经济发展，或随人口增长而向外围扩张，当代的钢筋混凝土建筑逐渐替代传统木构建筑；长条状的村落则会向两端延伸；唯有山体环抱型的由于受地形的限制，尽管也有发展、变化，但改观并不太大。

第二节　明月湾

明月湾是太湖西山岛上的一座古村，位于西山岛南端。古村南濒太湖，背倚青山，地形宛如一弯明月，故称明月湾。

在太湖诸岛中，洞庭西山是面积最大的一座岛屿，约有70.25平方公里。这里气候温湿，植被丰富，因此自很早以前就有了人类活动的踪迹。在此向南5公里左右的三山岛上发现的距今约万余年的旧石器晚期的人类遗址，就是这一地区无数先民生活、生产的聚居点之一。

大自然除了赐予这片土地优越的风土环境外，还有旖旎的湖山风光，相传在春秋晚期，吴王就曾在西山岛上营建避暑的宫殿。一说明月湾即为夫差与美女西施在此赏月而得名，《苏州府志》载，"明月湾，吴王玩月于此"。

往事已越千年，明月湾至迟在春秋之后逐渐转变为当地居民的聚居地，到唐代已基本奠定了今天我们还能看到的村落格局。自当地居民的祖先选择此地作为栖身之地，他们在山上种植花果、茶叶；到湖中捕捞、养殖，颇有世外桃源的意境。清代诗人凌如焕赞美此地"水抱青山山抱花，花光深处有人家"。北宋南渡之后，许多退隐官员、文人到此定居，据称如今村中邓、秦、黄、吴四姓就是他们的后裔。千余年来虽然村中建筑代有更新，但其中的礼和堂、瞻禄堂、瞻瑞堂、汉三房、金家厅以及许多民宅、祠堂都为明清之际所建，至今已有三百年左右的历史。而稍晚的传统建筑则随处可见，其数量之多，体现出了江南古村的原始风貌。

一、古村平面布局和空间结构

西山岛的南端，山脉由西北向东南蜿蜒而来，到太湖边分为数座小岗折而西行，形成一个个三面环抱的山坞。古村明月湾就坐落最南端的山坞之中。这里由三面不高的青山环绕，西南开口面向太湖，成为一个背山临湖理想的内聚空间（图4-2-1）。

明月湾的村口（图4-2-2）西向，西南侧建码头伸向太湖（图4-2-3）。过去这里是村中居民入湖打鱼和对外交通的重要孔道，因此在码头以东开凿了相当面积的池塘（图4-2-4），沟通太湖，使之既成为可以停舟泊船的避风港湾，同时也形成汇聚山水的水口。塘边一株千年的香樟巍然挺立（图4-2-5），向人们叙述着古村的历史。

村落占地面积约9公顷，有常住居民一百余户、近四百人。村内由南北两条东西走向的街道构成主体道路骨架，其间有多条小巷（图4-2-6），纵横交错，形成棋盘状格局。街巷路面与当地许多地方的城镇一样，均以条石铺筑，下为排水沟渠，这反映出过去当地的经济实力较强，同时也给古村带来了整洁与卫生。古村规模不大，但总体形态紧凑，街巷、民居组织结构清晰，因而给人以井然有序的感觉。街巷两侧散布着斑驳的古老建筑，房前屋后栽植着四季花果，常令人想起清人沈德潜"人烟鸡犬花林中"，以及凌如焕"水抱青山山抱花，花光深处有人家"的诗句。

在过去漫长的岁月中，古村发展缓慢，长期以来形成的边界相对明确。近年来随着全岛建设的加

图 4-2-1 村庄平面

图 4-2-2 村口

图 4-2-3 码头

图 4-2-4 池塘

图 4-2-5 古樟

图 4-2-6 小巷 1

图 4-2-7 民居

(a)

(b)

图 4-2-8 祠堂
(a) 邓家祠堂；(b) 黄家祠堂

快，环岛公路的建成，当地民居的建造也逐渐突破原来的村落范围，向周边扩张，但因地形和公路的走向，外扩以南面为主，西向稍次，东面和北面的边界相对变化不是太大。

二、古村的建筑特色

作为当地居民聚居的村落，明月湾中的建筑绝大部分为民居（图 4-2-7）。此外还有一些家祠，如邓家祠堂（图 4-2-8a）、吴家祠堂、黄家祠堂（图 4-2-8b）、秦家祠堂等。当年村民虽然也有宗教信仰，建有小型寺观以满足精神需求，但如今已从村中消失，仅余的一座明月寺，坐落在距村数百米的小岗东侧（图 4-2-9）。村内现有小学一所，是由秦家祠堂在 20 世纪中叶之后改建的。

古村民居规模不是太大，这与古代建筑等级制度有关（图 4-2-10）。当地最大的住宅仅前后三进，

图4-2-9　明月寺

有些家庭成员稍多，则使用二三条轴线，当地称之为两路或三路。也有只有一进或两进的住宅，但为数不多。这反映了当地居民大多经济水平较高，而普遍富裕在民居建筑的装饰上也能得到充分的体现。

明月湾的民居若能前对东西向的街巷，一般都南向辟门，大门置于中轴线的东南隅。墙门间（门厅）为面阔一间，高两层的楼房，深四到六界（图4-2-11、图4-2-12）。底层前檐砌墙，大门安于檐墙之中，门楣之上用砖瓦构成门楣，给大门带来画龙点睛的装饰效果，门楣下部用矩形的门砧（抱鼓石）予以点缀。室内后步柱之间装屏风门，形成虽小但规整雅洁的门厅空间。屏风门后，为天井、备弄，可以通向内宅或东路的其他建筑，而循轴线进入中路各厅堂则是经由开设于墙门间西山墙的砖细门楼。墙门间的楼层前后都开设楼窗，大多供奉祖宗牌位，因此称"家堂楼"。

中路的第一进，前辟天井，砖雕门楼设在天井的东墙。建筑多为三开间，深六到八界，或为单层，或为两层。规模较大的住宅以单层为多，用作茶厅，过去供停轿及下人休息之用。其后第二进楼房设为正厅，规模不大的民居则用楼房，下层即被用作正厅（图4-2-13）。

茶厅进深通常为六界，构架较为简洁，基本不用雕饰。前檐正间通常不设门窗，次间或开敞，或砌墙。

正厅则进深较大，前面一般都用翻轩，深两界。有的还设前廊，并与前天井两侧的游廊兜通。翻轩内是内四界，再后为后双步。前檐的底层，正（明）间多做六扇落地长窗，两边次间做雕花半窗和木栏杆。

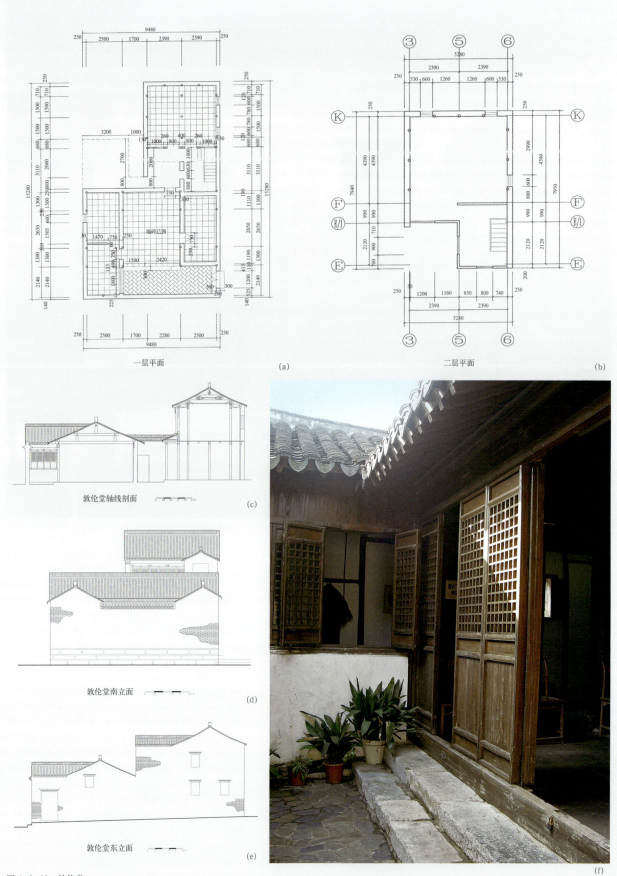

图 4-2-10 敦伦堂
(a) 一层平面；(b) 二层平面；(c) 轴线剖面；(d) 南立面；(e) 东立面；(f) 前堂

图 4-2-11 垂花柱

图 4-2-12 屋架

楼层为楼窗，两层之间设腰檐。后檐的底层有的仅用檐墙，正间的当中辟库门、门楼；有的则在正间用穿廊与后墙相连再辟库门、门楼，两边次间设半窗，从而在后檐穿廊的两侧形成具有采光、通风和排水作用的蟹眼天井。后檐的楼层都使用楼窗，以保证室内空气流通。室内在后步柱之间安屏风门，正间的屏风门通常不开启，用以遮挡视线。因为正厅是整个住宅的中心，供家人举行庆典礼仪或接待宾客之用，因此大厅的梁架大都施以雕饰，有的人家在山墙下部还用水磨方砖做墙裙，使整个厅堂更显典雅、美观。

正厅之后的堂楼为内宅，是宅主生活起居和藏闺之所，亦称为内楼。建筑通常为进深七界，为增加居处面积，堂楼前天井的两侧都有厢楼，并与前后楼房兜通。正立面上，上下楼层间往往用软挑头承托腰檐，形成所谓"雀宿檐"。堂楼内部梁架较正厅简洁，极少施用或不用雕饰。其意义在于不致因装饰过多而使人心境烦躁。为防火需要，山墙多高于屋面，形成所谓的屏风墙。墙体形式有用跌落式的屏风墙（亦称"马头墙"），也有用"观音兜"的（图 4-2-14）。

边路的建筑较为随意，若家庭人丁较多，则添加堂楼，也有设为花厅（图 4-2-15）。不同用途，其造型、结构都会有所区别。

祠堂建筑与民居相仿，通进深亦为三进，建筑面阔大多也为三间。稍有不同的是大门被置于中路的轴线上，且用形制较高的将军门样式，门前用八字照墙。由于祠堂是村中同一姓氏的公共活动场所，是集举族之力兴建的，因此建筑的构造、用材以及装修装饰都较一般民居更为讲究。

三、古村的建筑结构与装饰

江南地区在我国古代社会的中后期，经济繁荣、文化发达，长期以来一直居于全国的前列，这对于

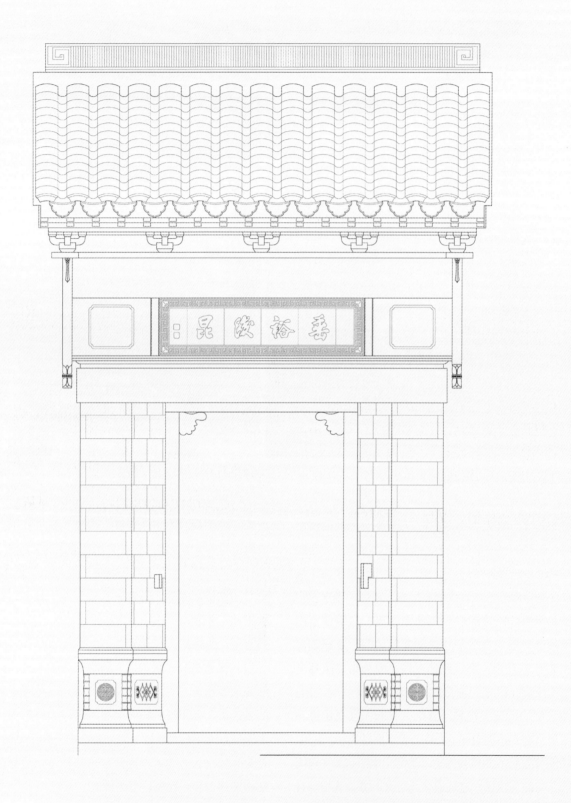

图 4-2-13 礼耕堂正厅后门楼

建筑的发展具有强有力的推动作用，所以，江南建筑呈现出精致和典雅。明月湾虽然属于太湖西山岛上一个普通的小村，但作为整个江南亚文化圈中的一个组成部分，同样也显现出超出其他地区同类村寨的经济水平和文化水平，而且地近当时江南最为繁华的苏州，尤其是在以舟楫为交通工具的年代，这里的交通还算便利，因此在明月湾的建筑中，其结构与装饰与苏州的风格特征极其接近。

与苏州及其周边地区一样，明月湾的传统建筑所使用的都是木构架体系，构架有正贴（明间梁架）和边贴（山墙梁架）之分。正贴用料较大，能给人以粗壮、饱满的感觉；边贴则因与山墙相互依托，共同分担屋面荷载，故用料较细。正贴采用完整的抬梁结构，以满足室内有更大的无阻碍空间；边贴则紧贴山墙，脊柱落地能使受力状况更为合理。可见当地的匠师已经对于构架作了全方位的考虑，使其达到可以满足各方面需求的近乎完美的程度。

同样，在装饰方面，过去明月湾的建筑等级虽然远低于苏州，但也因当地的文化积淀和经济基础，其木雕、石雕、砖雕的使用也十分普遍。木雕大多施于梁枋、樟木（内柱柱头斗栱两侧的装饰木块）、门窗的裙板和夹堂板上；石雕主要用于门枕、柱础、垂带石、御路、门窗框樘子的上槛等。砖雕则广泛雕于门楼、照墙、门楣、墙垣的抛枋之上。然而雕饰虽然丰富，决不滥用。一般梁架雕饰仅用于正厅，墙门间、茶厅、内楼基本不予施用；柱础石雕往往仅饰于正厅的步柱上；砖雕也是有选择地运用，因而使建筑形成强烈的主次感，同时也恰到好处地利用了所拥有的财力，使自己的居宅既精美又不铺张。

从明月湾所用的雕饰题材也可看到当地居民的文化层次和当年的民俗风尚。比如花卉的运用，多选择松、竹、梅"岁寒三友"、梅、兰、竹、菊"四君子"等；静物雕饰则喜用"文房四宝"等器物，由此可见当地居民在文化上的品位和追求。同样还有诸如"五福捧寿"、"福寿绵长"、"必定如意"、"福禄寿禧"、"功名富贵"等以动植物的谐音为题材的也是这些建筑上常见的，这体现了当时流行的时尚。

(a)

(b)

图 4-2-14 山墙
(a) 屏风墙；(b) 观音兜

图 4-2-15 花厅庭院

图 4-2-16 石板村道

图 4-2-17 小巷 2

图 4-3-1 村庄远眺

四、古村及其传统建筑的存在价值和可持续发展

古村是当地居民在此长期生活聚居的场所，因而村落格局及其中的民居建筑则是在不断与环境的适应过程中自我完善的。尽管到了今天，由于社会的巨大变化，以及人们受新的生活方式的影响，有人感觉到传统建筑或许存在着这样或那样的不足，因而进行拆除、改造，致使古村风貌、传统建筑逐渐离我们远去。然而如果能够细细分析，即会发现，其实那些被认为是需要改造和拆除的理由并非完全由古村及传统建筑本身造成的。比如破败，其原因是长期超负荷地使用；拥挤，是使用人口的过多；肮脏，则由于不良的生活习惯，等等。相反，像明月湾那样，过去曾经是经济条件较好的村落，其传统民居建筑质量通常还是相当高的，在经历了数百年的风雨侵蚀后，其状况依然良好，甚至比近年新建的建筑还更具舒适性（图 4-2-16、图 4-2-17），因此对其进行关注并研究，寻找适当的整治方法，予以必要的保护规划和修复设计，就有可能为今天以及后人留下可供研究甚至利用的宝贵财富。

古村及其传统民居存在的意义，不仅有《文物法》提到的"历史价值"、"艺术价值"以及"技术特色"，而且随着近年来因经济发展而使许多传统古村迅速消失，其"唯一性"和"特殊性"也日益凸显，因此利用合理的方式予以保护和保存就显得十分必要。为使古村明月湾的风貌能够得到保留，首先应该对其作一个细致的保护规划，并对那些毁损的传统民居进行规范的修复，同时整治古村环境，以使古村能够健康地长期留存。

第三节 陆巷

陆巷是苏州东山岛的一个历史悠久的自然村，位于半岛西侧的山坞之中，背山面湖，村中传统民居保留较多，因此保存了明清以来的村庄格局（图 4-3-1）。

图 4-3-2 宝俭堂
(a) 大门；(b) 前堂；(c) 大堂内景；(d) 后楼

一、历史变迁

东山和周边地区一样，人类活动的历史也十分久远，历代有不少名人雅士来此游憩，留下了众多的遗迹、传闻。坐落在后山太湖边的陆巷村，形成于南宋时期，本称王巷，是东山王氏世居之地。相传因王鏊（1450—1524）曾祖王彦祥入赘陆子敬家为婿，遂改称陆巷。后王彦祥归宗复王姓，而陆巷之名未改。

明成化十年（1474年），王鏊在乡试中取得第一名"解元"。翌年会试，又取得第一名"会元"，殿试时获一甲第三名，故一时盛名天下。之后王鏊官至宰相，成为东山历史上最为显赫的官员，也是明代江南三阁老之一。正德四年（1509年），以武英殿大学士致仕返乡。陆巷也因此而远近闻名。

明清时期，不少人或因官宦致仕归隐，或因经商发迹后衣锦还乡，在东山陆续建造了大批不同于乡间民宅的大型宅第，村中也在此时达到了发展的鼎盛阶段。从至今保留的遂高堂、会老堂、晚三堂、熙春堂、双桂堂、惠和堂、粹和堂、三德堂等为数不少的明清建筑中（图4-3-2、图4-3-3），可以想象这里曾经的辉煌。

进入近代社会之后，因这里远离中心城市，而近代交通工具的变化造成了与外界交往减少，现代经济、文化对这里的影响相对较弱，因此使村落的形态得到较完整的保留。

二、村落形态

洞庭东山是延伸进太湖的一个半岛，三面环水，中有延绵的山脉。当地的村庄通常选址于由山体伸展形成的山坞之中，由此形成三面有山峦围合的内聚形空间。陆巷村地处东山半岛的中段，其南、北及东面是低山丘陵，西面向太湖开口。在以舟楫为交通工具的时代，这里亦可谓交通便捷，而

图4-3-3 随处可见的古宅
(a) 村南老宅；(b) 村中老宅

太湖开阔的水面，有时成为安全的屏障。东侧翻越山间小道，仅4公里左右即可抵达东山的经济中心东山镇（今环岛公路约13公里），这在当年也有相距不远但分隔明确的特点。山坞之内平坦之地较充裕，稍远则是不高的丘陵，村民可以在近旁的田野中种植粮食、蔬菜，可以在稍远的山岭之上收获茶果，还可以驾船入湖，捕捞湖中的鳞介水产。所以这是一处理想的宜居之地，人们自很早以前就在此繁衍生息。

陆巷村被认为是兴于隋，盛于宋，益盛于明清。但今天人们所见的村庄形态则应该成形于明代晚期，因为尚存的传统民居遗存未有更早于此者，而村内的石板街巷则是清初的遗物。之后随村中人口繁衍，村落逐渐扩大，终于达到一百余户人家的规模。

今天的陆巷村有六条主要的横巷通向太湖，故也有人以为"陆巷"之名即来源于此。其间有十数条弄、巷、村道纵横交织，构成村庄的空间骨架。村中主街以条石铺面，巷弄则以青砖"人"字侧砌（图4-3-4～图4-3-6）。主街条石之下是排泄山体径流的沟渠，巷弄则在青砖路面之侧砌以排水明沟。汇聚的水流在村西形成三条东西向的河道（图4-3-7），这既被用于排泄积水，同时也是村民进入太湖或返村避风的孔道。

村落中主要为民居建筑。随着社会的发展，陆巷村不少传统民居因岁月的冲刷而破败、颓坏。受建筑发展的影响，村民的修葺、翻建也陆续放弃了传统的形制而采用当时普遍见到的砖混结构建筑，所以村中的旧民居渐为新建筑所取代。尽管如此，如今仍保留了传统厅堂有近30处，其中有明代的遂高堂、会老堂、晚三堂、熙春堂、双桂堂，明基清建的惠和堂、粹和堂，清建的三德堂等。

过去村内也曾有数家店铺，服务于当地居民的日常生活。20世纪50年代末，因这里被设为公社所在地，故陆续增添了供销社所属的生产资料门市部、水产购销站、鱼品加工场以及合作商业所属的百货店、点心店、饭店、茶馆、肉铺和理发店等

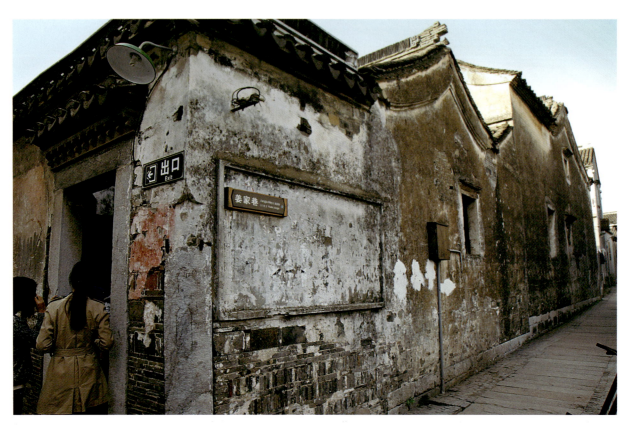

图4-3-4 主街

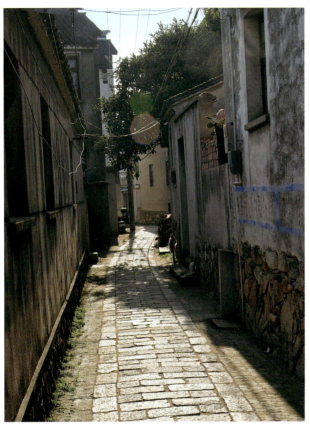
图 4-3-5 小巷

图 4-3-6 巷门

图 4-3-7 河道

二十余家店铺。20世纪60年代初公社驻地撤销，村中的商业逐渐衰落。

三、遂高堂

遂高堂是明代隐士王铨的宅邸，王铨曾被选任杭州府经历，但他不愿为官而隐居家乡，故被时人誉为隐士。王宅原先规模较大，包括东望楼、远宣堂等建筑，今存遂高堂一处，存有三进（图4-3-8）。

前面的大厅面阔五间，进深九界，硬山顶。正间用踏步两级。正贴为抬金式，前面用前廊，之后为前轩，内四界的后金柱落地，原先的后双步改成了三步。步柱粗壮，柱头施大斗，上置大梁，梁下用梁垫、蒲鞋头，梁尾插入后金柱内。山界梁两端用大斗、梁垫、蒲鞋头承托，当中用牌科、山雾云承托脊桁。边贴脊、金、步柱均落地，柱头施大斗以承檩条。各柱间用眉川、夹底予以拉结。檐柱下用青石椹形柱础，前步柱为青石扁鼓墩，后金柱为扁圆木鼓墩。前步柱后金柱形制稍异，应该是后世维修造成的。正间和两次间地面为斜铺方砖，东梢间改铺地板，西梢间铺砌黄道砖。梁枋及檩条上施用彩画，这是研究苏州明清彩画宝贵的实证资料。

大厅之后有两进堂楼，为三间两厢布置。楼深底层七界，楼层六界。正面楼面内收，楼层前檐柱立于底层前轩梁上。底层承重扁作，梁面刻有线脚作为装饰。承重下有蒲鞋头装饰。檐柱呈八边形，下置青石八角灯形柱础。步柱、山柱均圆作，用木质柱础，下垫青石磉。建筑脊桁、金桁下施用的花机，雕刻精美。与后堂楼形制基本相同，唯进深及构架尺寸稍小，从而体现出主次关系。

四、惠和堂

惠和堂位于陆巷村中部王家里，与粹和堂毗邻。是王鏊故居，所以也被称作宰相府。其占地面积约有五千平方米，共有厅、堂、楼、库、房等，建筑面积超过2000平方米。建筑用料粗壮，大部分为楠木制成；雕绘图案也与主人宰相的身份相对应。建筑初建于明代晚期，入清后做了翻造，所以是明基清体的大型府邸建筑。

惠和堂建筑组群规模宏大，结构严谨。现存建筑前后五进，左右三路，中路两侧均有备弄与边路

图4-3-8　遂高堂

图4-3-9　备弄

相隔（图4-3-9）。大门设在东路一进，是一座面阔三间的门厅（图4-3-10），虽然门厅亦以正间作为大门，两次间围作门房，但进深较大，用草架将门框前后分作两部分，前部深四界，每界的尺寸略小，后部亦深四界，但进深远大于前部。步入门厅，之后设天井、对面为茶厅，而后有灶间、杂房、边楼等。东路西侧是与中路相隔的备弄，起于门厅之后天井西侧的游廊，可通往宅后的花园，并联通中路和东路的各进屋宇。入门厅西折，可进中路。中路沿轴线布置仪门（原被称作轿厅）、大厅、堂楼（图4-3-11）、后楼（图4-3-12）、后屋及花园等（图4-3-13），各进的背面都设有繁简不一的砖细门楼。西路从前至后有花厅、书楼、小花园和住楼（佣人等居住）等，与中路之间也有备弄相隔。

大厅惠和堂面阔三间（图4-3-14），但尺度较大，制作精湛。其前置前廊，廊后轩步柱之间安落地长窗以分隔室内外。室内前部用扁作船篷轩（图4-3-15），之后为扁作内四界。后步柱之间设屏风门。屏风门之后是后双步。正贴用料粗壮，步柱上置大斗，斗口内架大梁，柱头用蒲鞋头承托梁

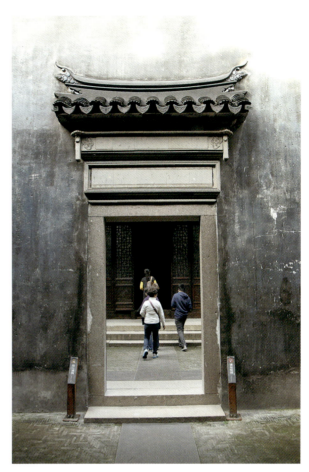

图4-3-11 内门（砖细门楼）

(a)

(b)

图4-3-10 门厅
(a) 前院侧门；(b) 大门

(a)

(b)

图 4-3-12 堂楼
(a) 外观；(b) 底层内景

图 4-3-13 花园

(a)   (b)

图 4-3-14 惠和堂
(a) 外观；(b) 内景

图 4-3-15 前轩

(a)

(b)

图 4-3-16 内四界
(a) 正贴；(b) 边贴

垫。大梁背置大斗，架山界梁，梁背以斗六升牌科承托脊桁（图4-3-16（a））。边贴因有山墙的作用，用料稍逊于正贴，其脊柱落地，改大梁为前后双步，其上用大斗承眉川，双步下不用梁垫、蒲鞋头（图4-3-16（b））。为增强梁架的结合，双步之下用双步夹底（双步梁下的枋子）。前轩的轩梁头架于步柱和轩步柱上端大斗的斗口内，正贴轩梁下有梁垫、蒲鞋头，尺寸小于大梁，边贴不用。轩梁背置大斗承荷包梁，边贴轩梁下亦用夹底予以拉结。惠和堂的梁架均用楠木，梁侧施以线脚装饰，步柱顶端置蒲鞋头、梁垫和棹木等作为装饰（图4-3-17）。

惠和堂的砖雕、木刻制作均十分精湛，尤其是西侧书楼前的砖细九狮图，刻工精细，古朴逼真，为明代砖雕中的佳品。其两端各有三块花鸟图案。墙的正中处嵌有"丹凤朝阳"砖景，显得主题突出，暗示了主人的身份和地位。

宅中的堂匾极具文化内涵。大厅所悬"惠和堂"匾，寓意着"仁爱和顺"，也就是唐代元稹所谓"睦族以惠和，煦下以慈爱"。花厅中"笑鸿草庐"则意为"笑迎多鸿儒，往来无白丁"。类似的还有不少，细细品味，能让人深深感受到我国传统文化的魅力。

五、三元牌楼

在惠和堂前有品字形矗立着三座木石牌楼，俗称三元牌楼，主要是旌表王鏊十年寒窗后的连中三元。牌楼为单开间两柱三楼式。因古村中街巷狭窄，故两石柱之间距离较小，为了突显牌坊，使之高出街巷两侧的高墙，因而所用石柱较高（图4-3-18）。石柱上部置木质上、中、下三枋。在中枋两端的1/4处立两木柱，上枋穿过木柱和石柱相连。两木柱上端置牌科，承托上楼；石柱上端和木柱中部架设牌科，承托下楼。牌科形制简洁。上枋和中枋当中的字碑上镌有"解元"、"会元"和"探花"字额。探花坊的上字碑正面刻"一品"，背面刻"大学士"。

图 4-3-17　柱头装饰

图 4-3-18　三元牌坊

第四节　南厍

南厍村位于吴江松陵镇西南，西近太湖，东临吴江南北快速干道。

一、村庄历史

南厍原是濒临太湖的一座小村，相传已有千年的历史。若从位于村河南厍港东侧的聚龙桥看，该桥始建于明万历五年（1577 年），距今已将近五百年，这反映出村庄即便是有据可考的历史，也已相当悠久。

过去南厍是松陵出入太湖的门户，船只往来频繁，渔民、船民常在此地避风、歇脚，所以小村由此逐渐繁荣，南厍港两岸的街市也开始兴盛，茶馆、饭店、酒肆、诊所、理发店、裁缝铺、百货店、烟杂店、竹器行、箍桶作坊等商铺作坊应有尽有，临河的街道上还筑起了长长的廊棚（图 4-4-1）。鼎盛时，停泊在南厍港及其周围诸如网线浜、直亨港、野鸭浜、秧田港、五路港、唐家港、九曲港等港汊的船只数以百计。自清晨起茶馆之中就开始传出鼎沸的人声，入夜之后依然能听到酒肆中的嘈杂。

明清以来，村民们除了在村内修筑家园之外，还在村庄周边兴建庙宇，据称当地曾有财神庙、城隍庙、猛将庙、五路堂、三官堂、简草庵、观音寺、湖仙庙、尼姑院等 13 座庙宇。老人回忆，旧时城隍庙香火旺盛，前后有三进屋宇，庙内用青石门槛、方砖铺地，小孩儿可在方砖上玩跳格子游戏。作为村庄的庙宇，可称得上"气势宏伟"了。

因村周河港纵横，为交通便利，村民们在这些河上架起了永宁桥、聚龙桥、宁境桥等十数座桥梁。

随着社会的变迁，南厍也在发生着巨大的变化。对于太湖的围垦使得湖岸逐渐远去；陆路交通的便利令其交通要道的地位急速下降，而时代的变革以及村民生活、生产方式的改变让昔日的繁华渐渐褪去，留下的只一个宁静而安详的水乡小村。

图 4-4-1 廊棚

二、村落形态

南厍村是一座傍河而兴的村庄,南厍港这条自西南向东北由太湖流出的河道成了村庄的主干道(图4-4-2),而与之相交汇的网线浜、直亨港、野鸭浜、秧田港、五路港、唐家港、九曲港等港汊或十字相联,或丁字相接,形成了村庄的空间骨架。河道将村庄分隔成相邻的数片,村中的民居散布于其间(图4-4-3),以桥梁、街巷沟通彼此的联系。河港之间散布着的小船(图4-4-4)及河岸边时而可见的埠头(图4-4-5),透露出了江南水乡的特征。

为方便陆上交通,村中的街巷也得到合理、有序的安排。紧靠南厍港的是村中的干道南厍街(图4-4-6),因过去村庄用地比较宽裕,所以采用了河街相邻的布置形式,沿街的店铺、民居大都建于背河的一侧。在一些店铺与民居或民居与民居之间,留出的间隙形成小巷,以通向村落深处的各家各户(图4-4-7)。

三、民居

由于南厍村始终只是一座普通的小村,历史上未曾出现过著名人物,所以这里并无"大户人家"。

从遗留的传统建筑看,民居基本都为单层的平房,以单进为多,仅少数是多进的。不少民居会在正房的西侧连一厢房,用作厨房(图4-4-8)。过去部分民居在两次间带有阁楼,以增加使用面积(图4-4-9)。一般面阔三间或五间(图4-4-10、图4-4-11),以三间为多;深六到八界,以七界为主。当中的正间被用作堂屋,而两旁的次间为卧室。受等级制度及经济条件的限制,构架较细,因此脊柱落地,其金川与双步一端插入脊柱,另一端插入金柱与步柱的柱端,结构保留了当地早期的处理方法。

单进民居的大门设在正间的两步柱间,正贴的前檐柱与步柱间辟为次间入口,由此形成内凹的门斗(图4-4-12)。大部分建筑所用的山墙都为青砖砌筑的空斗墙(图4-4-13),反映了明清时期民居

图 4-4-2 南厍港

图 4-4-3 港汊

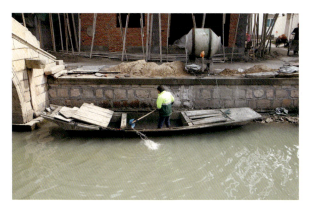

图 4-4-4 小船

图 4-4-5 埠头

图 4-4-6　南厍街

图 4-4-7　小巷

图 4-4-8 平房

图 4-4-9 带有阁楼的民居

图 4-4-10　三间的平房

图 4-4-11　五间的平房

图 4-4-12 民居入口

建筑用砖已经十分普遍,但在村内也会偶尔发现用土夯筑的断垣,这反映出早期的建筑也有使用夹砖土墙的(图 4-4-14)。因村落用地并不紧张,所以山墙通常都仅筑至屋面为止,不用当地常见的屏风墙或观音兜。至檐部,施用水作垛头(图 4-4-15)。

四、店铺

南厍村的店铺与南厍港的兴衰息息相关,在河港交通繁忙之际,船民在此避风、歇脚、补充物资,以及在各种需求的催生下,南厍街的各种店铺也就应运而得到发展。而当航运逐渐衰落后,不少店铺也随之散作了民居。传统店铺的造型、结构都与民居相仿,大多为平房,有单开间(图 4-4-16)、双开间以及三开间的,砖木结构,构架视店铺的用途以确定柱子落地与否。

据村中老人回忆,直到 20 世纪 50 年代初,村内仅茶馆就有多家。清晨人们会从四乡走来,在茶馆聊天、喝茶,谈论时事,顺带出售自家的蔬菜、捕获的鱼虾等。直到如今村内仍保留了两家茶馆,旧时茶馆的风貌依然保持,店堂边是已经不常见的老虎灶,终日沸腾,冒着热气。四散摆着八仙桌,客人开泡一壶茶便可以一直坐下去,店主会随时前来续水、招呼,甚至还能提供面食。

村中一家杂货铺同样也让人有时光倒流的错觉。商店位于南厍街,建筑为传统样式,面阔三间,进深六界,出于营业的需要,前檐出挑深远。原先应该在正面安通长三间的塞板(排门板),现仅正间用塞板,两次间下部砌筑了半墙,上部用短塞板(图 4-4-17)。正贴步柱上架大梁,采用抬梁式构架;边贴脊柱落地,用前后双步与步柱相连(图 4-4-18)。店内的货架、柜台都是 20 世纪 70 年代之前的样式,只是其中的商品方令人感到身处现实之中。

杂货铺向东不远有家剃头店(理发店)也保持着旧有风貌(图 4-4-19)。建筑两开间,传统砖木结构。店内陈设简单,两张老式的木质剃头椅、一个洗头的铜盆架及铜盆、一面镜子外加剃头工具箱便是店中所有的内容。但据说理发师傅服务态度十分严谨,依然保持着传统的理发工序,让顾客感到享受和惬意。

图 4-4-13　空斗墙　　　　　　　　　图 4-4-14　夹砖土墙　　　　　　　　图 4-4-15　垛头

图 4-4-16　单开间的小店

图 4-4-17 店铺

图 4-4-18 店铺构架

图 4-4-19 理发店

五、庙宇

南厍村庙宇之多超乎想象，据称在香火最盛时期竟多达13处。但从当地的传说中可以了解到，当年船民出入太湖，遇风浪常会有生命之虞，所以修筑庙宇祈求平安，反映了他们的心态。当地港汊众多，沿湖的庙宇也能起到标识航道的作用。在自然的毁损与人为的拆除下，这些庙宇渐渐颓坏、消失，有些仅留下了遗址，而有些已被改作他用。曾经是规模最大的城隍庙被改作工厂，五路堂也被改造成了村里的老年人活动室。

随着村民生活水平的提高，老人们为寻求精神寄托而祈福、烧香的习俗悄然恢复。年轻人则借助传统民俗中的出会（庙会）活动，在每年正月初五舞起长龙，敲锣打鼓，燃放鞭炮，前往五路堂接出财神，遍游全村，从而获得自娱自乐的快意。所以原南厍街西的城隍庙（图4-4-20）和南厍港南的五路堂在近年进行了修葺，并摆上了香烛。

其实城隍庙原本是古代城市中的神祇，乡村不应供奉。所谓"城隍"是指挖土夯筑的高墙与取土筑城留下的城壕，之后将对当地作出贡献的官吏封作城隍，神化为城市的保护神。因为乡村并不允许筑城，也就不应存在"城隍"，所以南厍的城隍庙是否原为土地庙或祀奉其他神祇的庙宇，因讹传成了城隍庙？

六、桥梁

桥梁在过去属于跨越水陆的立体交通，作为松陵镇出入太湖的水上门户，南厍村河港纵横，为沟通水陆也曾修建了十数座桥梁，但由于岁月的流逝，那些桥梁或因年久失修而倾圮，或为适应当今的通行而改造（图4-4-21），仅遗下了聚龙、永宁桥两座古桥。

聚龙桥位于南厍村东侧，据记载该桥初建于明万历五年（1577年），初名永隆桥，清康熙二十八年（1689年）重建，易为今名，嘉庆二十四年（1819年）又进行了重修，即为今天横跨在村东的南厍港上的

图4-4-20 庙宇

单孔石拱桥。桥长近10米,矢高约3米,跨度4.5米。桥梁主体用青石(石灰石),是为初建时所用的材料。桥面、柱石、拱券锁石使用了金山石(花岗石),显示了重修的时代(图4-4-22)。因为在清初之前,苏地所用的石材主要是采自太湖西山岛上的青石,直到康熙年间,木渎附近的金山石开始被开采后,苏州的建筑用石材陆续改用金山石。与苏州大多数桥梁一样,聚龙桥两侧桥柱上也镌刻着对联,东向联为:"文澜高壮银河色;虹势遥迎玉殿光";西向联是:"安梁累世朝金阙;凝秀千年映彩霞"。

永宁桥坐落在村庄的中部,与聚龙桥遥遥相对,其始建年代无考,现存桥梁重建于民国23年(1934年),故俗称新桥。永宁桥与聚龙桥形制相似,亦为单孔石拱桥,只是相对稍小(图4-4-23)。桥长约8米,矢高近2.5米,跨度3米左右,全桥为金山石(花岗石)砌筑。石桥拱券两旁的石柱上也镌刻着"地位中央严锁钥;波光上下架虹霓"和"近通笠泽漾元气;遥接吴山毓秀灵"的对联。

图4-4-21 被改造的古桥

图4-4-22 聚龙桥

图 4-4-23 永宁桥

第五节 杨柳村

杨柳村位于南京市的江宁区,这里地处秦淮河平原,周围湖荡密集,偶有丘陵小山。古村就坐落在马场山南,杨柳湖畔,依山傍水,富有水乡特色。

相传杨柳村形成于明万历年间,到清康熙、乾隆时古村得到了急速的发展,陆续出现翼圣堂、翼经堂、四本堂、树德堂、思承堂、礼和堂、酌雅堂、安雅堂、崇厚堂、序乐堂、居易堂、天乐堂、映雪堂、祖耀堂、文光堂等具有一定规模的民居(图4-5-1)。

一、古村格局

杨柳村虽然前临湖泊,背靠青山,但山体不高,水面也并不大,而村落坐落在山水之间的平地之上,村中还散布着大小池塘。古村东西向展开,目前是以村前一条主路作为干道,大多数民居分布在干道的北侧,数条南北向的小巷与主路相连,并通向村落的深处,形成梳状的道路系统。原先宅院之间的间巷全以青石板铺路,条石为阶。过去有"青石墁地石门楼,走进杨柳不沾泥"的说法,但如今这样的景象已经见不到了。

二、民居建筑

杨柳村的传统民居(图4-5-2,图4-5-3)大多为坐北朝南的院落式布置,一般的住宅以三进为多,也有四进、五进,规模最大的"翼圣堂"深达七进,传统民居大多高墙深院、灰墙灰瓦,形成统一的古村风貌特征。

当地民居的平面布局与结构方式与宁镇地区常见的传统居宅基本相同,一般的民宅通常沿中轴线布置门间、堂屋和楼房,规模稍大的则会在左右安排客房、次要住房和辅助用房。

门间通常面阔三间,进深四到六步架,两坡硬山屋顶。为能在前后柱间安装分隔的板壁,故脊柱落地。构架(图4-5-4)的结构方式与南京及周边地区基本一致。大门设在门间檐墙的当中,门

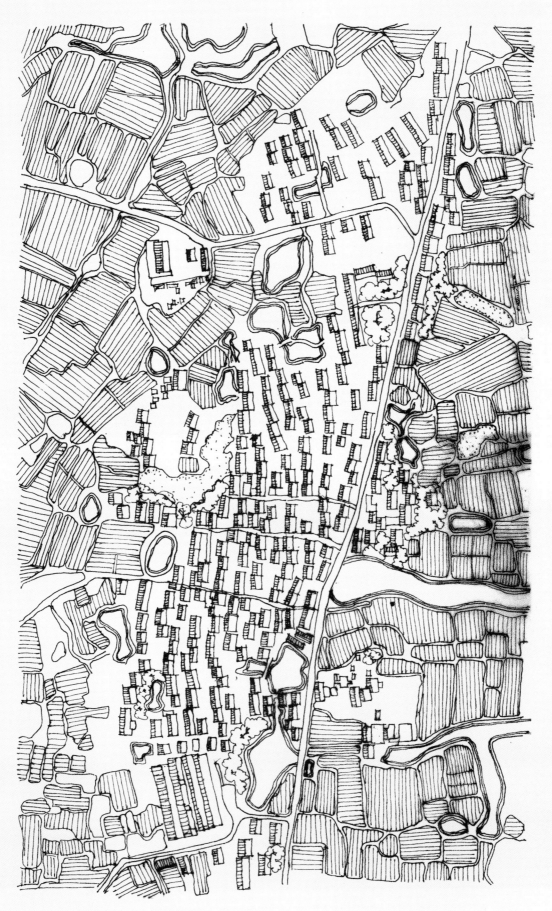

图 4-5-1 杨柳村平面

(a)

图 4-5-2 小型民居

(d)

图 4-5-3 中型民居

(b)

(c)

(e)

(f)

村落

(a) (b)

(c)

图 4-5-4 梁架

(d)

(e)

村落

槛多用砖砌，也有部分使用条石门框，其上饰以门头挑檐。与当地城市传统民居不同，这里的门头挑檐尺寸较小、结构简单，但精雕细刻的处理并不输于城市。

堂屋面阔亦为三间的硬山建筑，前部置"轩"，中间主体部分深四步架，后部设深一步架的后廊。堂屋内部分隔较为自由。

楼房深六步架，中柱落地，上下层立柱贯通，用料较细，柱梁结构方式与宁镇地区的民居建筑相似。楼房的正面有出挑的腰檐，其檐口用雕花木斜撑予以支承。

三、建筑修饰

杨柳村古建筑灰瓦灰墙，整体给人的印象是似乎非常平素和简洁，但仔细观察就会发现建筑上施用的雕饰颇为丰富，而且雕工细腻、纹式精美。在用青砖砌筑的门槛上端，叠涩挑出的装饰不仅有秀丽的造型，有些在表面还施以不同的线刻图案；在条石构成的门槛中，上端置装饰性插角，其棱边刻出纤细的线脚，给人留下极为精致的感觉。门头挑檐（图4-5-5）上用水磨青砖嵌砌的垂柱、枋子精巧美观；层层挑出的叠涩檐口形成柔和的线脚，两侧砌出的博风头常刻出吉祥图案；上部的脊饰的卷草雕纹等，这些独具匠心的处理造就了杨柳村古建筑的古朴典雅（图4-5-6）。

建筑的墙体大多在下部用方整的条石砌出墙裙，上用青砖实砌，再上为空斗砌筑。墙面一般为青砖勾缝，也有用抹灰刷白。外檐墙的檐口处砌有抛枋，有的建筑在抛枋上还雕置装饰纹样。颇为讲究的在山墙的屋面下还砌出砖博风（图4-5-7），端部施以砖雕。此外墙体之上还可以见到一些非常有趣，且极具生活气息的处理。比如在山墙山间处

图4-5-5 大门上的挑檐

图 4-5-6　大门砖檐及雕饰

图 4-5-7　山墙的砖博风

图 4-5-8　山墙上的气窗
(a) 内侧；(b) 外观

图 4-5-9 大门旁猫狗出入的通道

的六边形气窗（图 4-5-8），厨房灶台上方的排烟窗，大门旁为猫、狗等小动物开设的出入通道（图 4-5-9）等。

过去杨柳村中的隔扇都有精致的窗棂花格、秀美的裙板雕饰。雕刻题材有花卉、人物、暗八仙、琴棋书画等吉祥图案，雕刻手法与砖雕相似，显示出内敛的书卷气。

第六节 尹宋村

尹宋村位于南云台山北麓，这里古为郁洲地，现为连云港经济技术开发区朝阳镇中心地段。

一、村庄变迁

连云港地区虽在六千年前的新石器时代即有人类居住，然沧海桑田，古宅多毁。元末张士诚农民起义，江南不少民众北来，谓"红蝇赶散"，尹宋村及附近不少村落即形成于此时。清顺治十八年（1661 年）朝廷实行"裁海"，境内所有村落几乎"一扫而空"，康熙十七年（1678 年）之后，因当地书生冒死陈言，皇帝降旨"东南要地不宜轻废"，于是"复海"，原先的居民逐渐返回，当地村庄遂有了发展。鸦片战争后，连年战乱，人口增加缓慢，村落无大变化。直到 20 世纪 50 年代，尹宋村仅有百余户人家，四百多口人。20 世纪 80 年代初之后尹宋村开始出现巨大的变化，随着经济发展、人口增加，民居相继东展西拓，南伸北延，与新县、朝东二街毗连为一，形成占地达 270 亩（约 18 万平方米）的大型村镇。

二、村镇形态

早期的尹宋村与当地其他村庄相似，规模不大，房屋凌乱，巷陌曲窄，人居畜圈混杂，房矮屋小。康熙时期"复海"之后，将云台十八村划为两镇，新县即与之不远。民国37年（1948年），新县更名为朝阳。

据记载，新县大街铺筑于明初，全部使用青石，街西的孙巷、唐巷为条石铺成，其余都为泥砂路。尹宋村前后各有一条东西向村道，南面是宋巷，村北为尹巷。巷中原铺有青石，之后路面渐渐损坏，至民国时期几乎已成为土路。直到20世纪80年代之后，土路才逐渐被改造成水泥路。如今的尹宋村由朝阳路贯穿南北，并有数条东西向的横巷与之相连接。

与许多村庄一样，尹宋村周围原先也建有寺观、宗祠等建筑，如：新县老街之西原有始建于唐代的兴国禅寺；位于狮子山下，俗名"娘娘庙"的汉东海孝妇祠；娘娘庙东有为纪念明海州知州郑复亨的郑公祠；位于曹巷南山坡上，创于宋代的祥云观；俗称"将军庙"田横祠、元帝庙、关帝庙、北海观音寺、张氏宗祠、孙氏宗祠等，可惜因岁月的磨砺及社会的变迁均已不存。

民国时期，新县街丁字路口有粮行、染坊、磨坊、铁匠铺、银楼、木匠铺、药铺、杂货铺以及露天摊贩二三十家，各村有做挂面、炸馓子、打脆饼、制点心、编篮织筐的作坊近百家，另娘娘庙、将军庙有牲畜市场，逢五、十交易，每次为时半天。20世纪50年代之后，传统店铺作坊逐渐为当代的商店、工厂所替代。

三、民居建筑

连云港地区地理位置偏僻，过去的经济水平低下，因而境内几乎没有能与江南或富裕地区相匹敌的大型民居。尹宋村大多数传统民居与当地其他村庄相仿，为石构平房，颇能显示当地民居特色（图4-6-1）。

新县老街张宅是仅见的一处砖瓦构筑的民居，现存建筑前后两进院落，后院堂屋单层（图4-6-2）。面阔五间，进深七檩，硬山顶。内用六梁、二十四柱。椽上铺望砖，瓦屋面。其前东、西置单层配屋各两间。前院南屋亦为五间，进深七檩，硬山顶。东侧设过道一间。20世纪80年代初，张宅修缮时，发现屋脊有一板条，上书"大明江山大明，永乐年代永乐"，由此考订该建筑建于明永乐年间。

石构民居大多为单层平房，面阔三间，两坡顶（图4-6-3）。内用大叉手人字屋架，檩条较密，上覆芦帘、泥背（图4-6-4）。过去屋面有瓦顶，也有草顶。檐墙和山墙均用毛石砌筑，门窗较小。前后檐用石板出挑。规模稍大的民居常在三间正房之前置单侧或东西配屋，并用石墙围合成院落，甚至还有前后两进的四合院。过去家有余资者常在第一进的平房一侧建有炮台或炮楼（图4-6-5、图4-6-6）以防土匪，大多高两层，少数高三层。无顶的称炮台，两侧山墙做成跌落式；有顶的称炮楼，两坡顶。墙面开设射孔。

年代稍晚的石构民居有两三层的，其结构与平房相似。

随着社会的发展，连云港市周边的石构民居已渐渐为当代砖混结构的新建筑所取代，尹宋村虽然尚保留着不少石构民居，但也在逐渐消失之中。

图 4-6-1 石构民居

图 4-6-2　村中仅见的瓦房

图 4-6-3　平房大多单层三间

图 4-6-4　人字屋架和芦帘泥背

图 4-6-5 炮台
(a) 正面女墙；(b) 侧面跌落式山墙

图 4-6-6 炮楼

江苏古建筑

第五章 民居

江苏被列入全国文物保护单位的古民居分布图

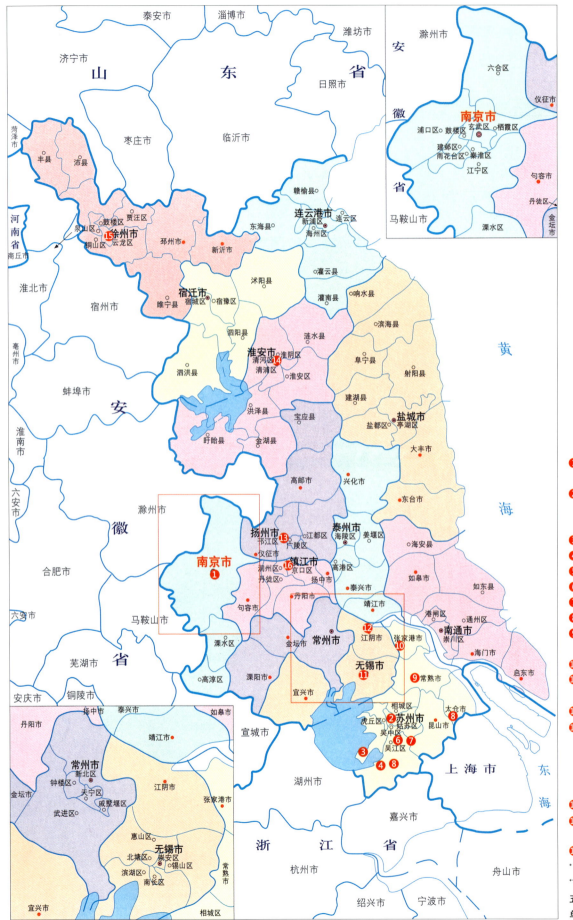

❶ 南京：太平天国天王府遗址、甘熙宅第等
❷ 苏州：太平天国忠王府、俞樾旧居、卫道观前潘宅等
❸ 东山：春在楼等民居
❹ 师俭堂*
❺ 柳亚子旧居
❻ 耕乐堂
❼ 敬业堂*
❽ 张溥宅第
❾ 常熟：彩衣堂*、赵用贤宅等
❿ 杨氏宅邸
⓫ 无锡：薛福成故居*、昭嗣堂、阿炳故居等
⓬ 徐霞客故居
⓭ 扬州：汪氏小苑*、朱自清旧居*、吴氏宅第*、汪氏盐商住宅、贾氏盐商住宅、卢氏盐商住宅等
⓮ 周恩来故居
⓯ 户部山古建筑群（余宅与翟宅）*
⓰ 五柳堂**

* 本书选取介绍的古民居
** 本书选取介绍的镇江五柳堂为省级文物保护单位

（地图引自：中华人民共和国民政部编.中华人民共和国行政区划简册2014.北京：中国地图出版社，2014.）

第一节 概述

遮风避雨、祛暑御寒原是居宅最为重要的基本功能之一，所以《墨子》云："古之民，未知为宫室时，就陵阜而居，穴而处。下润湿伤民，故圣王作为宫室。为宫室之法曰：高足以辟润湿，边足以圉风寒，上足以待雪霜雨露，宫墙之高足以别男女之礼。谨此则止，费时劳力不加利者不为也"（《辞过篇》）。然而人们在筑室建宅之时却并未"谨此则止"，至少当他们在有意识地将室内空间予以分隔之际，即已使居宅的功能得以扩展。为使亲疏不同的家庭成员能够进行适宜的亲情交流，有了"堂"、"室"之分；为满足居宅中的生活起居，作了"厨"、"厕"之设。自古以来因国人始终向往"三代同堂"甚至"四代同堂"的生活形式，于是那些大型邸宅往往形成屋宇众多、功能明确的聚居之所。就以典型的北方四合院为例，可以看到"上房"和"厢房"实际都是相对独立的居住单元，再辅以必需的其他房屋，就组成了由院墙、建筑围合的聚居空间。由此再来考察那些以姓氏血缘为纽带聚族而居的村庄，似会发现，这些村落犹如被放大了的居宅，院墙为寨墙、沟洫所替代，一所所的民居即充当着居处单元，祠堂及场地为村民公共的情感交流之所，而村中的长者俨然是一家之长，处理着村中的一切。虽然异姓杂处的村庄没有了血缘联系，但村落的结构完全相似。如果进一步探究集镇和都市，也会找到彼此结构上的许多相似点。或许正是这种相似的同构关系，在我国古代衍生出了以血缘关系作为纽带的宗法制度，而当代希腊学者道萨迪亚斯却从中形成"人类聚居学"的理论，再经我国著名学者吴良镛的发展，确立了"人居空间"和"人居环境"的学说。

社会的发展促使建筑技术不断提高，令建筑逐步变化，但这并不意味那些古老、简陋的建筑形制就会退出人们的视野，因为在过去的时代，每个人的社会地位、经济状况存在着巨大的差别，严厉的封建礼仪制度下，居宅规模通常受到严格限制，致使不同阶级的民居在能够允许的范围内趋向于同一，呈现出奢简不一的民居形貌。然而每户家庭的人口组成，以及文化素养并不完全相同，制度规范一方面是限制了社会的奢靡之风，但另一方面却激发了部分人突破制度的欲望，中庸一点的是在制度允许的范围内予以最大限度地拓展，于是传统民居建筑呈现出的是在统一基调下的变化，形貌丰富而活泼。

虽然人类的生存离不开居宅，但在过去仍有许多"上无片瓦，下无插针之地"者。为能祛暑御寒，他们只能寻找一些树干、竹枝随意搭建，形成所谓"窝棚"。这在过去各地都能见到，所以书本上那些原始社会的民居常常就是按此推测予以复原的，如今这样的民居基本已经见不到了。

家境稍富裕的小康之家，住宅不仅规模更大，其传统礼仪的影响也更明显。江苏南部最典型的住宅通常是沿轴线布置墙门间（门厅）、圆堂（用圆料构筑的堂屋，不用或极少雕饰）及堂楼（楼厅）三进建筑，从而基本构成"前堂后寝"、"内外有别"的格局。

大户人家经济实力丰厚，邸宅中屋宇更多。因建筑等级的限制，也出于使用方便的考虑，若按轴线布置，中轴线上的建筑一般不超过七进。也有加上后部的附房达到八九进的，但为数不多。为满足使用要求，则在中轴线左右增添次轴线。在江南称主轴线为"正落"，其间依次布置为门厅、轿厅、大厅和楼厅；次轴线称为"边落"用于书房、花厅、次要住房、厨厕、库房及杂屋等。正落与边落间用夹道相联，这种上有屋顶的夹道被叫作"备弄"。在江苏北部，中轴两侧的建筑称之为"东、西跨院"，其间的用途也与江南相似。

第二节 彩衣堂

彩衣堂是常熟城中最著名的古宅之一，位于古城内翁家巷2号，是清代同治、光绪二帝的师傅、户部尚书翁同龢故居。翁宅原为常熟大族桑瑾的住宅，名"森桂堂"，建于明代成化、弘治间，后数易其主，清道光十三年（1833年）归翁心存所有。翁心存（1790—1862）是翁同龢之父，字二铭，号遂庵，道光二年（1822年）进士，历官礼部、户部、工部尚书，体仁阁大学士，同治皇帝师傅。道光十五年（1835年）翁心存奉命典试浙江，放榜后告假返回故里，为其母庆贺寿诞，取"老莱子戏彩娱亲"故事，改名为"彩衣堂"。经历了近两百年的沧桑变迁后，彩衣堂基本保持完整，经整修后面貌焕然，1991年辟为翁同龢纪念馆。现为全国重点文物保护单位。

一、建筑组群

彩衣堂坐北朝南，占地约4620平方米，大致可分为东、中、西三部分（图5-2-1）。

中路前后七进，门厅位于中路轴线南端，设三间门屋，深四界，正间辟门（图5-2-2），两次间为门房，门屋两旁各置一间附房。进门有一方狭长的天井，两侧以门屋山墙为界，砌塞口墙，墙中辟洞门，门内是附房庭院（图5-2-3）。过天井是三间轿厅，深五界，其两侧与门屋旁的附房相对亦各设附房，形成左右两小院。轿厅背后砌有檐墙，当中置高大精致的砖细门楼，成为正厅"彩衣堂"前重要的装饰和点缀（图5-2-4）。第三进即为宅中著名的"彩衣堂"，面阔三间，进深九界（图5-2-5）。其前与江南所有的府邸一样设有开阔规整的天井，堂后辟东西狭长的小天井。天井背后是界分内外的墙垣，过墙门即进入内宅。内宅以一幢面阔五间，进深七界的堂楼为主体（图5-2-6），两侧各置两间厢楼（图5-2-7），堂楼对面靠墙置廊（图5-2-8），由此围合成方正的天井。与当地许多宅第稍有不同的是在此建筑中堂楼与厢楼之间不像其他住宅那样连为一体，彼此间相距一段距离，形成左右两个小天井，这对于堂楼边间的通风与采光大有帮助。堂楼背后有一片园地，往北是面阔五间的"双桂轩"（图5-2-9）。之后还有厨房和仓楼。

中路以东为一片三角形用地，其中排列三幢建筑。第一进面阔三间，是兼有侧门功能的建筑，临街开门，东侧还连有半间附房，其背后建有砖细门楼。第二进是面阔四间的"玉兰轩"（图5-2-10），第三进为面阔三间的小楼"知止斋"（图5-2-11）。这两进建筑的西侧有游廊相连，形成一区书房庭院。当年小楼作藏书之用，前轩用以读书。三进之后为园地（图5-2-12），今内置亭、廊。

西侧部分的建筑改动较大，现有屋宇十余幢。入南侧的墙门为小院，穿过小院是三幢建筑。对门为面阔三间的"中厅"；西侧被布置为书房（图5-2-13），悬"晋阳书屋"额；东侧置一厢房，由此围合成一院。北侧有厅堂，名"思永堂"（图5-2-14），从建筑形制看，似为花厅，是西部的主体建筑，因为其后是一片园地，但现今思永堂后与花园已被墙垣隔断。隔园是一座面阔三间的楼房，今被称之为"书楼"，是为售品部。再往后还有"柏古轩"等三进建筑。这六座建筑前后排列似也可构成一条不算太明确的轴线。在这几幢建筑之西还有"明厅"、茶室两幢厅堂类建筑，花园的西侧及北边还有些附房，如今这些建筑与花园都被用作古玩市场。

二、建筑构造

彩衣堂面阔三间的门屋深四界，前后四柱均落地。梁架用扁作，这在江南其他府邸建筑中比较少见，显示了府邸主人身份和地位。屋架中的眉川、夹底等造型及其与柱的连接完全与苏州城区的传统建筑相同。然而门屋正面以"库门"造型设置正门则似乎降低了应有的等级。此外自正间两侧起八字照墙也使大门显得有点局促，这显示了后来修复的痕迹。为遮挡视线，正间后金柱间装塞口门。正间和此间之间安板壁，使之形成完整的门间和门房。

轿厅面阔三间，进深六界，前后分作前廊、内四界和后廊三部分。梁架用扁作，正贴大梁、三界梁等制作较粗，且大梁与步柱交接处的大斗只是贴于梁端而非将梁头插在斗口中，故可以断定，轿厅亦为近年修复而成。但纵观整体构架，其形制和制作还是基本符合苏地建筑规范的，只是稍欠精致。

正厅"彩衣堂"是整个建筑组群中原始风貌保存最好的一座。建筑面阔三间，进深九界。梁架扁作，用材硕大。由前至后分为前廊、前轩、内四界

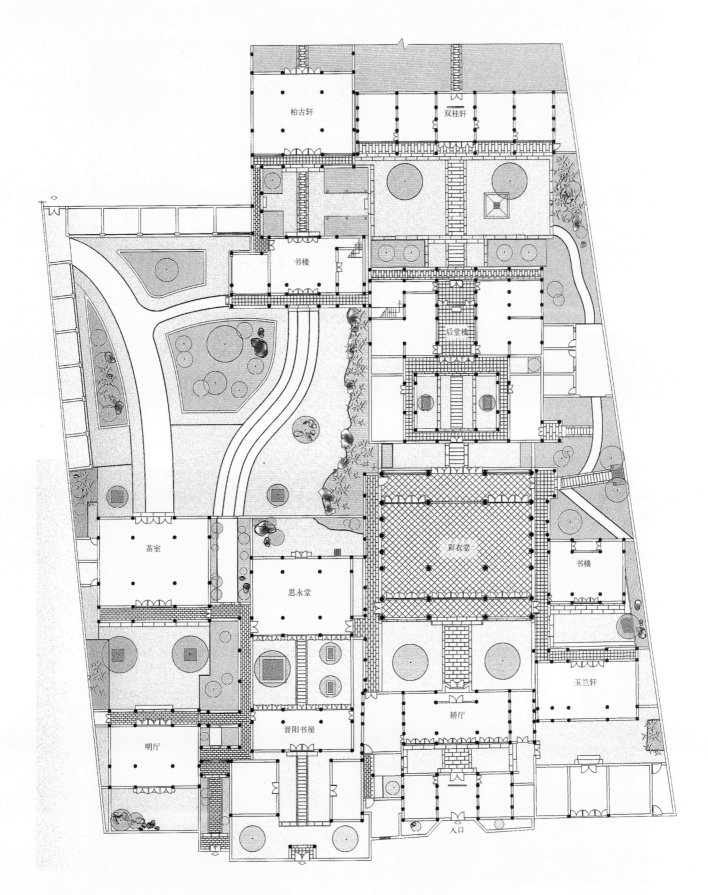

图 5-2-1 平面(摹自《彩衣堂彩画艺术》)

图 5-2-2 大门
(a) 外观；(b) 内景

图 5-2-3 二进轿厅正面

图 5-2-4　大厅前砖雕门楼

图 5-2-6　堂楼正面

(a)

(b)

图 5-2-5　三进大厅
(a) 外观；(b) 内景

图 5-2-7 内宅堂楼与厢楼

图 5-2-8 堂楼前院门与游廊

(a)

(b)

图 5-2-9 双桂轩
(a) 外观；(b) 内景

图 5-2-10 玉兰轩内景

(a)　　　　　　　　　　　　　　　　　(b)

图 5-2-11　知止斋（藏书楼）
(a) 外观；(b) 知止斋底层内景

图 5-2-12　东侧花园中的半亭和游廊　　　图 5-2-13　晋阳书屋内景　　　　　　　图 5-2-14　思永堂内景

和后双步。前轩为船篷轩，柱顶置大斗，斗内架轩梁，梁背置斗，承荷包梁，为完全的苏式做法（图5-2-15）。内四界正贴大梁架于前后步柱顶的大斗之内，梁端下部附有两层蒲鞋头、棹木以及蜂头梁垫；大梁背置斗，架山界梁。山界梁端不用梁垫，其上置斗六升牌科，两侧安山雾云、抱梁云（图5-2-16）。内四界边贴的脊柱、金柱全部落地，步柱、金柱的柱顶置大斗，架眉川，川下连以夹底；脊柱顶置斗六升牌科、山雾云和抱梁云（图5-2-17）。后双步在后檐柱顶置大斗，上架双步梁和单步梁。大厅前部轩步柱间装长窗，后步柱间安屏风门。山墙下部用砖细墙裙。

堂楼面阔五间，底层进深九界，前廊上部作船篷轩（图5-2-18），室内深六界，背后置后廊深一界；楼层深六界。为方便室内分隔，堂楼的中柱落地，脊柱、步柱以及楼层檐柱贯通上下，故屋架用双步梁、短川，无大梁。川与双步梁的断面为矩形，且尺寸较小，与柱的连接类似穿斗式，即将梁头插在立柱上端的口槽内，这与苏州城内一般宅第的堂楼结构不同，但在苏州周边广大江南地区的县城、市镇中使用得还较为普遍。

双桂轩面阔五间，进深为四界带前廊。室内四界所有立柱均落地，柱梁较纤细，且室内铺地使用黄道砖，这样的结构方式以及地面处理在当地的普通民居中十分常见。其后部两进建筑的结构方式也基本相同，属于同一时期的产物。

东路"玉兰轩"和"知止斋"的结构方式与"彩衣堂"基本相似（图5-2-19），其中被保留的梁架

图5-2-15 彩衣堂轩梁与荷包梁彩画

图5-2-16 彩衣堂中部梁架彩画（正贴）

图5-2-17 彩衣堂中部梁架彩画（边贴）

图5-2-18 堂楼底层前轩

彩绘显示出它与中轴上的彩衣堂都属于时代较早的建筑，只是居于次轴线，故等级规格需要降低，一些具有装饰形的构件诸如棹木、蒲鞋头、山雾云、抱梁云等被省略了，因而显示出建筑内部空间的简洁和明快。

西路"思永堂"面阔三间，进深八界，置前轩，后双步。梁架较粗，卷杀和挖底曲线遒劲，显示出其年代较早，且在建筑组群中的地位较高（图5-2-20、图5-2-21）。其前面的"中厅"的建筑等级相对较低，而"中厅"两侧的厢房更使用一般住宅建筑中较为少用的三界（东厢）、五界（晋阳书屋）的卷棚回顶结构。

三、建筑彩画

明代晚期到清代中叶的苏州地区，官绅宅第中流行彩绘装饰，当年在苏州、常熟、东山、西山等地十分普遍，但随着时间的推移，如今保存比较完整的已经不多，所以像"彩衣堂"满堂彩画较为完整地得以保留，实属可贵。

彩衣堂彩画主要施用于柱、梁、枋、桁以及牌科组件之上（图5-2-22～图5-2-24），梁、桁、枋等构件彩绘分左右包头和锦袱三部分，柱类构件用上端包头，牌科组件则往往满铺彩绘。彩绘的主题图案是在素地或锦地之上，用柔和而悦目的浅蓝、浅黄、浅红诸色予以描绘，类似于北方所称的"上五彩"、"中五彩"和"下五彩"，有些图案还用有"平式装金"和"沥粉装金"的处理，即北方所谓"点金"或"窝金"。

据研究，苏州的彩画明显与宋《营造法式》所载的彩画具有渊源联系，而彩衣堂的彩画就以实物的形态展示了其在做法上有与《营造法式》所记载的"五彩杂花"、"碾玉装"、"锦纹式"、"五彩遍装"、"青绿叠棱间装"等项相似的地方。在清代早中期，

图5-2-19 知止斋边贴梁架

图5-2-21 思永堂内四界梁架

图5-2-20 思永堂前轩屋架

尤其是乾隆大修北京故宫及皇家园林时期，集中了全国无数工匠，而彩画作中的匠师绝大部分来自江浙，从此给北京留下了"苏派"彩画的遗迹。有关文献中仍保留了关于当时圆明园的"搭袱子"与"云秋木"彩画的记载。只是在后来北京匠师在对建筑、园林及大宅院进行修缮时，逐渐继承、改革与发展了江南的"苏派"彩画，使今天北京的"苏式彩画"与之产生差异。

彩衣堂的彩画历经数百年，以历史原貌得以遗留至今，其历史价值已毋庸置疑；其传统锦纹为主题的画面，构图别致，传统规范，精工到位，合理适度，凸显其艺术价值。而在传统建筑逐渐消退的今天还保存了如此完整的彩画与建筑，这对于今天或未来的研究者而言，其意义就非同一般了。

(a)

(b)

图 5-2-22 枫拱彩画
(a) 前步柱枫栱；(b) 后步柱枫栱

图 5-2-23 轩桁彩画

图 5-2-24 知止斋的梁架以及上面的彩画

第三节 师俭堂

地处吴江南部震泽的师俭堂为镇上富户徐氏于清同治三年（1864年）所建，坐落在老镇区的宝塔街上。这是当地一座现存规模最大传统住宅，占地约2700平方米，前后共七进，左右三路，集河埠、米行、店铺、住宅、花园于一体（图5-3-1）。

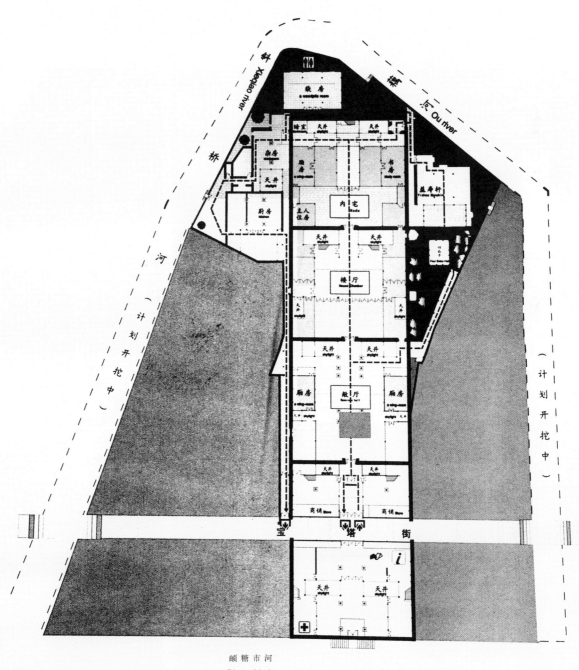

图5-3-1 师俭堂平面

一、建筑组群

师俭堂其实是由跨越宝塔街的两部分组成。

街南是徐氏的米行（图5-3-2），建筑前后两进，均为面阔五间，上下两层的楼房。粮栈一侧面河，在顿塘河边筑就可供泊船的河埠，当年其主人收购四乡的稻谷，多由这里上岸；另一侧临宝塔街，以方便向镇上居民出售米面。两进之间有穿廊相联，从而形成两个狭小的"蟹眼天井"。

米行对街是居宅部分。中路前后五进，临街是五楼五底的楼房，底楼正间辟为墙门间，两边则被用作店铺（图5-3-3）。二进是明三暗五的五开间的主厅师俭堂（图5-3-4），厅前砌筑砖细门楼，两旁建有厢房（图5-3-5）。三、四两进均为五开间的堂楼，两侧联以厢楼（图5-3-6、图5-3-7），且前后可兜通。第四进的东北角还将后厢加高为三层，成为可监控全宅安全的更楼（图5-3-8）。堂楼背后因紧邻藕河与斜桥河（河道现已填塞，改

图5-3-2 徐氏米行

图5-3-3 居宅部分的临街立面

图5-3-4 主厅师俭堂

图5-3-5 师俭堂前砖细门楼和厢房

图 5-3-6 三进堂楼

图 5-3-7 四进堂楼

图 5-3-8 更楼

图 5-3-9 柴房

造成道路），形成一片三角形的用地，故在其中构筑一座三开间的平房，作为堆放柴草的柴房（图5-3-9）。其后墙之上开设后门，并在其外修建临河埠头，以方便宅内柴、米之类大宗物品的购入以及家庭成员的出行。

也由于河道环境的影响，东西两路亦形成两片三角形用地。东路被巧妙地构筑成花园钼经园，贴西墙堆筑假山，上立半亭（图5-3-10）；靠东墙架游廊（图5-3-11），从而使两侧的景物形成对比。花园南侧依据地形置一北宽南窄的梯形平面小楼藜光阁，虽小楼极为狭小，内仅容一桌（图5-3-12），但可北瞰全园，亦不失为赏景的佳处。园北建有一院，以面阔三间的益寿轩为主体建筑，两侧设廊，前面砌花墙围合（图5-3-13）。院墙当中辟月洞门，与花园相通。花园中部偏北，设置一座小巧、精致的四面厅，虽称之为厅，但尺度较亭大不了太多，面南置长窗，余三面设半窗，以供四面赏景。钼经园占地极小，但在巧妙设计之后，形成高低错落、富有变化的精巧小园。

西路在三角形的地块中，利用房屋的开间、尺寸的调节，采取院落式布置，形成宅中的厨房（图5-3-14）、杂役用房。中路的西侧现保留了一条备弄，可以从宝塔街直接通向厨房，备弄之西现在不属于师俭堂所有，但若对传统建筑有所了解，就会知道备弄是宅内分隔左右两路建筑空间的处理，若与邻家的分隔则不用备弄而直接辟为小巷，故可推测，西路厨房庭院之前，原先亦为师俭堂的范围。

二、建筑构造

震泽地处江、浙两省的交界处，相邻地区的建筑构造方式会得到影响和交融。

师俭堂的大厅面阔三间，两侧各连一两层的边

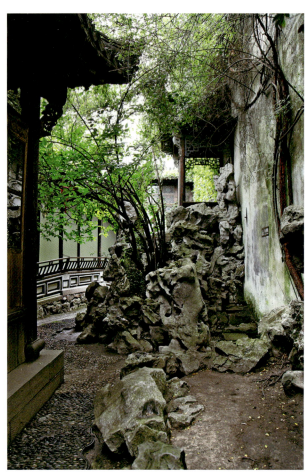

图 5-3-10 假山、半亭

图 5-3-11 游廊

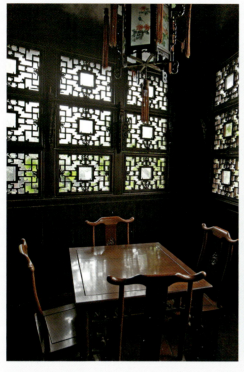

图 5-3-12 藜光阁

图 5-3-13 益寿轩前月洞门

图 5-3-14 厨房

图 5-3-15 建筑构架
(a) 正厅的内四界和前后廊布置；
(b) 轩廊与内部构架的处理

楼，这样的处理在苏地十分常见，但进深十界，前廊用深两界的船篷轩，轩内主体空间深六界，采用内四界前后各连一界的构架形式却是苏州城及其周边并不常用的（图5-3-15）。轩梁伸出檐柱的梁头处理下部仅用梁垫装饰，既不像苏地建筑的蒲鞋头，又不似徽州建筑的牛腿（图5-3-16）。脊桁两端的枫栱状抱梁云（图5-3-17）、轩桁端部的棹木装饰（图5-3-18）等皆可看作是融江、浙地区特色的做法。

两进堂楼中，前楼进深八界，采用扁作梁架；后楼深亦为八界，使用圆作，这在传统居住建筑中主要是为了体现主次区别。在局部处理中，前楼的上下层之间施用了苏式雀宿檐的处理，但软挑头及其承托的梁头却较为粗壮，与苏地不太一致；后楼楼层挑出，不用腰檐，这在江南一带也较为寻常，但其出挑的承重梁头却采用了浙北、徽州一带常用的牛腿形式。

在厨房、柴房及杂役用房中，梁、柱纤细，梁头插入立柱的上端等构架方法，都属于江南地区常见的地方处理方法。

三、建筑装饰

明清以来震泽经济繁荣，而徐氏又财力雄厚，这都在师俭堂上以砖雕、木雕的形式得到了充分的体现。

师俭堂首先在住宅部分的墙门间正面施用大量的雕饰。正间檐柱之前砌筑了精致的垛头，下部置青石勒脚，呈须弥座式；其上砌砖细墙身；上部施水磨砖垛头。下层垛头雕文相对简单，仅用回纹图案，上砌出挑飞砖；上层则在兜肚中镌刻了人物故事，又在其上的朝板雕出了山水图案，显得精美异常。底层檐柱上端的上槛、檐枋都施用了不同题材的雕饰。楼层出挑，在其遮护楼板梁的楣枋以及其上面装饰性的窗台梁等构件上也雕刻了大面积的人物故事、装饰图案等。虽然整体略显烦琐，但却不失精致（图5-3-19）。

鉴于内外有别的理念和出于防火的需要，过去的大型宅第都会被高墙围合成前后数个可以关闭的院落，在分隔前后院的院墙上，设置门楼以通内外。整座师俭堂沿轴线也有重重院落，其前也施用了门楼，只是这里不像大多数宅第那样，只将最精美的雕饰施用在大厅对面的门楼上，其余适当从简，而是将前后门楼都作了精致的雕镂装饰（图5-3-20）。

与江南大多数宅第一样，大梁（图5-3-21）、长窗（图5-3-22）、和合窗（图5-3-23）、纱槅

图5-3-16 脊桁梁头

图5-3-17 脊桁下的枫栱状抱梁云

图 5-3-18 轩桁下的榫木装饰

图 5-3-19 墙门间前的雕饰

图 5-3-20 砖细门楼
(a) 大厅前的门楼；(b) 大厅背后的门楼；(c) 堂楼前门楼

（图5-3-24）、栏杆（图5-3-25）、挂落、飞罩（图5-3-26）等部位和构件都是雕饰的主要部位。师俭堂内部的雕饰也都显现了精雅别致、形态生动。图案细腻生动、惟妙惟肖。雕刻手法丰富，构图布局均衡，让人感受到既古朴庄重、典雅美观，又饶有趣味、耐人寻味。

图5-3-21　梁架雕饰

图5-3-22　后堂楼的长窗、半窗与楼窗

图5-3-23　和合窗

(a)

(b)

图5-3-24　精美的纱槅
(a) 前楼纱槅；(b) 后楼纱槅

图 5-3-25　冰纹栏杆　　　　图 5-3-26　飞罩

第四节　薛福成故居

薛福成（1838—1894）是我国近代历史上著名的思想家、外交家和资产阶级早期维新派代表人物。其故居位于今无锡市崇安区健康路西侧。建于清光绪十六年（1890 年），占地近 2 万余平方米，建筑面积约 6000 平方米。原建筑照壁已拆除，西花园改作了厂房，后花园被占用，其余大部分建筑尚保留原状。近年来故居做了大规模的修缮，除了整修中路和东路原有建筑之外，还依据记载和传说，恢复了西路的花园，其前部被辟为停车场。

薛福成故居主要是由中部住宅，后花园和东、西西花园几部分组成（图 5-4-1）。

一、中部住宅

中部自南向北分别为照壁、大门、仪门西招堂、正厅务本堂、后堂惠然堂、前后堂楼和后园等。

在薛氏故居大门之前，原有照壁一座，高约 4 米，长与门第等，约 32 米，当中嵌有相传为慈禧所赐的"鸿禧"大字，立于距大门外墙约 8 米处，20 世纪 30 年代照墙遭日军轰炸而受损，后因拓宽道路而拆除。近年在健康路对面进行了重建（图 5-4-2）。

薛氏故居的门第面阔九间，受古代等级制度的影响，门屋将屋脊断开，遂形成三个三开间的形象（图 5-4-3），所以也可以将其看作中部，又可分作东、中、西三路。正门被设在当中的正间，采用当地传统的将军门形制，在左右脊柱间安装门框，门前用鼓状砷石，门上悬光绪御题的"钦使第"竖额。正门两侧各设一座边门，用砖砌筑门框，内安黑漆大门。

门屋之内用敞廊将天井分隔为能让视线相互渗透的三份（图 5-4-4），正对的是用作仪门的西招堂（图 5-4-5），面阔三间，进深八界。其前檐敞开，不置门窗，后檐正间辟门，两次间砌墙，上敷砖细墙面。西招堂两旁各连三间，前后檐均施以长窗、半窗，内部与西招堂连为一体，不用隔断。这样的处理主要是当年将其用作停轿与下人休息的茶厅（图 5-4-6）。

第三进正对西招堂的是面阔三间的正厅务本堂（图 5-4-7），其进深九界，由前至后设为前廊、前轩、内四界、后轩，构架用扁作（图 5-4-8）。此处是主人用来接见重要客人、举行重大礼仪活动的场所。正厅两旁还各有三间厅堂，东面为博古厅，西侧是议事厅。前轩的侧墙上开设洞门，以形成彼此的联系。三座厅堂进深一致，构架相似，仅屋脊予以断开以作区分。其前亦用敞廊与仪门、茶厅相

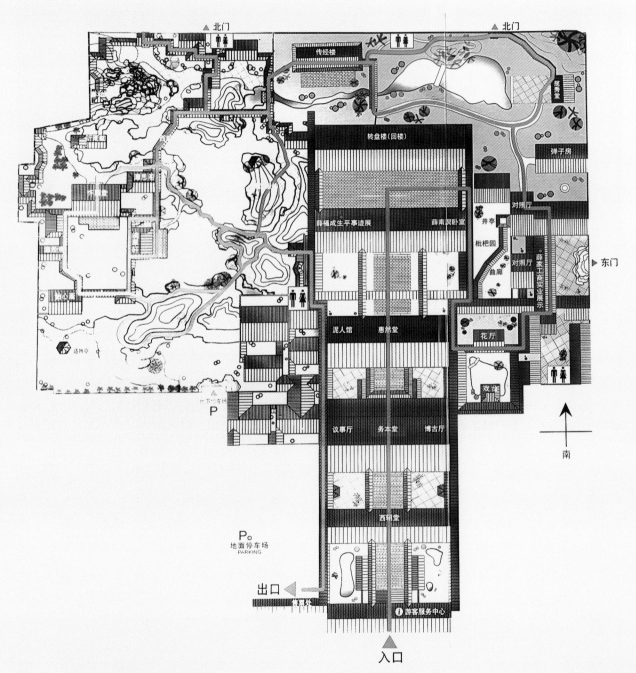

图 5-4-1. 薛福成故居平面

图 5-4-2 照壁

图 5-4-3 一进门屋

图 5-4-4 西诏堂前敞廊

图 5-4-5　仪门西韶堂

图 5-4-8　务本堂内景

图 5-4-6　西韶堂旁的茶厅

图 5-4-7　务本堂正面

(a)

(b)

图 5-4-9　略有变化的天井
(a) 西韶堂的前天井；(b) 务本堂的前天井

联，形成相互通透的三处天井。与前一进天井两侧院墙边布置花坛略有不同的是贴墙设游廊和半亭（图5-4-9），从而使前后景象形成变化。

务本堂之后有一片长长的墙垣，将建筑分隔成内、外两部分。墙垣正中辟一砖细墙门（图5-4-10），穿过此门就进入后院。面对门楼为内堂惠然堂（图5-4-11），两侧各有侧堂，其前的天井亦用走廊分隔，形成并排的三个天井。惠然堂进深亦为九界，前后有前廊、前轩、内四界、后双步，与务本堂稍异的是构架用圆作、尺度稍小，在正堂与侧堂相隔的山墙亦改做长窗状的杉木板壁，这不仅适宜于家庭成员聚集时可以拆卸，以扩大活动空间，同时木质板壁也会令室内变得温馨宜人（图5-4-12）。

惠然堂后亦有一片长墙，它与惠然堂之间距离稍远，故用走廊连接（图5-4-13），使惠然堂之后也形成三个小天井。长墙正中设一砖细墙门。

长墙之内设有两进堂楼，或许当年薛氏家族人口众多，为体现家庭和睦，故将用作居处的堂楼设为通长十一间的格局（图5-4-14、图5-4-15）。天井不作分隔，两端仅置两层的楼廊，以联通前后堂楼，被当地称之为"转盘楼"。两楼的构架基本相同，进深十界，前后廊，楼层的外廊略有出挑。房间除前楼底层正间被用作穿堂外，其余都被分成三间、五间、三间，两尽端设为楼梯间。

中部的建筑基本延续了传统形制，虽然此时已是清代末年，传统礼仪制度的约束已经松弛，故薛氏可以将堂楼建成面阔十一间的规模，但在对外的前堂部分，仍然会顾忌传统限制而用走廊分隔天井、将正脊予以断开等处理，以避免因建筑超越规制而引起非议。

图5-4-10 分隔内外的中门

图5-4-11 惠然堂正面

图5-4-12 惠然堂内景

图 5-4-13　惠然堂后天井

图 5-4-14　第五进堂楼

图 5-4-15　第六进堂楼

二、后花园

堂楼背后是后花园,顺堂楼东侧备弄可进入花园。沿园路西行,过跨池廊桥亭榭,即为位于花园西北角的薛宅传经楼(图5-4-16)。相传这是仿照宁波"天一阁"而建,面阔六间,高两层,底层四周设回廊。楼额为左宗棠所题,意为藏书万卷,传之后世。

沿堂楼背后的园路向东,布置有山水、花木,筑揽秀堂和弹子房两座房屋。揽秀堂近年做了修缮,是一座三开间的歇山式传统园林建筑(图5-4-17)。而弹子房尽管建筑仍然使用传统的砖木结构,但形象带有明显的外来影响,今天所见,则是近年修缮后的形貌(图5-4-18)。

三、东部建筑

薛福成故居的住宅之东是用于薛氏家族举行喜庆活动,或接待亲朋好友看戏娱乐的场所,有一条长廊分隔,此廊在当年似应为备弄(图5-4-19)。现保留了较完整的一处花厅、戏台庭院以及一处对

图5-4-16 传经楼

图5-4-17 揽秀堂

照厅、枇杷园庭院等建筑组群。

花厅、戏台庭院与务本堂及惠然堂都有洞门相通，故可从前厅亦可由内堂进入。花厅坐北朝南，面阔三间，深六界，覆硬山顶（图5-4-20）。正面设深两间的前廊，室内用卷棚顶（图5-4-21）。花厅两侧各连一间游廊，然后折而向南。其前凿一泓清池（图5-4-22），隔水是一座水阁形的戏台（图5-4-23）。戏台用假山石架于水池之上，上覆歇山顶，背后连以用作后台的廊庑，并与两侧回廊相连，由此形成精致的小院。

(a)

(b)

图5-4-18 弹子房
(a) 外观；(b) 内景

花厅背后有一片舒朗的园地，其北隔以长廊。廊子的北侧又被建筑分隔成数处庭院。东侧是相传为薛氏当年办实业时的办公室（图 5-4-24），如今按当年的使用状况，被恢复布置成办公、会议以及业务洽谈等用房（图 5-4-25）。其西边是由曲廊、亭台组成的枇杷园，其中点缀着花木（图 5-4-26）。

从花厅、戏台庭院之南还保留着直通门第的长廊看，当年其前似还应有其他建筑的存在，但如今已被拆除。

图 5-4-19　长廊

图 5-4-20　花厅正面

图 5-4-21 花厅卷棚顶

图 5-4-22 池塘

(a)

(b)

图 5-4-23 戏台
(a) 外观；(b) 戏台藻井

图 5-4-24　办公室

图 5-4-25　会议室

图 5-4-26　枇杷园

四、西部花园

薛福成故居的西部原先也曾有屋宇、庭院，后被占用，改造成工厂。近年工厂被迁出，其基址经改造成了西花园。花园沿用了传统园林的处理手法（图 5-4-27），设置了以怀顾堂为主体，包括滴翠轩、温经斋、怡心斋、潭思阁、听雨舫、春和亭、适然亭等不少建筑景物（图 5-4-28）。

图 5-4-27　西花园怀顾堂

图 5-4-28　西花园潭思阁

第五节　五柳堂

五柳堂位于镇江市区演军巷。宅主陶氏祖居江西浔阳，相传在乾隆年间迁居镇江，后凭借织绸技艺发达，遂购旧宅并予以增扩改建。因陶氏系五柳先生陶潜的后人，故题"五柳堂"名，以示追祖溯源以及对先人的尊崇之情。

自五柳堂建成以来，也与所有古老的宅第一样，经历着兴建、扩大、陈旧、颓坏和修葺的演变历程，至民国年间陶氏后人陶蓬仙还在此兴建"游经楼"，成为其藏书、写作之处。1992年在城市改造及房地产开发中，有关部门重新认识了这座古老的民居，原地保留了其中的数座单体建筑；1995年江苏省政府将其列入省文物保护单位。1999年镇江市文物管理委员会本着"修旧如故，以存其真"的原则，对该建筑群进行了大修，以至于如今还能见到其大致的形貌（图5-5-1）。

一、建筑现状

现存建筑有三幢平房和一幢楼房，在保护修葺的过程中将这四幢建筑围成一院，西侧是前后排列的三幢厅堂和庭院；东侧为楼，前面隙地布置花木，其前院门旁新建三间倒座；原有建筑背后还添置数间附房。

建筑墙体均为青砖砌筑，白灰勾缝，其质量较高。建筑的木构架及木质装修皆用褐色油漆刷饰。故整体风格统一，且保持着一种历史的沧桑感。

二、建筑特色

西侧第一座建筑面阔三间（图5-5-2），梁架、立柱均为楠木，故被称为"楠木厅"，其用材硕大，立柱略呈棱柱状，顶部有卷刹，抬梁式（图5-5-3）结构，次间山面无脊柱。这种被一些专家视为有"宋元遗制"的实例，并被认为属于明代遗构。

图5-5-1　五柳堂鸟瞰

图 5-5-2 三进平房及西侧廊

图 5-5-3 梁架

图 5-5-4 二进"斜厅"

图 5-5-5 游经楼

第二座建筑面阔亦为三间，整个屋身斜向而立，与第一座"楠木厅"不在一条中轴线上，故当地人称其为"斜厅"（图5-5-4）。其实这样的处理方式是因为增建时限于用地面积以及建筑材料，所以在无法取直时只能以稍作偏移和倾斜，以保证在已有的面积中容纳所需的建筑。从建筑用料、结构方式来看，被判定属于清代前期建筑。

"斜厅"之后用回廊与第三幢建筑相连。从这座建筑的构架情况看，大致可以认为它与前一座属于同一时期或略晚。由于该建筑东西间内附建阁楼，被称为"阁楼厅"。厅堂附建阁楼在江南民居中较为常见，其方法是在面阔五间的建筑中将两侧边间做成楼房，其屋脊断开，天井也用塞口墙分隔，但楼房底层与厅堂使用板壁隔断，需要时仍可打通。徽州民居中也有将三开间的建筑当中单层，两次间隔为两层的，但作用和处理方式与江南不同。此处的"阁楼厅"处理更接近于徽州民居。

东侧藏书楼（图5-5-5）虽为民国时建，但采用的仍然是传统的结构方法，唯山墙、前后立面造型以及内外檐装修中可以显示出时代的特征。五柳堂现存建筑均为硬山屋顶，西侧三幢采用传统的跌落式封火山墙（马头墙），而藏书楼则用半圆形封火山墙，这种山墙的造型是民国时期沿江、沿海地区一些受外来文化影响的城市中常见的。

三、装修装饰

现存五柳堂的装修装饰比较简洁，却能让人感受到地区的风格和时代的特点。

西侧"斜厅"的外檐装修，明间置隔扇，次间用槛窗，由于檐口较高，隔扇与槛窗（图5-5-6）之上安装横风窗，这都是传统民居的普遍做法，但槛窗之下用裙板（图5-5-7），而在裙板与槛窗间再置横窗的做法在宁镇地区运用较多，其他地区较少见。隔扇和槛窗所用的海棠菱花窗棂不仅图案精美，同时也显示出较早的时代特征。"阁楼厅"所用的隔扇与槛窗，其书条式窗棂相对简洁。而藏书楼底层隔扇所用的灯景式窗棂则是玻璃已开始普及后流行的形式，以此可使室内有更佳的采光，并且装饰效果也好。

图5-5-6 槛窗

图5-5-7 裙板

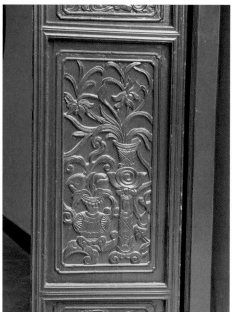

藏书楼所用的挂落（图5-5-8）、楼层的栏杆竖棂以及雨搭板（图5-5-9）的形式比较接近江南民居所用，或许是到民国时期受到江南建筑的影响。而上层阳台的檐柱所使用的车木装饰则属于典型的民国时期的处理方法。

五柳堂诸建筑的砖砌施工都达到了较高的水平。其青砖墙体砌筑平整，勾缝匀称。仅用砖砌的墙门同样给人以精美的感觉。门窗的挑檐（图5-5-10）仅数层出挑和线脚，十分简洁，却也非常典雅。洞门（图5-5-11）、空窗宽阔的水磨青砖框樘与青砖墙体配合得十分协调，仅边缘纤细的线脚凸显了它的精致。现存建筑组群中雕饰最为精美的是第一座建筑庭院外的门头（图5-5-12），与洞门处理相仿，水磨青砖砌出边框，四角雕镂岔角，菱形的青砖砌出龟纹砖心，当中雕有"凤穿牡丹"的图案，使之具有了传统古典美的神韵。

五柳堂现存建筑被认为延续了明、清及民国三个历史期当地的民居的特色，其实这当中也容含了今天修复者对于传统的理解和阐释。

图5-5-8 挂落罩

图 5-5-9 阳台下的雨搭板

图 5-5-10 窗及窗檐

图 5-5-11　洞门

图 5-5-12　楠木厅后门及青砖门槛

第六节　汪氏小苑

汪氏小苑是盐商汪伯屏的宅第，坐落在扬州东圈门历史街区地官第14号，是扬州地区保存最为完整传统园宅之一。这座宅第占地三千余平方米，遗存老屋近百间，面积一千六百余平方米。厅前屋后辟"可栖"、"小苑春深"、"迎曦"小苑，使住宅小园融为一体。其建筑精美、庭园玲珑，这在扬州今存的清末民初大型盐商住宅中已不多见（图 5-6-1～图 5-6-4）。

一、园宅概貌

汪氏小苑可分为前宅后园，前宅部分横向又可分为东、中、西三路。与我国绝大多数民居建筑一样，该宅的中路作为居宅的主体。后园则有墙垣分隔，形成东西两部分。

居宅入口被设置于中路的前端，是一座四开间坐南朝北的"倒座"，大门（图 5-6-5）为其中的一间，偏东，两侧为门房等。入门是一区东西狭长的天井，其东北角可进入分隔东部诸屋宇的火巷（图 5-6-6），可通往中路和东路各进屋宇。火巷之西为中路轴线上的二门（图 5-6-7）、前堂（图 5-6-8）、后室四进建筑。二门面阔三间，明间辟门。对门为面阔三间的"鄦德堂"，两侧置游廊，形成堂前天井。堂后是两进带厢房的内宅，前一进明间作穿堂，其后部不装屏风门，后一进则属于内堂，故在明间后金柱内侧置屏风门。

东路前后沿轴线排列四进。其南第一进是三间倒座，二进为花厅。这两进建筑间布置一区小园，可由大门内天井东侧的月洞门进入。园内置湖石假山，有檐瀑，栽种着腊梅、琼花等花木。花厅之后亦为两进带厢房的内宅。后一进的南侧还有三间倒座，形成"四合院"的格局。

西路排列三进建筑，南侧是花园、花厅。花园内有假山一丘，面东置船轩，缀以游廊，下凿小池，轩下砌砖台以摆放盆景。西花厅（图 5-6-9）以月

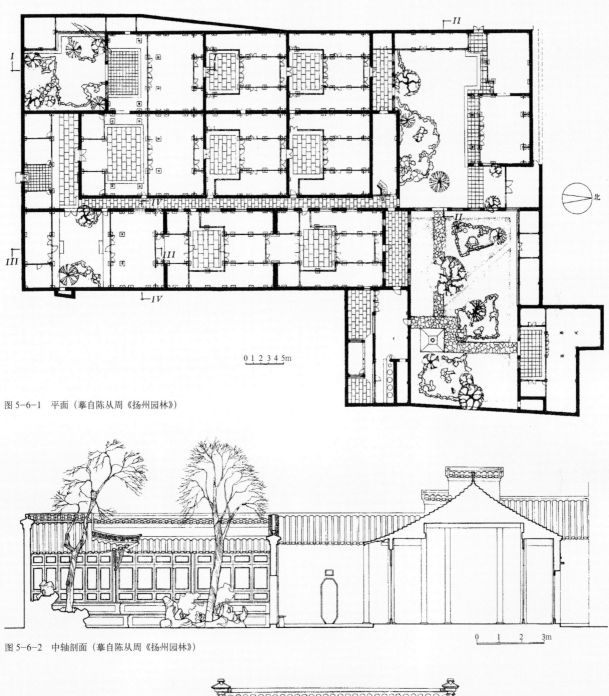

图 5-6-1 平面（摹自陈从周《扬州园林》）

图 5-6-2 中轴剖面（摹自陈从周《扬州园林》）

图 5-6-3 立面（摹自陈从周《扬州园林》）

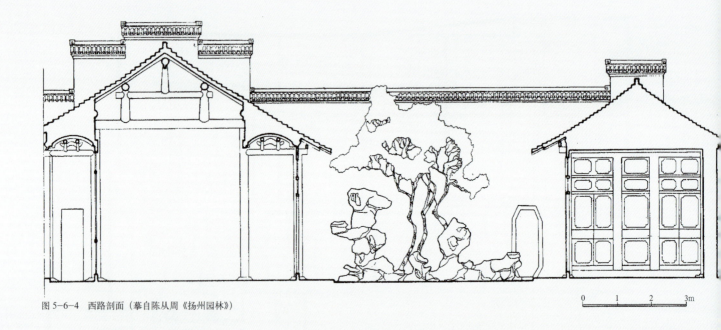

图 5-6-4 西路剖面（摹自陈从周《扬州园林》）

图 5-6-5 入口大门

图 5-6-6 火巷

图 5-6-7 二门

图 5-6-8　前堂

图 5-6-9　西花厅

图 5-6-10 宅后西花园

洞门与花园相隔，洞门之内是两侧为廊庑的天井。花厅往北，又布置两进带有厢房的内宅，其形制与中路相同。

宅北后园列东西两部，间以月洞花墙。西部的北侧建有三间花厅，内用罩分隔。厅西有书斋三间，靠西墙布置游廊。东部的园林建筑沿北墙排布，其北侧是四间平房，东侧砌以墙垣，墙内自成一院。

在后花园（图 5-6-10）的东南侧是一座面阔五间的大厨房。

二、建筑构造

汪氏小苑虽然在规模上属于当地的大型宅第，但建筑构件不像当地吴宅、卢宅那样粗硕，在建筑的构造上却更接近于普通民居（图 5-6-11、图 5-6-12）。

汪宅的门屋深仅四步架，临街大部分为粉墙，并与东路第一进倒座、西路南侧的院墙连为一体，只是在大门入口处施以水磨青砖檐墙与门楹。门楣的上枋素平，下枋微鼓，以极细的线脚饰边。所以整体的立面造型给人以简洁但不失精致的感觉。门屋的构架脊柱落地，以便进行室内的分隔。东路的倒座结构与门屋相同。

"尃德堂"是宅内主厅，虽然在其前面的天井两侧设有廊子，但主厅及其对面的照厅（二门）不用外廊，使主厅的形象变得简朴。尃德堂进深六步

图 5-6-11 前堂主屋架

图 5-6-12 前堂的轩梁

图 5-6-13 隔扇裙板雕花

图 5-6-14 挂落罩

图 5-6-15 门橙上的砖雕插角

架，为七架前轩后廊的构造。明间两侧在金柱上用抬梁式架构五架梁、三架梁；山墙侧则采用扬州地区常见的做法，将上下金柱同时落地，上以三架梁和单步梁联系。前轩在轩梁上立童柱架月梁；后廊则直接用抱头梁。脊檩之下连以脊枋；上金檩下不用枋子，这也是当地传统。

汪氏小苑有三座花厅，它们的进深均为六步架，其构造方式基本相似，只是因位置的不同而作相应的变化。比如东花厅在主屋架前后置轩；西花厅则用前后廊；后花厅将隔扇装于前金柱之间，形成外廊，因而使彼此间产生造型上的差异，丰富了建筑的形貌变化。

内宅部分诸屋宇所采用的构架基本相同。建筑的进深均为六步架，且所有构架都将脊柱落地以便于室内的分隔，所以脊柱与金柱间用双步梁架构，金柱与檐柱间连以抱头梁。内宅中明间使用方砖地面，而次间则地面架高，铺以木地板，这非常宜于居住的要求。

三、装修装饰

汪宅的梁架上除了在堂屋、花厅的月梁上进行雕饰外，其余均作素面。而月梁的雕琢极为精湛，其题材主要是景物。

在内外檐装修方面，汪宅并不比当地其他大型府邸逊色。前堂、花厅等各开间均用六扇长窗（隔扇），窗棂多为"井字嵌凌式"，但其裙板、夹堂的雕饰则变化多端，题材有飞禽走兽、花鸟鱼虫、人物山水等，寓意深刻，吉祥如意（图5-6-13）。内室部分明间用隔扇，次间及厢房用槛窗。虽然隔扇与槛窗的窗棂仅为嵌玻璃方框而以，但裙板、夹堂施用雕饰并不亚于堂屋、花厅。在堂屋、花厅内部用隔扇及罩分割空间，所用隔扇形式与外檐相仿，但做工更精，有些还嵌上了大理石，其精工修饰可见一斑。罩（图5-6-14）则用双面透雕表现丰富的吉祥题材，蕴含深厚的寓意和希冀。

汪宅的砖、石雕并不太多，却有点睛的效果。如上面提到的大门外立面，整体都以平整的水磨青砖对缝砌筑，仅门楹上端施以不大的砖雕插角（图5-6-15），这较满铺雕饰的豪宅大门似更能给人以简洁但不失精致的感觉。同样在宅内院墙上的青砖门楼中也采用了相同的处理，粉墙当中砌筑清水砖门垛，其上逐层出挑青砖仅做不同的线脚，挑檐之上也只是用线脚象征屋脊，其间所用的雕饰也只有插角和脊饰而以。

内宅中檻墙施用水磨青砖饰面，这给人以精致但非豪奢的印象。为了地板的防潮，檐墙的下端嵌以透空的砖雕，这也属于实用与装饰构件合而为一的实例。

由于汪宅之中园宅穿插融为一体，所以园墙之上往往设置漏窗（图5-6-16）。扬州漏花窗的用料主要是青砖和筒瓦，造型亦充分表露出这一材料的特性，采用水磨清水作的处理，使之显示出与江南园林中漏窗的差异。

四、园林艺术

汪氏小苑虽以住宅建筑占主要部分，而园则相辅而已，但这处面积不大，且由屋宇分隔为几片的"小苑"却能够深得我国造园传统的神韵。在面积不大的园地里堆山凿池，为造成想象空间的扩大，常常利用"借景"的手法，如前部东园在东墙辟一极小的园地，墙上置门，借助游人的想象，产生明有实无，扩大空间的效果；又如西园自花厅中观望园景，洞门（图5-6-17）的存在形成画框，也有近景的作用，所见院中花木扶疏，山石参差，宛如图画（图5-6-18、图5-6-19）；再如园中各处起分隔作用的园墙中开凿了一方方的漏窗和洞门，人们透过花墙间隙，观望隔园的景色，其深幽清灵，有不尽之意。园中诸多的门楣、石额、匾额、楹联用"楷、隶、行、草、篆"予以题点，又使这座宅院增添了许多文化内涵，在耐人寻味的精巧用典中，让人感受到当年园主的所思所想以及小苑的艺术构思与表达。

  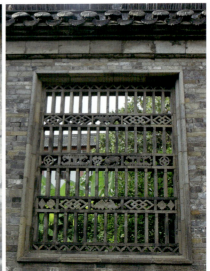

图 5-6-16　漏窗

图 5-6-17　花园洞门

图 5-6-18　假山

图 5-6-19　花坛

第七节 朱自清故居

朱自清（1898—1948），原名自华，号秋实，后改名自清，字佩弦，现代著名散文家、诗人、伟大的文学家、学者和民主战士。朱自清祖籍浙江绍兴，1898年11月22日诞生于江苏海州（今东海），童年举家迁至扬州。故居位于扬州市安乐巷27号，是朱自清先生少年及青年时的生活场所，这也是一所当地十分常见的普通民居。

一、建筑格局

安乐巷是一条南北向的街道，所以故居大门（图5-7-1）东向。外立面上砖砌的门垛并未使用磨砖对缝，因而与清水砖外墙保持一致，只是在门楣上端砌有数皮装饰性的叠涩挑砖以及门过梁外的装饰性贴面方用水磨砖予以修饰。这样的大门在过去的扬州十分普遍。

因用地关系，门内的门屋仅两开间。过门屋是一方天井（图5-7-2），天井的西墙和北墙各辟一门。

入西门是前后排列的三进屋宇，轴线明确。第一进（图5-7-3）坐南朝北，面阔三间，进深六步架。该建筑与第二进堂屋南北相对，按照传统礼仪，应该属于堂屋的补充部分，但在实际的使用中却被用于女佣及厨师的住所。第二进（图5-7-4）进坐北朝南，面阔亦为三间，进深六步架。其明间为堂，两次间为室。前两进建筑两侧设廊，形成传统民居中"前堂"庭院，实际的使用中左右廊都被用板壁、槛窗围成了小室，以增加使用面积。第三进建筑面阔三间，进深七步架是"内宅"的主体建筑（图5-7-5、图5-7-6），今被用于朱自清平身事迹的陈列。

从门屋内天井的北墙门往北，是两进建筑，受用地的限制，其面阔均为两开间。前一进深六步架，前置小院，似可用作书房或客房，如今这一建筑被前后分隔，前部作为陈列之用，后部辟为办公、管理场所。后面一进深亦为六步架，似可用厨房，如

图5-7-1 大门　　　　　　　　　　　　　　图5-7-2 内宅天井

图 5-7-3　堂屋前第一进平房

图 5-7-4　西路二进堂屋

图 5-7-5　内宅正房

图 5-7-6 内宅西庑

图 5-7-7 东路后天井及后门

图 5-7-8 进入内院的二门

今也属于办公用房。两进之间的天井中，在临街的院墙上开设后门（图5-7-7）。

这组建筑用地有限，布置十分紧凑，而且还能充分体现我国传统建筑的礼仪要求。建筑的主体，即"前堂后室"部分用明确的轴线予以前后布置，且运用步架的数量和尺寸使虽然都为单层，平房的前后建筑也得到逐渐升高的变化，以满足过去人们对"益进益高"的精神追求。堂屋后檐砌以檐墙，置墙门（图5-7-8），使之成为界分内外的界限。堂屋后墙正中的墙门用水磨青砖砌筑门垛，上筑清水砖挑檐，使之成为内院主要的点缀。主体部分的东侧（图5-7-9～图5-7-11）限于用地面积无法形成满足三间屋宇的常规处理，因而门屋呈东西向布置，后两进仅用两开间，这不仅满足了功能的要求，使居宅的出入口处理得十分自然，而且又因其打破了轴线、缩减了规模又反衬出主体部分的重要，达到了以灵活布置的附屋烘托主体严整的轴线要求，使主次更为分明。

当地民居中，单体建筑大多后檐用墙，利用建筑、院墙的围合与分隔（图5-7-12、图5-7-13），产生了一个个既彼此联系又各自独立的空间，形成富有变化的空间序列。

图5-7-9　东路三进

图 5-7-10 东侧客房

图 5-7-11 东路客房背立面

图 5-7-12 西路堂屋前东厢与大门相通的入口

图 5-7-13 西路堂屋前天井及西厢

二、结构特点

朱氏故居在过去属于"小康之家",无论是对内或是对外都无太大的排场需求,建筑以实用为主,所以建筑用料(图5-7-14、图5-7-15)都比较纤细,而且脊柱落地,以便室内的分隔。建筑的结构形式与当地民居一致,立柱上端开口槽以架梁,并与梁一同承托檩条。由于用料较细,所以在双步梁和抱头梁下有拉结用的枋子。

轴线上建筑的正面,明间用隔扇,次间装槛窗。前院建筑的槛窗下部安花格木栏,这既使前院得到了装饰点缀,同时也有遮挡视线的作用。边路建筑因只有两开间,所以将隔扇装于两侧。室内分隔上,进深方向主要装板壁,堂屋的后金柱间安屏风门,这可在将门窗关闭后获得一个规整的室内空间。

图5-7-14 屋面勾头瓦与滴水瓦

图5-7-15 窨井盖

图5-7-16 裙板

图5-7-17 窗棂

三、装修装饰

传统建筑中前院常常承担着对外的功能，所以外檐装修的修饰比较重要，而内院需要有一个宁静的起居环境，其装修的修饰（图5-7-16）往往比较简洁，在这组民居建筑中可以充分感受到这样的特点。如前院的隔扇、槛窗所用的窗棂（图5-7-17）花格纹样精致，内院则用简洁的小方格窗棂。而这样的选择也能起到明确主次的作用。

第八节　余宅与翟宅

余宅与翟宅现为徐州民俗博物馆（图5-8-1）位于户部山的东南方，是由"余家大院"和"翟家大院"（图5-8-2）两组传统民居修复合并后构成的。

一、余宅构成

余宅（图5-8-3）坐落在今徐州民俗博物馆的南侧，是一座布置规整、保存基本完好的宅院。整

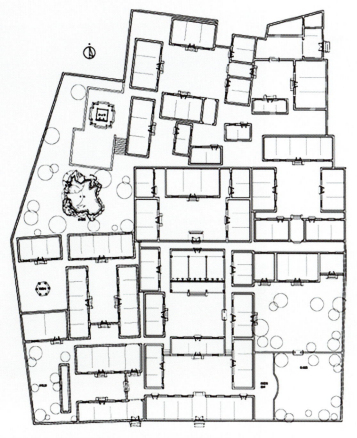

图5-8-1　余宅和翟宅平面

图5-8-2　余宅和翟宅鸟瞰

图 5-8-3　余宅（民俗博物馆）大门

图 5-8-4　余宅穿堂

组建筑坐北朝南,现存建筑可分为东、中、西三部分。

中轴线偏东,前后布置四进三个四合院落。门屋位于中轴线的南端,其两侧各置一幢面阔三间的倒座。入门第一进院落的两侧各置一座三开间的厢房,但两屋的体量略有差异,故使得两侧的建筑被错开,打破了左右的对称。东厢尺度大于西厢,推测是由于传统禁忌的原因。对门是一座三开间的穿堂(图5-8-4),其作用类似于江南民居中的轿厅,故进深较浅。

过穿堂为第二进院落,其布置与第一进相近,只是院落面积更大,显得更为开敞。两侧各布置三开间的厢房,其体量亦有差异,位置也前后错位。或许是为了让第二进更显规整,所以在东厢前沿穿堂和大厅的东山墙砌筑院墙,使东厢之前形成一个狭长的过道,其作用犹如江南民居中的备弄。院中大厅(图5-8-5)为全宅的中心,较大的进深加大了屋顶的体量;厅前置外廊也显示出较高的规格。为与大厅相协调,西厢(图5-8-6)也起着较正厅略低的西厅作用。

图5-8-5 余宅大厅

图5-8-6 余宅中庭西厢

图 5-8-7　余宅内院正房

图 5-8-8　余宅内院西厢

图 5-8-9　余宅前院穿堂与东厢

大厅背后砌有隔墙，用以分隔内外。正中辟门，其内设为塞口门，用以遮挡视线。门内属于内院部分，这是一区最严整的院落。对门是三间上房（图 5-8-7），为内宅的中心，庭院两侧对称布置面阔三间的东西厢房（图 5-8-8），厢房的北山墙连两间耳房。上房与耳房的北侧为界墙，余宅中路至此结束。

中轴的东侧有三进院落，其前部进行了相当大的改造，已非原先的面貌。如前院（图 5-8-9）如今面东建造了一座舞台，是希望在此进行相关的表演。中部北侧有一座三开间的厅堂，如果东侧的前部诚如介绍所说，整个都是当初的东花园，那么这座厅堂就是花园的主体建筑，即花厅，其前则应该布置亭榭之类的园林景物。如今在这座建筑之前种植了一些花木，且与前院用墙垣予以分隔。后院也是一区较为严整的四合院。院落南侧建有门屋，门屋的两旁各置两间倒座；对门为面阔五间的正房，两边各有三开间的厢房，虽然门屋两侧的倒座面阔稍有不同，但整组院落还是显现出对称，依据所在位置，按我国的建筑传统推测，此组院落似也应该是内宅的扩充部分。

西部亦有四组院落，形成西花园（图 5-8-10）。其前部靠近中轴单独辟门，为强调中轴的主体地位，故西部花园入口设在三开间之侧，门屋的屋顶不再升高，与倒座连为一体。前院内以三间堂屋为主体，与倒座相对而建，但院落不作对称处理，布置显得更为灵活。其后部地形高差较大，且受进深限制，所以两厢顺地形呈跌落式布置，形成一个纵长的院落。其西侧建有花厅、亭榭，形成西花园。

图 5-8-10　余宅西花园

二、翟宅构成

余宅背后为翟宅（图 5-8-11）。由于翟宅北侧建有郑姓宅院，所以翟宅所处成为一处东西向狭长地块，而地势起伏、地块不规整使得布局多变。这也反映出翟宅的建造要迟于余宅和郑院，如今因辟为徐州民俗博物馆翟宅和余宅已被打通，连为一体。

翟宅的大门东向，偏北。门内利用不规则的地形构成入口庭院。过院南折，跨过设于院墙上的二门为前院。前院内对门设侧厅，左侧靠外墙布置前堂，内侧为穿堂。在此穿堂主要起界分内外的作用，过穿堂进入内院。内院中以北侧的三间鸳鸯楼为主屋，西厢亦为三间，三间南屋坐南朝北，其东侧连有一件作为通往前面南跨院的通道。南跨院因地形的关系无法作规则的处理，所以建筑布置较为随意。

翟宅的西侧地形复杂，起伏较大，故被辟为后花园。园内较好地利用地形，建有伴云亭（图 5-8-12），开凿鱼池等。这里地势较高，可以近观鳞次栉比的居宅，远眺城市景观，成为户部山最为赏心悦目的所在。

三、建筑特色

与户部山大多数传统民居一样，余宅和翟宅建筑风格基本一致，显示出那个时代的特征。

余宅中轴线上的门屋虽然外墙与两侧的倒座檐墙相平，但山墙升高，檐下砌出冰盘掩口，两侧

图 5-8-11 翟宅内宅正房

图 5-8-12 伴云亭

置砖砌墀头，所以形象依然突出。大门的门扇置于檐下墙间，木制的门框外为清水砖墙，上部用叠涩砖饰和侧砖过梁进行装饰，体现出当地传统民居的特色。余宅西门因作为侧门，故屋面与倒座连为一体，其主次之别得以显现。与当地大多数门屋一样，余宅门屋也以山墙搁檩的构造架构屋面，故不用立柱。由于余宅大门位于中轴线上，为遮挡视线，门内另置塞口屏门。门屋内里面，檐口之下施用高垫板、饰以花芽插脚等都是当地常用的手法，唯余宅正门门屋高度较大，故有在垫板下另装花格横楣（图5-8-13），以减轻厚重感。

在余宅及翟宅的穿堂、厢房、附屋等建筑因体量不大、进深较浅，均使用墙承重结构，前后檐墙上架人字大叉手屋架（图5-8-14），上搁檩条，山墙处檩条直接架在墙上。因此建筑形象较为厚重，明间于砖墙上辟门，次间所开窗户也较小，给人以北方建筑的封闭感。

余宅的大厅不仅体量较大，在全宅中地位也最高，所以使用了柱梁结构。大厅前部为深两步架的前廊，其上施用类似江南民居常见的"翻轩"。中部深六步架，为抬梁式结构（图5-8-15），与北方官式建筑不同的是，梁上所立为短柱，而且是将梁头锯截后插入柱顶。明间两侧的屋架，上下各梁均用圆料，于短柱的交接处作了"剥腮"处理，即将梁的前端、左右两侧各截去一个斜角，这又是江南民居早期的做法，称"圆料扁作"，脊檩两侧用抱梁云装饰。山墙处的屋架，梁与短柱均为方料。大厅后部置深两步架的"双步"，梁柱处理与中部相同。余宅大厅的檐下檩枋之间的垫板作了雕刻装饰，金柱间全部安装隔扇门，使正立面显得玲珑与精致。后金柱之间装以纱槅（图5-8-16），不仅与前面的隔扇有了呼应关系，也使室内更为典雅。大厅背面并未因使用了柱梁结构而改变厚重的檐墙、狭小的门窗这种当地传统民居建筑立面处理形式。

余宅西厅虽然也设有前廊。但因其地位低于大厅，所以结构方式和装修处理较大厅简单。西厅前廊亦深两步架，但其上并没使用"翻轩"，木构架仅用前檐柱和前金柱，而且两侧山墙出的檐柱、金柱和抱头梁都为装饰性的，不起结构作用。室内仅明间施长五架抬梁式屋架，一端架于前金柱，另一端由后檐墙承托，明间的檩条架于木屋架上，而次间的檩条则一端架于屋架，另一端直接架于山墙。西厅檐下檩枋之间也使用雕花垫板，使之在造型上与大厅统一。金柱间则明间装隔扇，次间安槛窗，从而使立面造型与大厅有所区别，主次地位也由此分明。

余宅内宅的上房，其立面外观似与厢房等相近，但因在内宅中它的地位最高，且进深较大，内部结

(a)   (b)

图5-8-13 门屋檐下的花格与雕花插角
(a) 花格横楣；(b) 雕花插角

构（图 5-8-17）就与厢房等有所不同，其构架采用深六步架的抬梁式屋架，只是不用立柱，直接将屋架搁于檐墙之上。

翟宅内宅的上房正立面为两层的楼房，而背面却是一层，这主要是为了减少工程量，利用了落差较大的原有山体造成的，楼内设天梯，楼上楼下的门朝向相反，这种构筑方法被当地人称作"鸳鸯楼"。

两处民居中与北方建筑最为接近的是界分内宅外部厅堂的塞口门，因入门后须向两侧绕行方可进入内院，而且此门在内院也有装点的作用，所以选用抬梁式悬山结构。唯能体现当地特色的是梁架前端架于院墙之上，门框和门扇采用当地常见的形式。大门内的照壁也与北方相近，只是方砖心的岔角砖饰仅用上部两个。花园中的亭榭的内部构架与南方建筑相似，而翼角处理、屋面上的屋脊采用了当地传统做法。

徐州民俗博物馆中的建筑墙体也极具特色，采用了一种被当地称之为"里生外熟"的处理，也就是墙体分为内、外两层，内层用土坯砌筑，外层用青石与青砖包砌，使原本较为简陋的土坯墙在外立面上给人以青石勒脚、清水砖墙体的精致形象。这似乎属于建筑用砖尚未普及时代高等级住宅的特征，而在实用方面却具有造价不高且又能起到保温作用的优点。这种墙体砌筑方法过去在徐州的大户人家非常普遍，如今可能只有在户部山一些传统民居中才能看到了。

图 5-8-14 人字屋架

图 5-8-15 余宅大厅的构架

图 5-8-16 余宅大厅内的纱槅

图 5-8-17 余宅内宅正房的屋架

江苏古建筑

第六章 园 林

江苏古典园林分布图

1. 苏州园林：拙政园*、留园*、网师园*、环秀山庄、艺圃、耦园、沧浪亭、惠荫园、怡园、畅园、五峰园等
2. 退思园
3. 常熟园林：赵园、曾园、燕园等
4. 扬州园林：何园*、个园*、小盘谷、逸圃、蔚圃、冬荣园
5. 寄畅园*
6. 南京园林：瞻园、愚园等
7. 水绘园*
8. 泰州日涉园
9. 常州近园
10. 江阴适园
11. 兴化李园
12. 宜兴瀛园

* 本书选取介绍的古典园林

（地图引自：中华人民共和国民政部编. 中华人民共和国行政区划简册 2014. 北京：中国地图出版社，2014.）

第一节 概述

江南地区地理环境优越，气候温和，物产丰盛，自然景色优美。所以自晋室南迁后，中原士庶的来到促进了江南地区经济和文化的发展，为园林的营建创造了条件。东晋士大夫崇尚清高，景慕自然，或在城市建造宅园，或在乡野经营园圃。前者如士族顾辟疆营园于吴郡（今苏州），后者如诗人陶渊明辟三径于柴桑（今九江附近）。皇家苑囿则追求豪华富丽。建康（今南京）为六朝都城，宋有乐游苑，齐有新林苑。唐诗人白居易任苏州刺史时，首次发现太湖石的抽象美，用于装点园池，导后世假山洞壑之渐。南宋偏安江左，在江南地区营造了不少园林，临安、吴兴是当时园林的集聚点，蔚为江南巨观。

明清时期，江浙一带经济进一步繁荣，文化更为发达，因而在南京、无锡、苏州、常州、湖州、杭州、扬州、太仓、常熟等城市中的园林续有发展，尤以苏州、扬州两地为盛。

当时的园林大多是在唐宋写意山水园的基础上发展起来的，强调主观的意兴与心绪的表达，重视掇山、叠石、理水等创作技巧；突出山水之美，注重园林的文学趣味。

在理水叠石方面，江苏不仅原是水乡，有用水之便，而且各种水体经过人们细心观察、精心提炼，形成优美的园林水景。太湖原产奇石，玲珑多姿，植立庭中，可供赏玩。而像周秉忠、计成、张南垣、石涛、戈裕良等对于石材性能的熟悉，兼之用心揣摩，发展而成的叠石艺术，对园林营建作出了巨大的贡献。如扬州片石山房假山，相传出自石涛之手。苏州环秀山庄假山传为戈裕良所叠，这些假山至今犹存。

在花木种植方面，因当地气候土壤适合花木生长，苏州、扬州历来以莳花而闻名。按中国园林的传统，虽以自然为宗，绝非丛莽一片，漫无章法。其布置在充分利用乡土植物的同时，通常是利用植物本身的特性予以安排，高大乔木以荫蔽烈日、古朴或秀丽姿形以供欣赏，再辅以花、果、叶的颜色和香味，不仅形成诗情画意，而且仍可感受到山林野趣。

江南园林沿文人园轨辙，以雅淡相尚。布局自由，建筑质朴，厅堂随宜安排，结构不拘定式，建筑风格淡雅、朴素。

从整体上看，江苏的古典园林大多强调通过园林这种形式来表达自身的情感和意义。根据时间与空间特征，真实的景象被转化为概念化的艺术形式。在布局上，由于园林用地所限，建筑物通常都会沿周边布置，所有建筑均面向中心，形成一个集中的庭院空间，其向心和内聚的感觉分外强烈。因为明清园林还具有生活场所的功能，庭院众多，能造就园林景致的连续和多空间、多视点的变幻。而这种空间的变化又造成了某些空间的延伸和渗透，在有限的园林空间中获得更为丰富的层次。

第二节 拙政园

拙政园位于苏州古城内东北街178号，是苏州传统园林中占地面积最大的一座，今园所辖的园地面积约83.5亩（约55667平方米），开放面积约73亩（约48667平方米）。全园以水为中心，山水萦绕，厅榭精美，花木繁茂，是为江南园林的代表。

一、历史变迁

明正德四年（1509年），致仕回归故里的御史王献臣在苏州城东北娄门与齐门之间购置了一处近200亩（约13.33万平方米）的隙地，开始造园，取西晋潘岳《闲居赋》中"筑室种树，逍遥自得……灌园鬻蔬，以供朝夕之膳……此亦拙者之为政也"，题园名为"拙政"。该园曾委托画家文徵明予以设计，有文氏《拙政园图》、《拙政园记》和《拙政园咏》传世。据记载，当年园林竹树野郁，山水弥漫，一派天然野趣。在近乎自然的环境之中，点缀着繁花坞、倚玉轩、芙蓉隈以及轩、槛、池、台、坞、涧之属，有知名景点31处。

百余年后，拙政园已近荒废。崇祯四年（1631年）

侍郎王心一获园林东部，在其悉心经营之下，园林得到了修复更新，并取陶渊明语改名为"归园田居"。

清初，这里曾为驻防将军府、兵备道行馆、苏松常道署等，也先后归陈之遴、王永宁、蒋棨等所有，不断的改造、增葺，使园貌大改。咸丰十年（1860年）太平天国时，忠王李秀成曾居此，称忠王府。光绪初富商张履谦接手，改名为"补园"。张氏对园林作了大规模的增饰、装修，基本奠定了拙政园今日之形貌。

清末民国初年，一些在苏州的达官都曾一度入主拙政园，这里成为他们的居处、办公场所。至抗战爆发前夕，园林衰败至"狐鼠穿屋，藓苔蔽路"的境地。20世纪50年代之后拙政园逐渐修缮，并成为民众的休闲场所。1961年被国务院列为全国第一批重点文物保护单位，1997年被联合国教科文组织批准列入《世界遗产名录》。

二、园林格局

自王氏兴建拙政园之后，五百余年间曾屡易其主，或为私园，或为官府，或散为民居，其名各异，园地也一分为三。直至20世纪50年代初"拙政园"恢复了初名，并合而为一，但如今依然保留了清末形成东、中、西三个相对独立的小园的格局（图6-2-1）。

（一）东部

拙政园的东部约31亩（约20667平方米），久已荒废，全部为晚近新建（图6-2-2）。因明末王心一的归田园居，故恢复的原貌依然保持疏朗明快的风格，布局以平冈远山、松林草坪、竹坞曲水为主，主要建筑有秫香馆、兰雪堂、芙蓉榭（图6-2-3）、天泉亭等，均为移建而来。

（二）中部

中部是全园的主景区，面积约18.5亩（约12333平方米）。总的格局大致保持了明代形成的浑厚、质朴、疏朗的特征（图6-2-4）。园景以水池为中心，景物沿周边布置，故使亭台楼榭都能临水。园中池广水清，池内遍植荷花；岛上林荫匝地，水岸藤萝纷披；建筑则高低错落、主次分明。远香堂是拙政园的主体建筑，近水远山，与隔池相望的雪香云蔚亭、待霜亭互成对景。远香堂与相邻的倚玉轩呈曲尺形布置，使两座造型相似的建筑形成立面上的变化。倚玉轩与其西侧的香洲、荷风四面亭遥相呼应，呈三足鼎立之势，成为开阔水面旁赏荷的佳处。此外，像其南的廊桥小飞虹（图6-2-5）之后的小沧浪（图6-2-6）以及远香堂东侧的枇杷园、海棠春坞、听雨轩等都构成与主景区既有联系，又相对独立的幽静小院。

（三）西部

西部面积约12.5亩（约8333平方米），曾为张氏补园。园内以一片迂回的水面将园地作了分隔，中部水面开阔，西南、东北处收窄，形成了溪涧、曲水（图6-2-7），台馆分峙园林特色。中部偏南临池置主厅三十六鸳鸯馆，其东有屈曲回廊、宜两亭翼然。隔水遥对山岛，上建笠亭（图6-2-8）、扇亭与谁同坐轩，稍远则有浮翠阁，池西设有留听阁，由此构成完美而富有层次的画面。东侧面池游廊起伏、曲折，水波倒影，别有情趣。水池北端建有倒影楼，其前一侧为游廊，一侧是假山，成功地塑造了幽深的景致（图6-2-9）。虽然张氏补园时期，园内装饰工巧，厅中陈设考究，但水石部分与中部景区仍较为接近。

三、主要建筑

（一）远香堂

在大型园林中，为满足四周赏景的需要，需要将传统建筑的构造形式予以调整，以改变山墙封闭的形象，从而达到能四面开窗的要求。远香堂即为这样的建筑形制，其面阔为三间，进深八界，覆三间两落翼顶（单檐歇山），四周置回廊（图6-2-10）。为扩大室内无阻挡空间，建筑在步柱与山柱之间架45°的搭角梁，其上承四界大梁、山界梁。梁架用扁作，但梁面素平，无雕饰。正间前后安长窗，次间及山面用长窗形隔断。回廊的廊柱上部设挂落，但下部不用栏杆。远香堂北有宽敞的露台，以供夏日纳凉、秋天赏月之用，也是观荷的佳处。

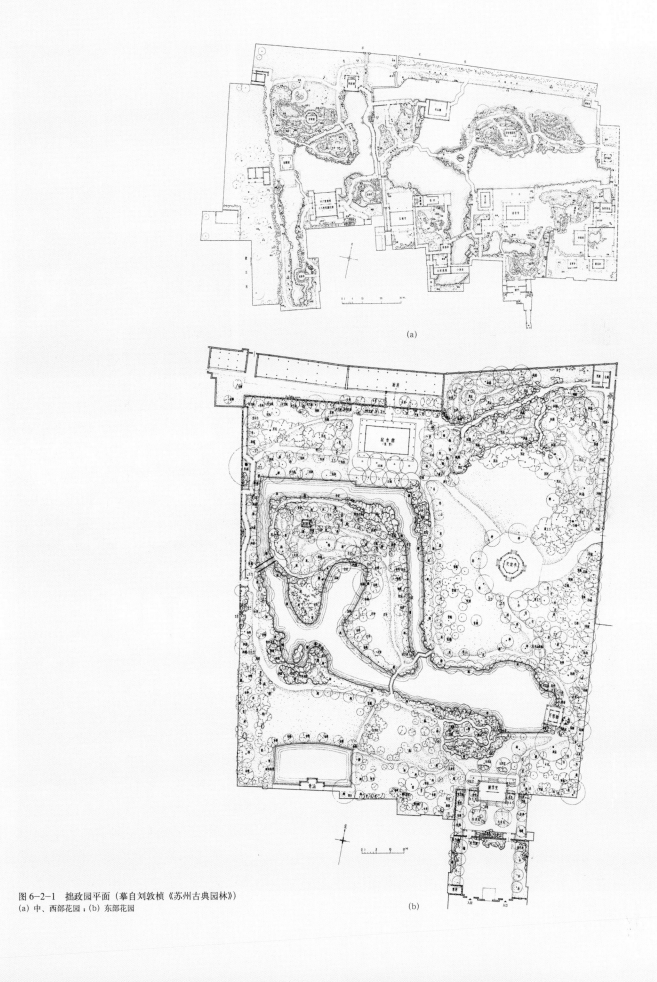

图 6-2-1 拙政园平面（摹自刘敦桢《苏州古典园林》）
(a) 中、西部花园；(b) 东部花园

图 6-2-2 东部花园
(a) 厅堂；(b) 水体

图 6-2-3 芙蓉榭

(a)

(b)

图 6-2-4 中部园景
(a) 开阔的水面；(b) 借景北寺塔

图 6-2-5 小飞虹

图 6-2-6 小沧浪

图 6-2-7 西部园林

图 6-2-8 笠亭

图 6-2-9 倒影楼

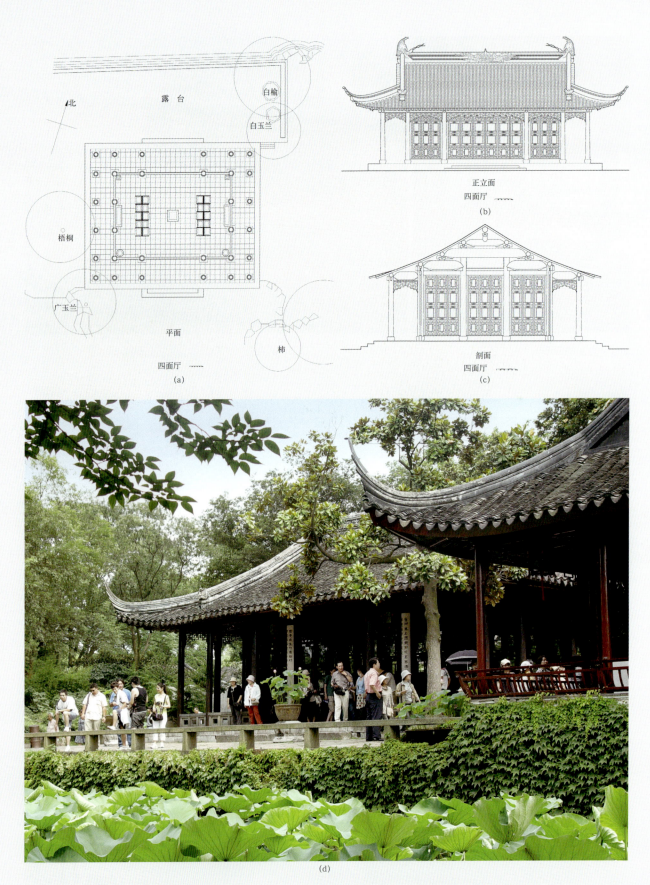

图 6-2-10 远香堂
(a) 平面；(b) 正立面；(c) 剖面；(d) 远眺

(a)

(b)

图 6-2-11　卅六鸳鸯馆
(a) 外观；(b) 内景

(二) 卅六鸳鸯馆 (十八曼陀罗花馆)

卅六鸳鸯馆为西花园的主体建筑，面阔三间，进深十界，硬山顶（图6-2-11）。其内部被分隔成南北两部分：南部悬"十八曼陀罗花馆"额；北部则题为"卅六鸳鸯馆"。由于江南园林常有鸳鸯厅之设，其室内亦被一分为二，且又有"鸳鸯馆"之名，故这座建筑也常被讹称鸳鸯厅。其实这是当地被称作"满轩"的结构形制，其梁架在草架屋面之下，施用四个形制相同、前后相连的翻轩。在厅堂的四角，增设了四个小巧的耳室，据称，该建筑当年常用于宴客、听曲，耳室有作为后台的功能。

(三) 秫香馆

秫香馆是东部花园的主体建筑，位于土山松岗之西。建筑坐北朝南，面阔五间带回廊，进深八界，歇山顶（图6-2-12）。在王氏归田园居时期，这里已是园林的北界，墙外的北园为园主的家田，故于此建楼，以观赏农桑田园之景。题名为秫香楼，亦由此而得。当年建筑的长窗裙板之上镌刻着《西厢记》故事48幅，移建之际，为保护起见，将图案翻入室内，素面朝外，至今沿用。

(四) 见山楼

见山楼位于中部的西北隅（图6-2-13），三面环水，西面傍山，东南则可与隔水的雪香云蔚亭、荷风四面亭遥相呼应。相传此楼在清咸丰年间（1850～1860年）曾是太平天国忠王李秀成的办公之所。建筑是江南民居风格的楼房，粉墙黛瓦，色彩淡雅。

见山楼两层，底层称藕香榭，面阔三间，进深五界，两侧和前檐三面添廊，上覆腰檐。檐柱间设吴王靠，可凭栏小憩，近观游鱼，中赏荷花，远眺园内诸景。楼层三间，深四界，上覆歇山顶，即见山楼。从西部可通过平坦的廊桥进入底层，而上楼则要经过爬山廊或假山磴道。楼内四面用明瓦窗，不仅可以俯瞰园内景致，还因过去城内无高楼，故在此可极目远望，郊外山色尽收眼底。

(五) 浮翠阁

浮翠阁为西花园中一座八角形平面、两层的建筑，其形体不算高大，但造型秀美（图6-2-14）。在山上茂密的林木、如茵的绿草掩映之下，犹如浮动于翠绿浓荫之上。登阁眺望，但见山清水绿，天高云淡，满园青翠，一派生机盎然，令人心旷神怡。

图6-2-12 秫香馆　图6-2-13 见山楼

（六）香洲

在我国传统园林中，船舫是常用而特有的建筑形式，一般靠水而设，立于最具观赏效果的地方，亦称画舫。被置于中部花园西南隅的香洲亦为最著名的画舫之一。其三面环水，一面依岸，由三块石条所组成的"跳板"可以下船、登岸。正面遥对隔水相望的倚玉轩，其北则可以观赏到对岸平渚之上的荷风四面亭，或假山之畔的见山楼。

香洲的结构仿船形，前后分作头舱、中舱和橹楼三部分（图6-2-15），或者也可以将其看作：船头是台，前舱是亭，中舱为榭，船尾是阁，阁上起楼。香洲比例匀称、线条柔和、造型富于变化。其身姿倒映水中，更显得纤丽而雅洁。

（七）各式亭构

亭是古代供行人休息的地方，所以《释名》将其解释为"亭者，停也。人所停集也"。过去乡间道旁多设亭，以供行人歇脚。自园林发达之后，出于对自然、乡野的再现，故园中亦多亭，且形貌各异、造型丰富。与大多数园林一样，拙政园中数量最多的也非亭莫属。

中部花园位于水池东端的梧竹幽居是亭构中颇具特色的一座攒尖方亭（图6-2-16），其形象较为独特，采用内外两圈柱网，内圈砌墙，四周开设四个圆形洞门，在不同的位置可以见到重叠交错的景致；踞于池北山岛之上的矩形歇山亭雪香云蔚亭（图6-2-17），则以秀丽的身姿给人以轻盈灵动的感觉，同时也是观赏山上早春梅花的地点；与雪香云蔚亭造型相似的还有位于枇杷园北的绣绮亭（图6-2-18）；设在池西平渚之上的六角攒尖亭是荷风四面亭，其四周环水，晚春之后，池中莲花亭亭，岸边柳枝婆娑，正如亭上楹联所描述的，"四壁荷花三面柳，半潭秋水一房山"。

西部花园最具特色的是位于池中小岛上的扇亭与谁同坐轩，其平面形如扇面，上覆歇山形屋顶。小亭临水而设，面对对岸的游廊、假山、宜两亭，两侧山墙开设洞门，背面檐墙置扇形窗洞，其地十分幽邃，故能体味到苏东坡"与谁同坐？明月、清风、

图6-2-14 浮翠阁

我"的意境（图6-2-19）；南侧的八角攒尖亭塔影亭也颇具特色，小亭除了设置常规的半墙、靠栏之外，还安装了长窗与和合窗，使之宛如宝幢，端庄怡然（图6-2-20），尤其在留听阁远眺，蓊郁的绿荫、恬静的水面与亭构的倩影相映成趣。

东花园虽然建筑多为移构，也有颇具特色的小亭（图6-2-21），其中以天泉亭最具特色。小亭重檐八角，攒尖顶。两圈的柱网形成外廊，檐柱间设置坐槛，相邻的内柱上安设长窗、半窗。亭构比例适宜，出檐高挑，因而形成端庄质朴的造型。亭内原有古井，相传为元代遗物，井中泉水遇旱不枯，故被誉为天泉。

图 6-2-15　香洲

图 6-2-16　梧竹幽居

图 6-2-17　雪香云蔚亭

图 6-2-18　绣绮亭

图 6-2-19　与谁同坐轩

图 6-2-20　塔影亭

图 6-2-21　天泉亭

第三节 留园

留园位于苏州阊门之外。1961年该园被国务院列为全国第一批重点文物保护单位，1997年由联合国教科文组织批准列入《世界遗产名录》。

一、沿革

该园林原是明嘉靖年间太仆寺卿徐泰时的东园。相传园内假山为叠石名家周秉忠（时臣）所做。清嘉庆年间，刘恕以旧园改筑，名寒碧山庄，又称刘园。同治年间盛旭人之子盛宣怀购得，重加扩建，修葺一新，取留与刘的谐音，始称留园。时著名学者、文人俞樾作《留园游记》，称其为吴下名园之冠。

二、布局

现存留园占地约为2公顷，分西区、中区、东区三个部分（图6-3-1）。西部以山景为主（图6-3-2）；中区山水兼长（图6-3-3）；东侧原先是府宅的后部，建筑较为密集，故以建筑见胜（图6-3-4）。从而人们可在一园之中领略到山水、田园、山林、庭院等不同景色。

园林的中部是其主体，于东南开凿水池，西北地带堆筑假山，以水池为中心，建筑沿周边布置，并于水池东南更为密集。水池南侧的涵碧山房与明瑟楼为该区的主体建筑（图6-3-5），形成近水远山的典型格局。其东侧游线穿越于曲溪楼等建筑之

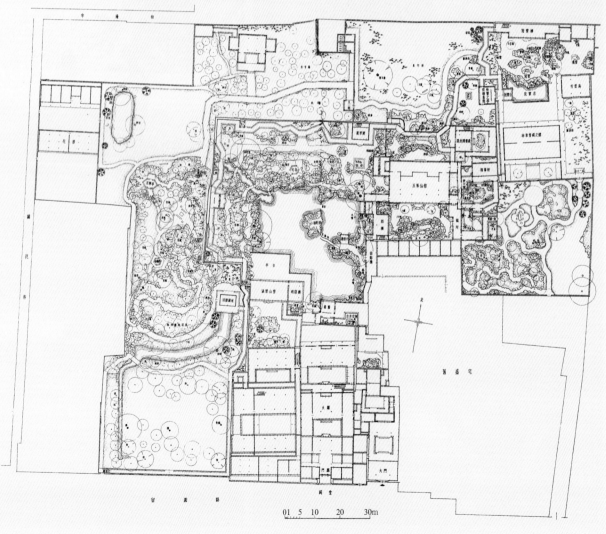

图6-3-1　留园平面（摹自刘敦桢《苏州古典园林》）

图 6-3-2 园西山景

图 6-3-3 中部山水

图 6-3-4 东部庭院

中，透过洞门、空窗、漏窗等使空间得以渗透，景物产生变化（图6-3-6）。池西假山上的闻木樨香轩，则为俯视全园景色最佳处，并有长廊与各处相通。池北的假山上小亭与林木相交映。各建筑物设有多种门窗，每扇窗户各不相同，可沟通各部景色，使人在室内观看室外景物时，能将以山水花木构成的各种画面一览无余，视野空间大为拓宽。

西部以假山为主景，建筑相对疏朗。其假山土石相间，堆砌自然。东部以曲院回廊的建筑取胜（图6-3-7），有著名的佳晴喜雨快雪之厅、林泉耆硕之馆（图6-3-8）、还我读书处、冠云台、冠云楼等十数处斋、轩，院内池后立有冠云峰等三座石峰（图6-3-9）。

三、特色

在留园初创之时，园林平淡疏朗，简洁而富有山林之趣。至清代刘氏据有时，建筑虽增多，但仍不失深邃曲折幽静之趣，布局和现在大体相似，部分地方还保留了明代园林的气息。经盛氏修建，园变得富丽，过去那种幽邃、静谧的气氛则已消失殆尽。

今天所见的留园是在占地三十余亩的基址上，运用江南造园艺术，集住宅、祠堂、家庵、园林于一身，以大小、曲直、明暗、高低、收放等手法，构成一组组层次丰富、错落相连，有节奏、有色彩、有对比的空间体系。全园用建筑来划分空间（图6-3-10），突出了中部的山明水秀，峰峦环抱，古木参天；东部的重檐叠楼，曲院回廊，疏密相宜；西部的林壑幽邃，山林野趣。

留园的建筑在苏州园林中，不但数量多，分布也较为密集，其布局之合理，空间处理之巧妙，皆为诸园所莫及。每一个建筑物在其景区都有着自己鲜明的个性，从全局来看，没有丝毫零乱之感，给人有一个连续、整体的概念。留园整体讲究亭台轩榭的布局，讲究假山池沼的配合，讲究花草树木的映衬，讲究近景远景的层次，使游览者无论站在哪个点上，眼前总是一幅完美的图画（图6-3-11）。

图6-3-5　明瑟楼

图6-3-6　漏窗的渗透

图6-3-7　曲院回廊

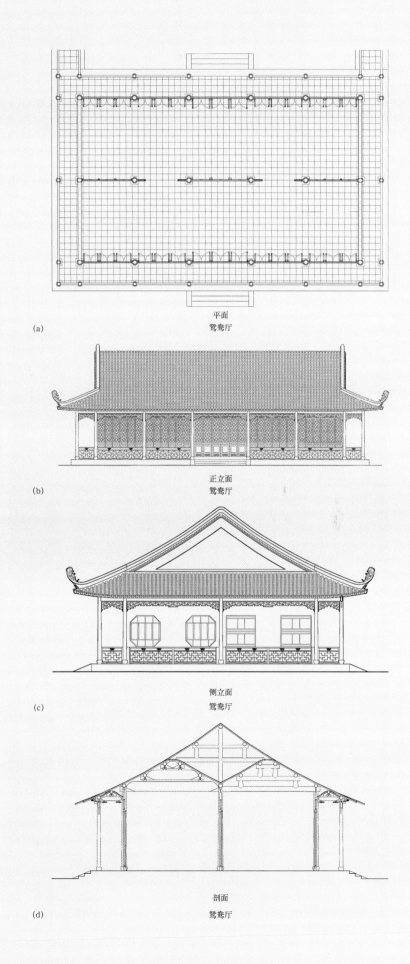

图 6-3-8 林泉耆硕之馆
(a) 平面;(b) 正立面;(c) 侧立面;(d) 剖面

四、空间

留园的建筑占总面积的近 1/3，但在精心处理下，园林并未因此而显得拥挤，相反在层层相属的建筑群组中显得藏露互引，疏密有致，虚实相间，旷奥自如。全园用建筑分隔空间，划分景区，景区之间以墙相隔，以廊贯通，又以空窗、漏窗、洞门使两边的景色相互渗透，隔而不绝。园内有蜿蜒高下的长廊 670 余米，漏窗 200 余孔。尤其是园门入口处的空间处理，充分运用了空间大小、方向、明暗的变化，将狭窄而漫长的走道处理得意趣无穷。园内精美宏丽的厅堂，则与安静闲适的书斋、丰富多样的庭院、幽僻小巧的天井、高高下下的凉台燠馆、迤逦相属的风亭月榭巧妙地组成有韵律的整体（图 6-3-12），使园内每个部分、每个角落无不受到建筑美的光辉辐射。

图 6-3-9 冠云峰

图 6-3-10 东部的主体建筑五峰仙馆

图 6-3-11 雪中山色

图 6-3-12　高下错落的建筑

第四节　网师园

网师园在苏州园林中是一座中型宅园，位于旧城东南隅葑门内阔家头巷。1963 年网师园被列为苏州市文物保护单位，1982 年确定为全国重点文物保护单位，1997 年被列入《世界文化遗产名录》。

一、沿革

网师园始建于南宋淳熙初年（1174 年），为藏书家、侍郎史正志的"万卷堂"，花园称"渔隐"，后废。清乾隆三十年（1765 年）光禄寺少卿宋宗元致仕，购此遗址予以重建，定园名为"网师园"。网师即渔夫或渔翁，又暗合"渔隐"，含隐退江湖之意，且与巷名"王四"谐音。园内的山水布置和景点题名蕴含着浓郁的隐逸气息。乾隆末年（1785年）园归瞿远村，按原规模修复并增建亭宇，俗称"瞿园"。之后园主时有更迭，但今天的网师园规模、景物基本保留了瞿园旧时风貌。

二、布局

网师园占地面积约 10 亩（约 6667 平方米），其中园林部分占地约 8 亩（约 5333 平方米）余。虽用地不多，但小中见大，布局严谨，主次分明又富于变化，园内有园，景外有景，精巧幽深之至。建筑虽多却不见拥塞，山池虽小却不觉局促（图 6-4-1）。

网师园的东部为住宅，由前至后，分别为门厅（图 6-4-2a）、轿厅（图 6-4-2b）、大厅和楼厅（图 6-4-3）。楼厅之后的撷秀楼原为内眷燕集之所。楼后是五峰书屋，为旧园主藏书处。其旁有开阔的梯

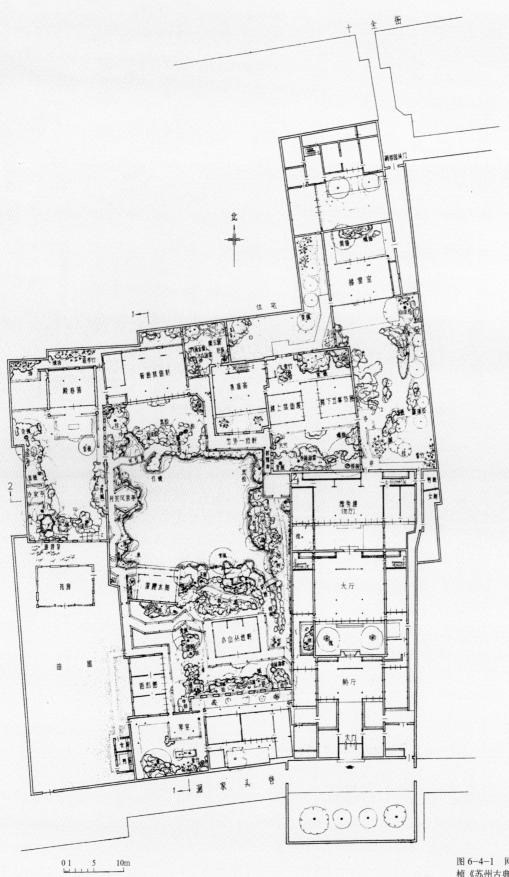

图 6-4-1 网师园平面（摹自刘敦桢《苏州古典园林》）

图 6-4-2 大门及轿厅
(a) 大门；(b) 轿厅

(a)

(b)

(c)

(d)

图 6-4-3
(a) 正厅；(b) 正厅前门楼；(c) 楼厅；(d) 楼厅前门楼

云室庭院（图6-4-4），背后则为后门。

西部的花园，又可分作三部分。中部为主园，中凿水池，池南以濯缨水阁为主体，其旁堆有黄石假山（图6-4-5）；池北与水阁遥对的是看松读画轩，其旁为竹外一枝轩（图6-4-6）、射鸭廊等亭榭（图6-4-7）；西面是用起伏的长廊相连的月到风来亭（图6-4-8）；东侧是在高高的粉墙下设置的傍池园路，景物沿周边布置，使环池亭阁在山水映衬下显得疏朗雅适。移步换景，诗意天成。主园之南是以四面厅小山丛桂轩为主体的一区园地，四外布置花木、山石，以静观为主。月到风来亭西是一处书斋庭院，书斋题名"殿春簃"（图6-4-9）。建筑北侧留狭长园地，略置湖石，配以梅、竹、芭蕉或竹石，成为小景，透过檐窗的框景，满目青竹，苍翠挺拔，周围傲翠的腊梅、红色的天竺子和奇峰迭起的假山石，仿佛画中小品。其南庭院中东边是游廊，西侧为半亭，其间点缀着湖石花坛，植枫、松、花草，在粉墙的衬托下，极富情趣。

三、特色

网师园以结构紧凑、布局精巧而著称，全园清新而有韵味。建筑尺度精巧，空间比例协调。园中突出以水为中心的主题。水面聚而不分，池西北石板曲桥（图6-4-10），低矮贴水，东南引静桥微微拱露。环池一周叠筑黄石假山高下参差，曲折多变，使池面有水广波延、源头不尽之意。池岸西北、东南两隅，各有水湾一处，曲折深奥，有渊源不尽之感。环池布置石矶、假山、花木和亭榭，黄石假山"云岗"体量不大，但位置和造型得体。由于池岸低矮，临池建筑接近水面，所置山石、花木也不高大，使水

(a)

(b)

(c)

图6-4-4 后园
(a) 梯云室庭院；(b) 云窟院门；(c) 云窟内院

图 6-4-5 濯缨水阁

图 6-4-6 竹外一枝轩

图 6-4-7 射鸭廊

图 6-4-8 月到风来亭

图 6-4-9 殿春簃庭院

图 6-4-10 池南小桥

面显得开阔。这里池水清澈，游鱼戏水，花木争妍。环池廊、轩，有亭翼然，夹岸有叠石、曲桥，疏密有致，相得益彰。因此被清钱大昕评价为"地只数亩，而有行回不尽之致；居虽近廛，而有云水相忘之乐。柳子厚所谓'奥如旷如'者，殆兼得之矣"。

第五节　寄畅园

寄畅园位于无锡惠山东麓。1988年由国务院公布为全国重点文物保护单位（图6-5-1）。

一、沿革

寄畅园又名"秦园"，是明正德年间（1506～1521年）南京兵部尚书秦金致仕后修建的别业。是地原为惠山寺僧舍"沤寓房"，秦金购得后垒山凿池，移种花木，辟为园林，名"凤谷行窝"。园成之时，秦金作诗曰："名山投老住，卜筑有行窝。曲涧盘幽石，长松育碧萝。峰高看鸟渡，径僻少人过。清梦泉声里，何缘听玉珂"。秦金逝后，园为其族侄秦瀚、秦梁父子继承，并于嘉靖三十九年（1506年）"葺园池于惠山之麓"，称"凤谷山庄"。秦梁卒后，改属其侄秦燿，因寄抑郁之情于山水之间，借王羲之"寄畅山水荫"诗意，改园名为"寄畅园"。万历时构列二十景，并逐景赋诗。

清初秦燿曾孙秦德藻加以改筑。延请当时著名的造园师张涟予以规划，经过掇山理水（图6-5-2）、疏泉叠石，在精心布置之下园景益胜。康、乾各六次南巡，均必到此园，是为寄畅园的鼎盛期。其间，在雍正初，秦德藻长孙秦道然因受宫廷斗争株连入狱，园被没官并割出西南角建无锡县贞节祠。乾隆

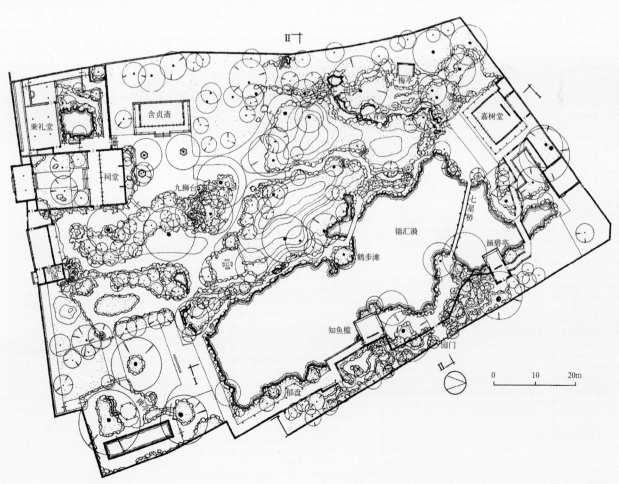

图6-5-1　寄畅园平面图

图 6-5-2 山水处理
(a) 八音涧山涧；(b) 八音涧溪流；(c) 林间小道；(d) 水边植被；(e) 借景

元年（1736年），道然三子秦蕙田殿试中探花，入直南书房。第二年痛上《陈情表》，道然获释，园被发还，由秦氏家族中最富有的德藻二房孙子秦瑞熙斥资白银3000两，照旧营构，独立鼎新，保存古园，厥功甚伟。咸丰、同治年间，寄畅园多数建筑毁于兵火，后稍做补葺，虽不能恢复鼎盛之时的旧观，但其基本格局得到了保留。

二、布局

寄畅园现有两座大门，均为后世修建。院内大致可分作东北和西南两区，中间有山、树相隔。

从惠山寺日月池畔的南门入园，即为凤谷行窝（图6-5-3）。这是一处两进的院落，前为三间门屋，后有厅堂三间，四周回廊复合，形成寄畅园的园中之园。为明代正德年间，秦金购惠山寺僧舍而置。庭院之西为秉礼堂（图6-5-4），这组庭园面积不足1亩（约667平方米）的庭院中，有整洁精雅的厅堂、碑廊，又有自然得体的水池、花木和太湖石峰，经过得体的布置，使之无论从哪个角度看都是一幅美丽的图画（图6-5-5）。从凤谷行窝向前，有东向的含贞斋三间，四周多植古松，原是秦耀的读书处（图6-5-6）。对面为九狮台，是用湖石叠成的大型假山，高数丈，突兀峻峭。置有若干狮形湖石，而整座假山又构成一只巨大的雄狮，俯伏于青翠欲滴的绿树丛中。

在园林的东北侧是以水池锦汇漪为中心的景区，水池周围汇集园内主要景致，围绕着一泓池水而展开，山影、塔影、亭影、榭影、树影、花影、鸟影尽汇池中。池北土山，乔柯灌木，与惠山山峰连成一气。池北置嘉树堂（图6-5-7），面对锦汇漪（图6-5-8），锦汇漪东南为郁盘亭（图6-5-9），取王维《辋川园图》中"岩岫盘郁，云水飞动"之句而得名。亭侧长廊屈曲，形成池东景致。池西是一条临池的小道，与前面的水体、背后的山林掩映成趣。突出于锦汇漪，三面环水的方亭，称知鱼槛（图6-5-10），出自《庄子·秋水》"安知我不知鱼之乐"之句。知鱼槛西北有一座砖雕洞门（图6-5-11），前以假山作屏，可透过假山看真山。门楼南面是横

图6-5-3　凤谷行窝
(a) 外立面；(b) 内景

图 6-5-4 秉礼堂

图 6-5-5 秉礼堂庭院

图 6-5-6 含贞斋

图 6-5-7 嘉树堂

图 6-5-8 锦汇漪

图 6-5-9 郁盘廊

图 6-5-10 知鱼槛

跨在锦汇漪上的七星桥（图6-5-12），由七块黄石板直铺而成，平卧波面，几与水平，乾隆曾吟有"一桥飞架琉璃上"之句。嘉树堂边有廊桥，通涵碧亭，亭四方架于水上。

郁盘廊的背后即为寄畅园的东门（图6-5-13）。

三、特色

寄畅园的成功之处首先在于选址。由于临近惠山（图6-5-14），能够获得绝妙的借景（图6-5-2e）。而造园者通过锦汇漪的开凿以及池西地形的堆筑，又使园景形成高下、远近不同的层次，将游人的视线最大限度地拓展到园外，融自然与园景为一体。园中巨大的山体，将建筑分隔成明确的两区，且建筑密度较低，能使园景显得疏朗悠远（图6-5-15）。在叠石、理水方面也体现出精致与成熟。总体上说，寄畅园的成功之处在于它"自然的山，精美的水，凝练的园，古拙的树，巧妙的景"。

图6-5-11　洞门

图6-5-12　七星桥

图6-5-13　寄畅园东门

图6-5-14　惠山寺

图 6-5-15 山野情趣

第六节 寄啸山庄

寄啸山庄坐落在扬州市徐凝门街 66 号,是同治年间(1862～1874 年)道台何芷舠的府邸后园,故亦俗称"何园"(图 6-6-1)。

一、沿革

寄啸山庄的前生是建于清乾隆年间(1736～1796 年)的双槐园,据清《江都县续志》载,最初为"歙人吴家龙别业",后来归"粤人吴辉谟"所有,"园以湖石胜"。

1883 年汉黄道台何芷舠辞官,在扬州从吴姓人手中购得该园以兴建府邸、花园,经过了 13 年营建、修葺,取陶渊明《归去来兮辞》中"倚南窗以寄傲"与"登东皋以舒啸"句,题名为"寄啸山庄"。

何芷舠,安徽望江县人。其父亲何俊进士出身,曾是李鸿章部下。何芷舠出仕之后从知县起稳步晋升到三品道台,任江汉关监督、汉黄道台以及扬州的两淮盐运使等。大约在 1900 年前后,何芷舠将园宅卖掉去了上海。之后曾有黄宾虹、朱千华等寓居于园宅之中。近年来园宅经过了多次修葺,1988 年列入第三批全国重点文物保护单位。

二、布局

寄啸山庄占地较广,面积达 1.4 公顷,全园采用前宅后园的布置形式,花园用楼廊分割为东、西两部分。住宅东侧保留了双槐园最为精华的片石山房,自成一区(图 6-6-2)。

东花园以四面厅为中心,厅前铺以石板甬路,四周是花街铺地(图 6-6-3)。东墙贴壁用湖石装点,厅北堆叠假山一座,湖石参差,山势蜿蜒,妙趣横生。假山东侧倚墙筑一圆顶六角攒尖亭,造型颇为独特(图 6-6-4)。西面设蹬道蜿蜒而上,可抵楼廊。厅南是五开间的花厅——牡丹厅,花厅南面为广庭花坛,花坛内遍植牡丹。

西花园中央开凿了一片水池,池畔堆筑假山,环池布置楼厅与楼廊。池北高大的楼厅是该园的主体,两旁连以串楼(扬州人对楼廊的俗称),并与假山贯串分隔。楼廊高低错落,透过廊壁漏窗可以领略到花园内外的景致。水池西侧花木参差,绿意盈野,绿荫丛中是三开间的桂花厅,周围配植大量的桂花,为中秋赏桂佳处。其南有一座体量巨大的湖石假山,上叠奇峰、幽岩、绝壁、悬崖。池东筑有石桥,与水心亭相通,亭南架曲桥,与平台相连。

片石山房在何园东南,西与何园走马楼相邻,

图 6-6-1　何园入口

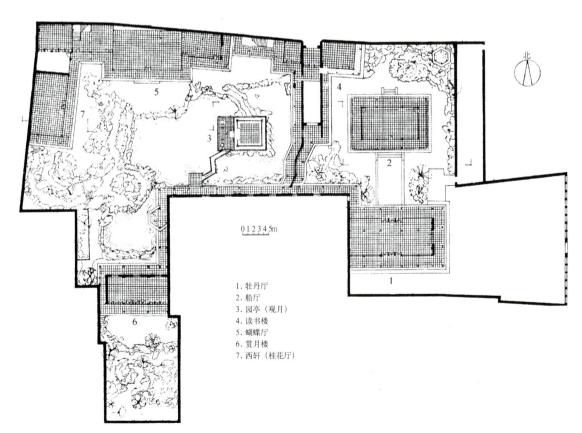

1. 牡丹厅
2. 船厅
3. 园亭（观月）
4. 读书楼
5. 蝴蝶厅
6. 赏月楼
7. 西轩（桂花厅）

图 6-6-2　寄啸山庄平面（摹自陈从周《扬州园林》）

(a)

(b)

(c)

图 6-6-3　东花园四面厅（桴海轩）
(a) 外观；(b) 内景；(c) 构架

图 6-6-4　圆顶六角攒尖亭

图 6-6-5　片石山房

是双槐园仅存的遗迹（图6-6-5）。园以湖石著称，相传假山出自清代大画家石涛和尚之手，体现了"独峰耸翠，秀映清池"的特色。其间石壁、石磴、山涧三者最是奇绝（图6-6-6）。结构别具一格，采用下屋上峰的处理手法。主峰堆叠在两间砖砌的"石屋"之上，东西设有两道通向石屋，西道跨越溪流，东道穿过山洞进入石屋。山体环抱水池，主峰峻峭苍劲，配峰在西南转折处，两峰之间连冈断堑，似续不续，有奔腾跳跃的动势，颇得"山欲动而势长"的画理，也符合画山"左急右缓，切莫两翼"的布局原则，显出章法非凡的气度。假山前是三间楠木厅，是何园保存年代最久的建筑，也是扬州园林中最为古老的建筑之一。今楠木厅西侧新添一座船形建筑"不系舟"（图6-6-7），池前复建水榭一座，与假山主峰遥对。假山之上，用连皮杉木新建半亭，名葫芦亭。全面的修复，使佳景胜境得到了再现。

花园之前为居处部分，有东西两条轴线。西路前面是正厅"与归堂"（图6-6-8），之后为两进内宅玉绣楼，两楼左右以串楼围合成院。由玉绣楼的前楼沿串楼向东，是何园的客房（图6-6-9）。客房之后左侧即为东花园前地牡丹园，西侧则有楼房两进。

图6-6-6 假山

图6-6-7 楠木厅及"不系舟"

图 6-6-8 与归堂
(a) 外立面；(b) 内景

图 6-6-9 客房

三、建筑特色

何园的建筑密度相当高，建筑占全园面积将近50%，反映了清代中后期当地民间园林的特征。由于何园修建之际正值我国古代社会即将结束，原有的等级制度不再具有约束力，而在外来文化的浸润之下，那些西洋的生活方式逐渐改变了传统的建筑形式，但数千年积淀的传统依然还有顽强的生命力，仍在建筑上保留了下来，由此形成所谓中西合璧的风貌。

东花园有面阔三间、进深七步架的四面厅，从结构到造型，完全承袭了当地的传统（图6-6-10）。西花园的楼厅（蝴蝶厅）采用三间主楼稍突、两侧各两间稍敛的布置，又上覆民间堂楼过去不常用的歇山屋顶，突破了传统，使形象变得富有变化（图6-6-11）。正厅"与归堂"的构架形式采用了

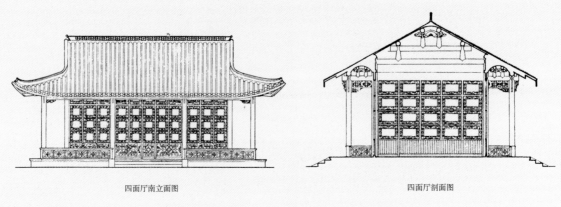

四面厅南立面图　　　　　　　　　　　　　　四面厅剖面图

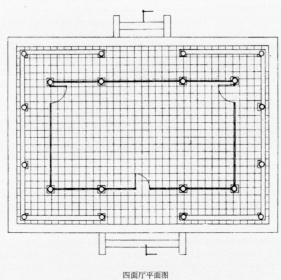

四面厅平面图

图6-6-10　四面厅（摹自陈从周《扬州园林》）

寄啸山庄剖面图

图6-6-11　蝴蝶厅（摹自陈从周《扬州园林》）

图 6-6-12　书楼上的生铁栏杆

传统方式，而平面将当中三间前凸，两侧各两间退后，厅后设两厢形成后院，也已不再是当地常见的布置。内宅玉绣楼以及东侧的客房则已经完全使用了外来的砖木结构形制。至于像柱间施用的圆弧形挂落、生铁栏杆（图 6-6-12）等也显现出当年外来的影响，但其中的传统纹样则又反映出文化的传承。

第七节　个园

扬州的个园位于老城北侧的东关街 318 号，为清代盐商黄至筠于清嘉庆二十三年（1818 年）所建，是扬州至今保留的最完整、最具艺术价值的传统住宅园林之一（图 6-7-1）。

个园的前身是明代的寿芝园，故建筑中保留了不少明代遗构。其花园虽不大，但处处体现出独特的匠心。最具特色的是其采用了分峰用石的手法，以不同石料堆叠出"春、夏、秋、冬"四景。

一、住宅部分

作为私家的住宅园林，个园也采用了前宅后园的布置形式。住宅坐北朝南，相传在其鼎盛时期，居宅纵向排列着五条轴线，分别以"福、禄、寿、财、喜"为主题，有房屋二百余间。如今黄宅入口位于东侧，入门后是一个狭长的天井（图 6-7-2），其中保存了东、中、西三路建筑。

（一）中路建筑

中路前后三进，入门是面北的走廊，对面是黄宅的正厅汉学堂。

正厅主要是用作对外接待、对内举行节日庆典礼仪活动的场所（图 6-7-3）。建筑面阔五间，进深八界。厅前左右走廊将天井一分为三，并与门后走廊相接，形成并排三座天井的格局，让人有正厅仅为三间，两侧各连一间的感觉。正厅的明间前后金柱上架设五架栿梁，上立栿墩瓜柱，置三架梁，再立脊瓜柱（图 6-7-4）。梁柱的结构方式与北方

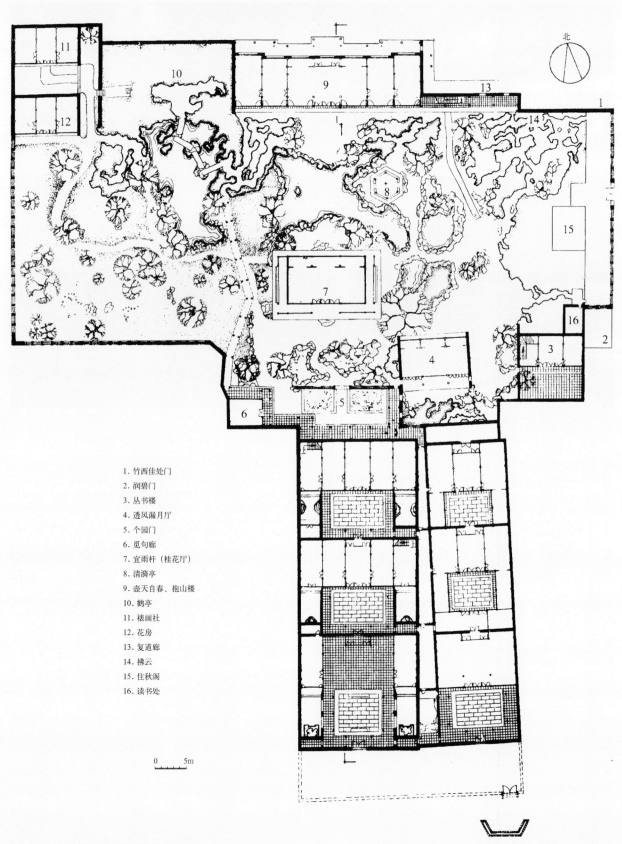

图 6-7-1 个园平面（摹自陈从周《扬州园林》）

1. 竹西佳处门
2. 润碧门
3. 丛书楼
4. 透风漏月厅
5. 个园门
6. 觅句廊
7. 宜雨轩（桂花厅）
8. 清漪亭
9. 壶天自春、抱山楼
10. 鹤亭
11. 裱画社
12. 花房
13. 复道廊
14. 拂云
15. 住秋阁
16. 读书处

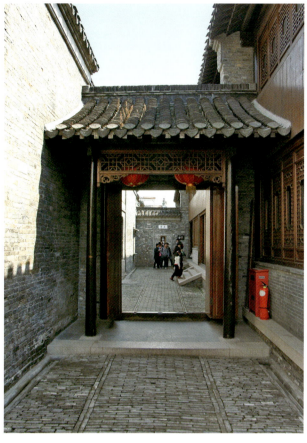

图 6-7-2　前天井

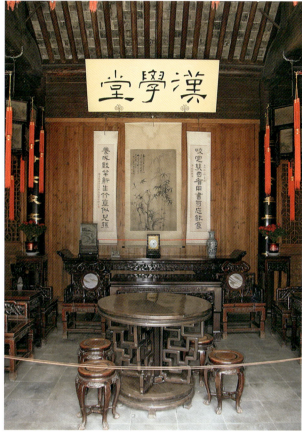

图 6-7-3　汉学堂

图 6-7-4　汉学堂构架

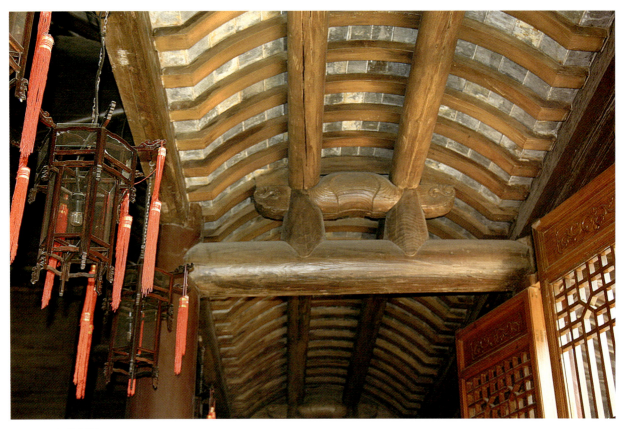

图 6-7-5 汉学堂前轩

相似，但有卷杀、挖底的梁形处理都与江南较为接近。脊檩下置连机，上金檩下无附设构件，下金檩下用连机、垫板、老檐枋等，都显示了扬州建筑的特点。前金柱与檐柱间用轩，其构架造型也与江南稍异（图 6-7-5）。整个构架造型简练、饱满，具有明代建筑的遗风。

正厅之后是两进楼房，面阔均为五间，深七步架；也都采用了走廊分隔的方法，形成中间天井连以东西跨院的格局。楼房底层明间用于内堂，铺方砖地坪；次间用作卧室，铺木地板。明间与次间间安板壁分隔。楼层各间亦为居室。前楼相传是黄至筠次子黄奭夫妇的居所，内堂悬"勤博"额（图6-7-6）。后楼据称是四子黄锡禧的居所（图 6-7-7）。

中路建筑的两旁都布置了火巷，以分隔相邻的两路建筑，同时也形成贯通前后的通道。

（二）东路建筑

东路前后亦为三进。

第一进是当年黄家接待一般性来客和处理日常事务的地方，称清美堂（图 6-7-8）。建筑面阔三间，进深八步架，前后用轩。主体梁架圆作，梁头有剥腮处理，即当地所谓"圆堂扁作"。堂前正面及两旁设游廊，由此围合成院。

第二进是宅中的餐厅，面阔三间，进深六步架，前后廊。内部构架圆作，用料粗壮，梁头作弧线卷杀。餐厅前两侧设走廊，廊深两步架，前檐装槛窗，当地称之为"披廊"（图 6-7-9）。

餐厅之后为厨房，建筑面阔三间，深七架，中柱落地。其前用披廊。原先厨房已废弃，现按传统布局作了恢复（图 6-7-10）。

（三）西路建筑

西路所遗存的建筑也是前后三进，布局与中路相仿，前面为厅堂，后置两进楼房。前堂称清颂堂（图 6-7-11），建筑面阔五间，用左右走廊分隔，形成明三暗五格局。厅堂高敞，陈设精美。前院两侧廊墙之上嵌有四方磨砖大花窗，是典型的扬州风格（图 6-7-12）。透过窗棂花砖可见小天井内疏竹、腊梅，

图 6-7-6 前楼内堂

图 6-7-7 后楼内堂

图 6-7-8 清美堂

图 6-7-9 餐厅

图 6-7-10 厨房

图 6-7-11 清颂堂

图 6-7-12　磨砖大花窗

清雅之极。堂后两进楼房均为五楼五底,明三暗五布置,前楼据说当年为主人黄至筠的居室,后楼则是其女儿的卧房。

二、花园部分

住宅之北即为花园部分。园林以竹石取胜,中部宜雨轩为园林的主体建筑,为周览园中全景,选用了四面厅的形制。建筑面阔三间,进深五步架,四周绕以回廊。上覆歇山顶,四角微微上扬。四面通透的窗子可将不同的园景都收纳于户牖之间,其南可欣赏南侧春景;背面近水远山,以抱山楼为对景;东、西两侧则有湖石假山和黄石假山构成的景致。而园内巧妙布置,用山石象征四季,以游线贯穿诸景,旨趣新颖,结构缜密,让其声名远播。

从住宅进入园林,入口是一圆形月洞门。门上题"个园"石额,两侧粉墙楼窗。墙前砖砌花坛中栽种疏竹,缀以石笋,既点明园林以竹为主题的特色,也蕴含着初春已至,万物更新的意味(图6-7-13)。门内山石、丛树,花坛、牡丹,似乎已经到了春意盎然的时节(图6-7-14)。若时值当季,身处宜雨轩,定能欣赏到群芳吐艳的繁华。循园路北行,西折,南侧有大片竹林,幽深、繁茂的竹林呈现出生机勃勃的春天景象。

竹林对面,花园的西北隅是一座玲珑的湖石假山(图6-7-15),山前有池,山下有洞(图6-7-16),水面架曲桥,山顶置鹤亭。亭畔老松虬曲,枝叶葱郁。池中游鱼嬉戏,极富情趣。背阴细流落池,叮咚作响。湖石假山则叠为云翻雾卷之状,利用石面的凹凸不平和瘦、透、漏、皱特性,生动模拟了夏天的景致。远观舒卷流畅,巧如云、如奇峰;近视则玲珑剔透,似峰峦、似洞穴。山上磴道盘旋,向东可接长楼与黄石山相连。

湖石假山之东是一座七楹长楼,楼廊外悬"壶天自春"额,楼中题为"抱山楼"(图6-7-17)。建筑面阔七间,进深六步架,楼层东、南、西三面设为楼廊,上覆歇山顶。这座长楼联系了夏、秋两山,犹如左拥右抱两山于胸前,故名抱山楼。

抱山楼西是用黄石堆叠的假山。山石粗犷,拔地而起,险峻摩空,嶙峋山石构成苍古奇拙的画面(图6-7-18)。山顶建拂云方亭(图6-7-19),从抱山楼的长廊,可抵方亭。山上设三条磴道,中间一路可以深入群峰之间,或下至山腹的幽室。山洞

图6-7-13 入口修竹石笋

图6-7-14 门内花坛丛树

图 6-7-15 湖石假山

图 6-7-16 假山石洞

图 6-7-17 抱山楼

图 6-7-18 黄石假山

中有石室、石凳、石桌、山顶洞、一线天，还有石桥飞梁、深谷绝涧。

在个园东南隅是一座面阔三间的小厅，称透风漏月，厅前高墙下堆筑宣石假山，因山石内含石英，迎光则熠熠发光，无论是近观或远看，都似残雪未消，山侧几株腊梅更是烘托出冬天的特色，故被看作冬天的象征（图6-7-20）。小厅向南可以观赏宣石假山，北窗之外则有黄石山景，所以也被以为此即为原初的看山楼。

在透风漏月轩前院的西墙上，开设了一圆形洞窗，将隔墙个园园门前的翠竹花坛透露到了院内（图6-7-21）。被认为是在暗示当人们感慨严寒的萧瑟或一年终了之时，和煦的春光又将来临。

三、丛书楼

在宅第与园林之间，还有一座两层小楼，称之为丛书楼（图6-7-22）。相传是黄氏的书房所在，也藏有大量珍贵的书籍。也有以为丛书楼及个园内不少景点，其实源自东关街南的书屋。在清朝前期街南书屋曾闻名一方，藏书有"甲大江南北"之称。黄氏在营建个园之后不久，又收购了街南的书屋及其园林小玲珑山馆，于是将其中的景点提额重新用于个园之中。

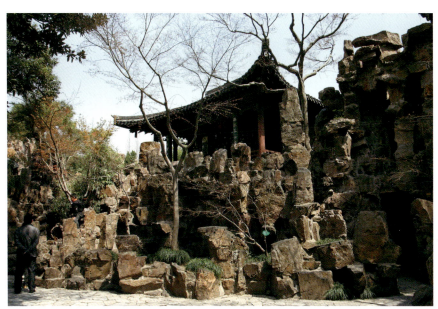

图6-7-19 拂云亭

图6-7-20 宣石假山

图6-7-21 透风漏月轩前西墙洞窗借景

图6-7-22 丛书楼

第八节 水绘园

水绘园位于如皋县城东北隅。

一、沿革

水绘园是邑人冒一贯的别业，始建于明朝万历年间，历四世至冒辟疆时始臻完善。冒辟疆（1611～1693年）为明末清初的文学家，出身于仕宦之家。其幼年随祖父在任所读书，14岁就刊刻诗集。崇祯时副榜贡生，原本当授官职，但因时局动荡而被推辞了，且自持才气，过着青溪白石、名姬骏马的生活（图6-8-1）。入清之后，冒辟疆易园为庵，康熙十九年（1680年）园内失火，劫后的水绘园日渐衰败，道光时有人来游，但见断垣残壁，感慨万分，赋诗云："一代风骚主坛坫，百年云物剩蒿莱；数椽茅屋留香火，无复斜阳燕子来"。后冒氏族人将其地改作家祠（图6-8-2），园稍作修复。仅存水明楼、雨香庵等清代建筑。

二、布局

原初的水绘园门前有小桥，桥堍建亭，亭侧是"芙藻夹岸、桃柳交荫"的画堤。入门沿水阁前行数十步，有妙隐香林，由此向左可达壹默斋（图6-8-3）、枕烟亭诸景；向后可到寒碧堂（图6-8-4～图6-8-6）。堂前有洗钵池，因宋代大学者曾肇儿时在此习文洗钵而得名。池前是逸园，右边通向中禅寺，庙中有曾肇读书的隐玉斋遗迹。这里绿荫匝地，极为幽邃。其前是东向面水的楼阁，称佘氏壶岭园。由此缘水向北。为小浯溪，因小溪在芦荡中隐现穿越，犹如楚地浯溪，故名。由小浯溪西行，

图 6-8-1　冒辟疆与董小宛像

图 6-8-2　水绘庵入口

图 6-8-3 壹默斋
(a) 陈设；(b) 中堂

图 6-8-4 寒碧堂
(a) 内景；(b) 外观

图 6-8-5 构架
(a) 廊轩；(b) 内四界

图 6-8-6 内装修
(a) 冰纹圆罩；(b) 飞罩；(c) 落地竹罩

就可抵达鹤屿，上建小浯亭（图6-8-7），月鱼基，相向矗立。此处北靠城垣，南邻悬霤峰。稍东有烟波玉亭，取李贺诗意而得名。由烟波玉亭向上有湘中阁、悬霤山房，高下错落。向西可达石洞，由石洞之中透过石隙可领略涩浪坡的山水景致。坡宽十丈，用山石排布，坡上苔痕、石纹犹如天然图画。坡下有石渠，常被用作曲水流觞游戏。再上就到了悬霤峰。峰顶平坦如台，可置酒其上，或于此弈棋，抬眼四望，则水绘园山水烟岚尽收眼底。悬霤峰西侧是镜阁（图6-8-8），巍然高耸。北侧有土山，山后建碧落庐。由碧落庐向西过竹桥即回到鹤屿，过鹤屿向东就回到了逸园。

三、现状

随着岁月的流逝，水绘园也发生了变化（图6-8-9），许多景物也已不存，留下的仅有"波烟玉亭"、"寒碧堂"、"悬霤峰"、"小浯亭"、"壹默斋"、"水明楼"等建筑。周围景致多为近年来修复、增葺而成。

四、特色

冒辟疆营造的水绘园依城而建，不设垣墉，环以碧水，园中凭借水流于地面，自然地形成一幅幽静美丽的图画。这里，有画堤的两岸夹镜、浯溪的窈窕、香林的妙隐、似镜浮的茅亭、洗钵池的空明和屿地的不羁，水中倒映着冬季的"碧落"、早春的"寒碧"、夏日的"悬霤"、爽秋的"波烟玉"，更有那迟疑的涩浪坡和恬淡的枕烟亭。园中以洗钵池为中心，池水四方分流，把园分为数块。再加上水中洲，在其回环的水道上，疏疏落落地建有一堂、一房、一斋、一庐、二阁、三亭，剩下的就全是水景了。

是园以水为贵、以倒影为佳，而其以园言志、以园为忆，并融琴棋书画、博古曲艺于一园的特色（图6-8-10），更是以显示它是一处饶有书卷气的"文人园"。

图6-8-7　小浯亭　　　　图6-8-8　镜阁

(a)

图 6-8-9 现状
(a) 水绘园入口；(b) 水绘园远眺

(b)

图 6-8-10 庭院

江苏古建筑

第七章 学宫

江苏现存学宫、文庙分布图

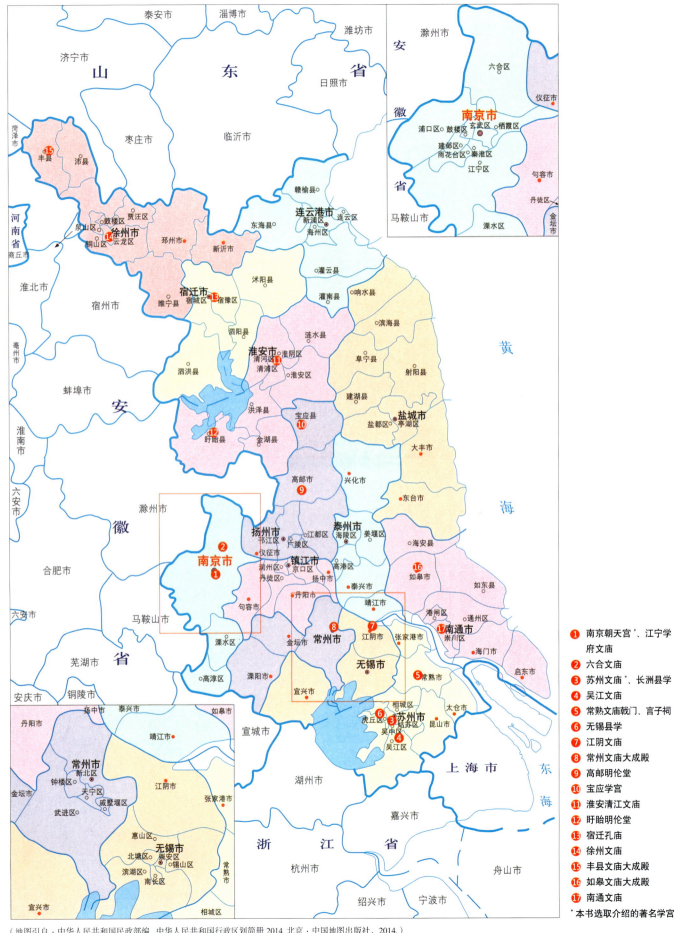

1. 南京朝天宫*、江宁学府文庙
2. 六合文庙
3. 苏州文庙*、长洲县学
4. 吴江文庙
5. 常熟文庙戟门、言子祠
6. 无锡县学
7. 江阴文庙
8. 常州文庙大成殿
9. 高邮明伦堂
10. 宝应学宫
11. 淮安清江文庙
12. 盱眙明伦堂
13. 宿迁孔庙
14. 徐州文庙
15. 丰县文庙大成殿
16. 如皋文庙大成殿
17. 南通文庙

* 本书选取介绍的著名学宫

（地图引自：中华人民共和国民政部编.中华人民共和国行政区划简册 2014.北京：中国地图出版社，2014.）

第一节 概述

学宫是古代官府所立的学校，有别于私人讲学的书院及启蒙的私塾。学宫之旁常常设有祭祀至圣先师孔子的殿宇，所以也被称之为文庙，甚至称其为孔庙。

学宫形成于西周时期，是周天子设立的大学，专门教授国子和贵族子弟的场所，与"辟雍"意义相近。但秦汉之后其形制已经出现了相当的歧义。直到宋代的景祐初，范仲淹知苏州时，奏请建孔庙，并将庙西辟为府学，自此开创了庙、学一体的新制，后为其他地方所效仿，遂有各地州（府）学、县学，故被认为"天下有学自吴郡始"。正是由于学宫之中包含祭祀孔子的庙宇，在某个特定的时节会进行隆重的纪念活动，且在平日也允许社会各式人等进入瞻仰，所以也就被称之为文庙。

而孔庙只是为祭祀孔子而设立的庙宇。最初，孔庙只是其故里（今山东曲阜市）百姓每年"奉祠孔子"的场所，"诸儒亦讲礼乡饮大射于孔子冢"，"后世因庙藏孔子衣冠琴车书"。到了汉代，因刘邦经过鲁地，用太牢进行祭祀，尤其是武帝时董仲舒提出了"罢黜百家，独尊儒术"之后，孔子的学说——儒学渐成我国主流意识，甚至作为官方思想，以至于"诸侯卿相至，常先谒然后从政"。盛唐时，由于朝廷的推崇，不仅在曲阜建构起三十六间庙宇，同时也向全国下令，在州、县一级的治所兴建孔庙以进行祀奉，渐使孔庙遍布全国。

学宫一般由三组建筑构成（图 7-1-1）。中路是以大成殿为中心的祠祀建筑组群，由前至后分别为棂星门、大成门、戟门、大成殿和尊经阁。大成殿前设两庑，与戟门相连，庑后设整治祭品的六所；东路有举旗掌号亭、报鼓亭、射圃、燕寝、启圣宫门和启圣宫等建筑；西路沿轴线设进贤楼、仪门、明伦堂，进贤楼前左有金鼓亭、右为掌号亭，明伦堂前左有中军厅、右为旗鼓厅，前是左、右学舍。学宫之前一般还设有半圆形池塘，称之为泮池（图 7-1-2）。

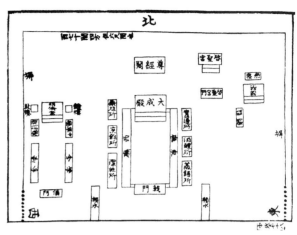

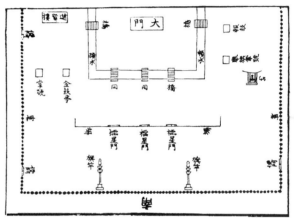

图 7-1-1 明《朱氏舜水谈绮》所载的江南文庙

第二节 苏州文庙

苏州文庙始创于北宋景祐二年（1035 年），为范仲淹任苏州知州时所建，其地五代时为吴越钱氏南园的一部分，范仲淹改革旧制，首创将官学与祭祀孔子的庙宇合为一体的格局，"左为广殿，右为公堂，泮池在前，斋室在旁"。此后为各地效仿，成为各州学、县学的规制。后经多次拓展、修葺、重建，其规模最大时占地近二百亩（约 133340 平方米），时有江南学府之冠的赞誉。清末废除科举，兴办新学，文庙遂日渐芜败。20 世纪之后因周边卧龙街（今人民路）拓宽，三元坊、南园一带的建设，文庙中的不少建筑被陆续拆除，范围逐渐缩小，现有面积仅为盛时的 1/6 左右，留存的建筑有戟门、大成殿、崇圣祠、明伦堂、棂星门等。中轴上的棂星门原先位于戟门之前，因道路拓宽和文庙前部被

图 7-1-2 泮池

其他建筑所占用，今被搬至戟门之后。大成殿两侧用游廊替代了两庑。西轴线上的明伦堂和东西两庑为旧有之物，其周围也添建了不少附属建筑。东面的建筑已经不存。

一、大成殿

大成殿是文庙的主体建筑，始建于南宋绍兴十一年（1141年），明朝中期苏州知府况钟重修。

建筑面宽七间，进深六间，重檐庑殿顶，苏地称之为重檐四合舍（图7-2-1）。殿宇建于高大的阶台之上，正间与两次间用隔扇门，梢间尽间砌为出檐墙，上辟一圆形漏花窗。檐庑不作推山，正吻与梢间屋架齐。正间檐下置四朵桁间牌科，次间置三朵，梢间两朵，尽间为一朵。下檐的桁间牌科用三出参十字科；上檐用琵琶科。屋面铺黄色琉璃筒瓦。上檐用正脊和四条水戗（斜脊），下檐在四条水戗根部施以赶宕脊（歇山屋顶侧面与斜脊呈45°相连的脊。北方称博脊）。

殿内正间与次间下檐柱与步柱间架设深三界的扁作川梁，上立上檐柱（图7-2-2）。梢间及后檐各间的上檐柱落地，上下檐柱间用廊川。上檐柱与步柱间架设双步梁和眉川。川梁之下用随梁枋，双步梁之下用双步夹底拉结檐柱与步柱。前后步柱之间架扁作六界大梁、四界梁和山界梁，其上架桁条、椽子承托屋面（图7-2-3）。大梁之下用水平枋拉结前后步柱。外圈檐柱之下用联磉覆盆柱础，柱与磉之间垫以石櫍（图7-2-4），内柱之下在柱与磉之间垫以木质鼓形柱础（图7-2-5）。

大成殿阶台之前设有面阔五间的露台，上用石栏相绕（图7-2-6）。石栏止于阶台，正面及两侧设副阶沿（台阶），正面副阶沿踏步较宽，当中用石版，雕龙纹。其余仅用踏步。

图 7-2-1　大成殿

二、戟门

戟门为明代成化年间（1465～1487 年）重建，清代大修。原先戟门东西各连三间掖门，20 世纪 50 年代拓路时拆除了东首第一间。之后掖门前后檐加设了半墙、窗户等，被改造成了工作用房。

戟门面宽五间，进深六界，硬山顶（图 7-2-7）。檐柱与脊柱落地，正间与两次间在脊柱间辟门，边间在脊柱间用板封护。脊柱与檐柱间前后均用圆作三步梁，其上用短柱承双步、短川，上架桁条、椽子以承屋面。三扇大门为"将军门"式，门前置鼓状砷石（图 7-2-8）。正间额枋之上用阀阅（门簪）一，上支竖匾，书"大成门"（图 7-2-9）。脊桁之下与脊枋间，置斗六升牌科（图 7-2-10）。檐柱斗盘枋上施用牌科，桁间用五出参十字科，正间用桁间牌科四朵，余用三朵。柱下为覆盆连磉柱础，磉与柱之间垫以鼓状石础。屋面铺小青瓦，施用正脊和竖带。

戟门阶台高大，正面的正、次间前均设副阶沿，正间前后的副阶沿较宽，置用雕花石版（御路）；两侧为踏步；背面仅正间当中设副阶沿。

三、棂星门

棂星门始建于元代至治二年（1322 年），明成化年间重修。为八柱，七间的冲天石牌坊(石柱出头)（图 7-2-11），高 8 米，宽 25 米。其正间、梢间辟为门洞，两门洞间和尽间用清水砖砌断。棂星门的青石柱枋上镌刻龙凤、云鹤、花卉如意图案。清水砖墙上也刻有精美的装饰图案（图 7-2-12）。

原先棂星门位于戟门之前，20 世纪 70 年代被拆建到目前位置。

图 7-2-2　檐柱与步柱间的构架　　　　　图 7-2-3　两步柱间的构架

图 7-2-4　檐柱柱础　　　　　　　　　　图 7-2-5　内柱柱础

图 7-2-6　露台及石栏、踏步　　　　　　图 7-2-7　戟门

图 7-2-8 砷石（左）
图 7-2-9 阀阅（右）

图 7-2-10 脊桁与脊枋间的斗六升牌科　　图 7-2-11 棂星门

(a) (b)

图 7-2-12 棂星门的清水砖墙
(a) 砖雕图案；(b) 砖雕角饰

图 7-2-13 明伦堂

四、明伦堂

明伦堂建于明代，是西路的主体建筑，是府学的讲学厅。

建筑面阔七间，进深十界，殿庭式硬山顶（图7-2-13）。阶台低矮，前面不设副阶沿。当中正间和两次间置格子门，两梢间和尽间砌半墙，上置格子半窗。檐下用斗六升桁间牌科。屋面用小青瓦，设正脊和竖带。

室内檐柱与步柱间架圆作双步、短川。前后步柱间架六界大梁、四界梁和山界梁，其上架桁条、椽子承托屋面。由于殿庭的建筑规模较之厅堂更大，并有装饰的要求，所以建筑虽用圆作，但室内仍施用牌科。在双步与夹底之间加设了斗三升牌科、大梁、步桁与水平枋之间脊桁与脊枋之间都加设了斗六升牌科。

第三节　南京朝天宫

朝天宫位于今南京秦淮区朝天宫街道水西门，相传在春秋时期，吴王夫差曾在此置冶铸作坊以生产兵器，并修筑城墙，所以朝天宫所在的小山因此而被称作冶山，由城墙合围的城市被叫作冶城。时至三国，孙权以建业为都，也将冶山作为铸造铜铁器的场所，设置冶宫。东晋初，这里成了王导的西园。某年因王导生病，听信了方士之说，遂舍宅为寺，出现了冶城寺。后桓玄占领建康，废寺为苑，在此"广起楼榭，飞阁复道，直连冶城"。南朝时，这里设置了总明观，形成国家级的集藏书、校书、教学和研究为一体的学术机构。唐时，冶城山上建太清宫。五代杨吴武义二年（920年）改名紫极宫，开建钟阜轩。南唐时，在紫极宫之西又立武烈帝庙。北宋年间在此建文宣王庙，冶山建文庙自此始。不久改为天庆观。明初洪武年间（1384年）重建后才改名为朝天宫，并建有习仪亭。在明代，朝天宫一直是朝廷举行盛典前练习礼仪的场所，以及官僚子弟袭封前学习朝见天子礼仪的地方。到明末，朝天宫不少建筑毁于战火。清初这里曾被用作道观，咸丰年间毁于太平天国战争。清同治年间（1862～1874年），重建朝天宫，东边是江宁府学，中部是文庙。

明代的朝天宫占地面积三百多亩，有各种殿堂房庑数百间。据记载，知名的有神君殿、三清正殿、大通明宝殿、万岁正殿等建筑，另有飞霞阁、景阳阁等。大山门东向，据称大山门内有南北碑亭各一座，南碑亭的碑额题字"奉敕重建朝天宫碑"（今被置于朝天宫大成殿丹墀前），北碑亭的碑身已经不存，仅保留了碑座赑屃。

清代康熙、乾隆时期，随着江南社会经济的恢复和发展，朝天宫也逐渐得到重修，规模甚大，"宫观犹盛，连房栉比"。康熙南巡时，曾为朝天宫题写匾额，曰："欣然有得"。乾隆六下江南，曾先后五次登临游览朝天宫，每次都题诗寄兴。如今刻有五首乾隆亲笔题诗，其石碑至今仍完整地立于后山的御碑亭内。

一、文庙布置

今存的朝天宫建于清同治四年（1865年）。李鸿章命江宁知府涂宗瀛在前面开凿泮池，用青石砌池壁和护栏。东、西两侧临街建石础砖砌的三间牌坊，上有楷书"德配天地"、"道贯古今"门额（图7-3-1），相传为曾国藩手书。正面的棂星门为三间四柱的木牌楼，覆黄釉琉璃顶，两侧砌有红墙，正、反两面有砖雕团龙四对，刻工精细，栩栩如生（图7-3-2）。泮池南侧砌为照壁。

棂星门内对面是戟门，东、西设两庑。大成门是由一字排开的三座建筑组成的，当中是大成门，两侧分别为"金声"、"玉振"小门。按过去的礼仪，当中的大成门是皇帝祭孔时出入的，亲王、郡王及一般官员只能走左、右两门。东、西两庑延绵十余间，

图7-3-1 牌坊

图 7-3-2 棂星门

当中辟东、西掖门。

正对大成门的是文庙的主体建筑——大成殿。由于利用了地势的高差，加之大殿自身的体量，形成巍峨的气势。大成殿两侧用三段跌落式游廊，由此围合成文庙的主庭。

大成殿之后设有后殿崇圣殿。文庙的建筑组群到此结束。

二、建筑特色

正殿大成殿面阔五间，外设回廊（图7-3-3）。上覆黄琉璃重檐歇山顶。其下有高大的台基，其前置开阔的露台，上绕以青石栏杆（图7-3-4）。殿宇的前廊两侧用通廊与东西长廊相接，使立面形成了虚实对比。檐柱上端在小额枋下施雀替，大额枋上置七踩斗栱，这些做法能明显看出受北方官式建筑的影响。而建筑的翼角则轻盈上翘，回廊之上施用翻轩等，都显示出强烈的江南风格。

后殿崇圣殿亦为面阔五间，外设回廊（图7-3-5）。由于尺度略小于大成殿，且采用了单檐歇山黄琉璃剪边的绿琉璃屋面，其从属地位得以显现。而利用原有的山势，加筑了高大的台基，造成"益进益高"的效果。同样，主体构架采用了官式建筑的做法，屋角、翻轩的南方处理手法，彼此间得到了相得益彰的融合。较有意思的是在建筑回廊的柱、枋间施用了雕镂精致的挂落飞罩，令原本庄严的殿宇增添了无限的活泼。

大成门面阔五间，下设高大的石砌台基，上覆黄琉璃重檐歇山顶（图7-3-6）。屋身明间和次间脊柱落地，柱枋间辟门。两梢间砌筑檐墙，形成虚实对比。大成门两侧的"金声"、"玉振"小门，又以较小的体量、单檐屋顶陪衬着中间的门殿，突出了主次关系。

在整体上，从棂星门前的照墙到崇圣殿形成一条明确的轴线，建筑顺轴线对称排列，造就了文庙

图 7-3-3 大成殿

图 7-3-4 露台石栏

图 7-3-5 崇圣殿

图 7-3-6　大成门

庄严、肃穆的气氛。而建筑的大小对比、庭院的开阔变化以及顺应地势，并用台基高度调节，不仅让这组建筑组群在庄严之中透露出活泼，同时也保证了"益进益高"的传统建筑处理手法能够得到充分的落实。

三、周边建筑

在文庙的东侧是同治五年（1866年）由成贤街迁建而来的江宁府学。留存至今的江宁府学主体是以明伦堂为主题的四合院，前面为面阔三间、黑瓦硬山顶的门厅（图 7-3-7）。对门是面阔五间、黑瓦硬山顶的明伦堂（图 7-3-8）。两侧置面阔三间的东西厢房。四座建筑用墙垣与游廊围合成院，院内设"十"字形的石板甬路相连，四角植栽花木，使庭院气氛亲切宜人。中庭的东、西辟有跨院，但跨院采用的是南北向的狭长布置。

在文庙西侧原有卞公祠，如今卞公祠已毁。

在崇圣殿以北的山体上如今散布着飞云阁、飞霞阁、御碑亭等建筑。江宁府学北面，围绕冶山则建设了冶城阁、冶心亭、静心轩等景点。

图 7-3-7　江宁府学

图 7-3-8　明伦堂

江苏古建筑

江苏古建筑

第八章 书院

江苏书院、书楼分布图

1. 南京：崇正书院*、棋峰书院
2. 常熟：游文书院、铁琴铜剑楼、笛在月明楼
3. 张家港沧江书舍
4. 无锡：东林书院*、二泉书院、安阳书院
5. 宜兴东坡书院
6. 常州龙城书院
7. 句容华阳书院
8. 扬州梅花书院*
9. 靖江马洲书院
10. 泰州安定书院*、胡公书院
11. 泰兴襟江书院
12. 淮阴荷芳书院
13. 宿迁钟吾书院

*本书选取介绍的书院

（地图引自：中华人民共和国民政部编．中华人民共和国行政区划简册2014．北京：中国地图出版社，2014．）

第一节 概述

春秋战国,百花齐放,诸子所创聚众讲学的传统一直延续。隋唐之后的开科取士更促进了书院的发展,宋代书院大盛。著名理学家朱熹认为"为治所至,必以兴学术、明教化为先","为学之道,莫先穷理;穷理之要,必在于读书"。在他从事教育五十余年的生涯中,不遗余力地开办书院,亲建了考亭书院,在庐山南麓五老峰下创白鹿洞书院,这对各地书院的兴盛和发展起了很大的作用。

儒家特别重视教育。孔子首创私家办学之风,在山东洙水、泗水亲自检编删诗书礼乐,讲学授徒,先后有三千弟子,以后大儒均以创办书院为己任。

重视人才与教育,是中国文化的优良传统,朝廷在兴办官学的同时,对于民间创办私学,也持鼓励态度。当时的书院,主要以培养学生参加科举考试为主。我国四大书院都形成于宋代,白鹿书院原为唐李渤兄弟隐居养鹿处,南唐改为书院,后毁,朱熹重建并亲自主持讲学;岳麓书院在湖南长沙岳麓山下,创于开宝九年(公元976年),朱熹也曾去讲学,有"潇湘洙泗"之誉;石鼓书院在湖南衡阳,至道三年(公元997年)建,清代是黄宗羲讲学的地方;应天府书院在河南应天府商丘,建于大中祥符二年(1009年),范仲淹曾讲学于此。

元代书院继续发展,在数量上有所增长,遍于全国的许多地区。

明代书院的发展经历了沉寂—勃兴—禁毁的曲折道路。由于科举腐败,官学空疏,有志于学术研究的学者纷纷创建书院,讲学授徒,以挽教育颓风。然而"讽议朝政、抨击时弊",使朝廷深感"摇撼朝廷",遂先后四次禁毁书院,严重地残害了学术思想的发展。

清代兴官学,禁书院,书院慢慢走向衰败。直到清末改行新政,始废书院,诏改为学堂,以后又改为学校。

古代书院在我国教育史上具有独特的地位。它对我国文化传承、人才培养、学术研究等方面都作出了巨大的贡献。其特点首先就是其有别于官学的教育理念。书院讲求自由讲学的教育方式,注重以德育为核心的人才培养。一方面,主张在老师的指导下,学生通过"自修—质疑—讨论—自省—自察—躬行实践"的层次进行学习,通过学术演讲、自由辩论、强调自修研究、质疑问难和研究探讨等多种方法的融合使用,培养学生自主独立学习的能力,并挖掘学生的潜能;另一方面,注重学生的道德修养,强调"明人伦"的教育宗旨和理想道德人格的培养,力求其达到"尊德行而道问学"的崇高精神。古代书院的教学理念,为现今的教育提供了很好的借鉴和启示作用。

藏书是古代书院的另一个重要特征。纵观历朝历代的书院,它们都有丰富的藏书,类似于现今的"图书馆"。这些藏书为学生自由读书和独立钻研提供了方便,大力促进了人才的培养。书院热衷于自由研究学问,教学方式多采取启发诱导式,提倡学生自学,博览群书,老师加强指导,授道解惑,学术争鸣气氛比较活跃,促进了封建社会中教育事业的发展。同时,丰富的藏书为后人保存了大量的文化遗产。书院藏书历久不衰,历代相沿,直到最后成为我国近代图书馆和新式学校藏书的一部分,其功不可没。这些弥足珍贵的古籍,有助于民族文化的流传,为后人的学术研究工作提供了极大帮助。

书院的选址值得特别注意。它不像文庙学宫多在城市,有官家的显赫,也不似置于深山的佛道寺观,以出世脱俗为本,而是以入世之心,追求身心和畅为最重要,多选在城郊山环水绕、林生草长之胜境,"无市井之喧,有泉石之胜,真群居讲学循迹著书之所也"(朱熹),深刻体现了中国文人既入世又脱俗的生活理想,反映出特有的一种士文化精神。这种情怀,又不只停留在物质的表面层次,而是富有其精神性的内涵。所以书院之选址其实是寓教化于游憩之中,不能简单地理解为气候良好、空气清洁、风景优美等。除自然佳胜外,书院也很注重人文环境的建设,故书院除堂庑斋舍外,必有池庭院圃为游憩用,院中常见名贤手迹的匾额、对联、箴语、警句等,对于造就斯文之境起着重要作用。

书院多坐北向南，前低后高，典型的布局是沿中轴线顺布置大门、讲堂、藏书楼和先师堂，有的在大门、讲堂间增设二门，斋舍设在左右二路，为多条长屋，平行于轴线。院中的林木多见坚强不阿的松、柏、槐、槲，而独不见艳桃弱柳。中国古人之精于环境选择与建设，于此亦可见一斑。

第二节 无锡东林书院

东林书院，位于江苏省无锡市解放东路867号，是江苏省最著名的书院，有"天下言书院者，首东林"之赞誉。东林书院创建于北宋政和元年（1111年），是当时为北宋理学家程颢、程颐嫡传高弟、知名学者杨时长期讲学的地方。后废。明朝万历三十二年，也就是1604年，由东林学者顾宪成等人重新修复并在此聚众讲学（图8-2-1），他们倡导"读书、讲学、爱国"的精神，引起全国学者的普遍响应，一时声名大著。顾宪成撰写的名联"风声雨声读书声声声入耳，家事国事天下事事事关心"更是家喻户晓，曾激励过许多知识分子（图8-2-2），对我国传统文化思想发展促进极大。东林书院成为江南地区人文荟萃之区和议论国事的主要舆论中心（图8-2-3）。如今，这里不仅已成为历史的见证，而且还是当地文史馆成员的学术交流之地。2002年全面修复，有石牌坊、泮池、东林精舍、丽泽堂、依庸堂、燕居庙、道南祠等建筑。

图8-2-1 东林书院大门

图8-2-2 古牌坊

图 8-2-3 内堂

第三节 南京崇正书院

南京崇正书院位于清凉山东麓（图 8-3-1），与扫叶楼遥遥相望。1980 年修复。这里原是明代户部尚书耿天台（字定向）在南京做督学御史时（约 1544 年）为讲学而修建。书院依山势分为三进，一殿与二殿由两边回廊相连接，廊壁墙上开各式花窗，东侧廊壁嵌有两块石碑。二殿与三殿间是开阔青石平台，其东侧有一组山水小景。三殿是公园的制高点，放眼周围一片苍翠，抬头远望，方圆百里尽收眼底，进入大厅，四幅大型壁画跃然醒目，再现金陵春牛首、夏钟山、秋栖霞、冬石城之四季景色。崇正书院现为"中华奇石馆"，其内陈列神州各地珍奇石头。

第四节 扬州梅花书院

梅花书院在今江苏省扬州市广储门外（图 8-4-1）。

图 8-3-1 崇正书院大门

图 8-4-1 梅花书院书院入口

扬州设置书院、聚徒讲学的历史源远流长，早在隋唐时，梅花书院儒学大师曹宪在家乡扬州以《文选》"聚徒教学"，弟子李善承其师说，开创了书院教育的先河。到了宋代，尤其是明代成化、嘉靖年间，扬州书院迅速发展。明嘉靖六年（1527年），国子监祭酒湛若水前往扬州考绩讲学，其学生贡生葛涧为之在广储门外建"甘泉行窝"作讲道之所。后改名"甘泉山书馆"，不久废圮。万历时疏浚城河，其地积土成岭，上植梅花，人称梅花岭。到清雍正十二年（1734年），扬州府同知刘重选与大盐商马日琯之子在原址恢复梅花书院，著名桐城派文学家姚鼐应聘到此任掌院，盐运史朱孝纯亦任教于此。同治五年（1866年）盐运史丁日昌在东关街重建书院，由名书画家吴让之书写"梅花书院"雕成石额（图8-4-2）。同治七年（1868年）该处让位于安定书院，梅花书院迁至左卫街官房，即今址。光绪二十八年（1902年）梅花书院改为尊古学堂，两年后改两淮师范学堂，民国元年（1912年）更名江苏省立第五师范学校。20世纪50年代改为梅花小学，70年代为扬州七中，1980年改办扬州职业技术学校，如今书院在重新修缮之后被辟为扬州书院博物馆。

梅花书院现存楠木厅一座，书楼两座（图8-4-3），长廊一条。

扬州安定书院初建于清康熙元年（1662年），在扬州旧城三元坊附近，即今文昌中路文昌阁之东南，直到工人文化宫处。安定书院的掌院有王步青、陈祖范、杭世骏、赵翼等著名学者。安定书院在推动扬州学派形成与壮大上起了很大的作用。在乾、嘉时期，扬州安定书院与梅花书院不仅互用学师，还从外地延师来扬州讲学。作为学术交流的场所，书院推动了学术交流，也推动了扬州学派的形成与壮大。

第五节　泰州安定书院

安定书院位于今泰州迎春路西的江苏省泰州中学内，是北宋教育家胡瑗的讲学旧址（图8-5-1）。

书院又称安定讲堂，创建于南宋宝庆二年（1226年），是江苏最古老的书院之一。之后讲学停止，建筑亦逐渐荒圮。嘉靖初，巡盐御史雷应龙改泰山南麓玉女祠为书院，恢复讲学活动。泰州学派创始人王艮，曾两次主持书院教事。嘉靖九年（1530年），朝廷明令将胡瑗"从祀孔庙，称先儒胡子"。泰州因此建起两座专祠，以崇祀胡瑗：一在城东南，一在钟楼巷。明末清初，书院、两座专祠均已残破。清康熙间两度重修。乾隆五年（1740年），知州段元文将书院改名"胡公书院"，之后又有修葺。咸丰间书院停课，房屋荒废。光绪五年（1879年）大修，书院、祠屋共有房54间。清末，废科举，书院停办。光绪二十九年（1903年），知州侯绍瀛兴办泰州学堂，民国后在泰州学堂旧址先后兴办泰州中学堂、私立淮东公学、江苏省立代用中学、私立时敏中学、江苏省泰州中学等。20世纪50年代为江苏省泰州中学，现为江苏省泰州中学附属初中老校区。

据史料记载，清光绪间书院前设三间大门，左右有八字照墙、东西过街辕门。其后为正厅，两侧各为执事厅一进。之后又有藏书楼一座，斋舍三进。现存建筑前后两进，第一进正厅，面阔三间四周带回廊，上覆歇山顶（当地人称蝴蝶厅）。正厅之后左右为新添回廊，与后厅相连，形成一小型院落。其后有新建的环碧亭、辟荷池、架板桥等，形成园林景致。书院西侧有一株古银杏，传为胡瑗手植，已有960多年的历史，如今依然枝繁叶茂。

图 8-4-2　梅花书院门额

图 8-4-3　书楼内陈设

图 8-5-1　安定书院

江苏古建筑

第九章 会 馆

江苏著名会馆分布图

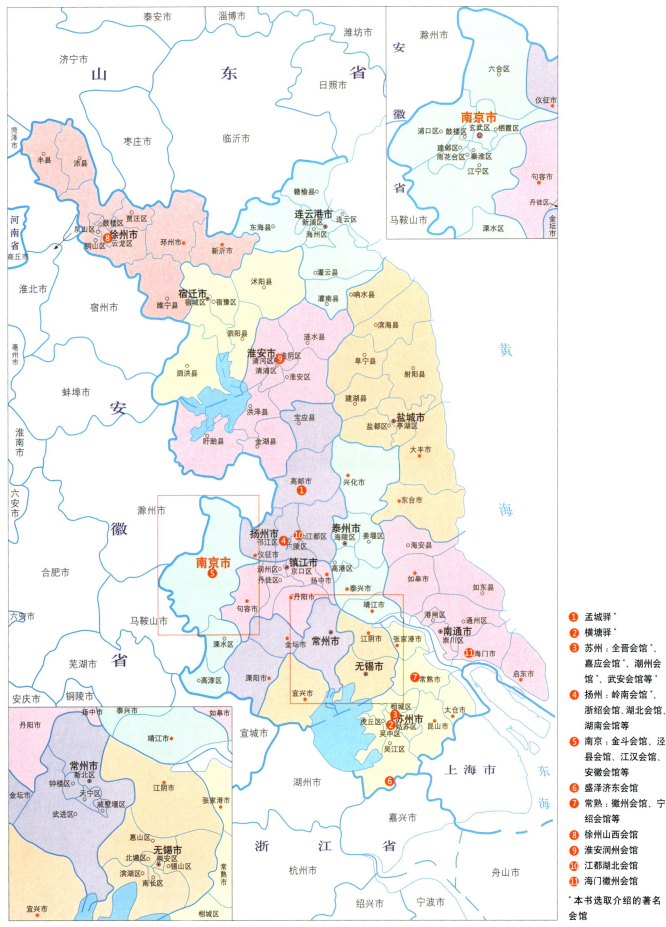

1. 孟城驿*
2. 横塘驿
3. 苏州：全晋会馆*、嘉应会馆*、潮州会馆*、武安会馆等*
4. 扬州：岭南会馆*、浙绍会馆、湖北会馆、湖南会馆等
5. 南京：金斗会馆、泾县会馆、江汉会馆、安徽会馆等
6. 盛泽济东会馆
7. 常熟：徽州会馆、宁绍会馆等
8. 徐州山西会馆
9. 淮安润州会馆
10. 江都湖北会馆
11. 海门徽州会馆

*本书选取介绍的著名会馆

（地图引自：中华人民共和国民政部编.中华人民共和国行政区划简册2014.北京：中国地图出版社，2014.）

第一节　概述

会馆是指明清兴起的同籍贯或同行业的人在异地所共同设立的馆所，供同乡同行聚会、寄寓之用。

"馆"字早已使用，指接待宾客的屋舍，如《诗·郑风·缁衣》云："适子之馆兮"。接待宾客的人称"馆人"，供应宾客的饮食称"馆谷"。会馆一词最早见于明代，也与宾客有关，是指接待同乡人活动食宿的地方。其实早在汉代，长安已有类似的专门接待乡党的"邸舍"。

从明代起，随着商业交往大大增加，为了团结同乡工商者，联络乡谊，维护共同利益，对付本地人的欺凌，在较大城市如京城和工商口岸等开始建立会馆，既是临时旅居之所，又是办理乡党公共事务的地方，称同乡会馆。此"同乡"亦非囿于一地，往往包括相邻、相关的地域，如湖广会馆、两广会馆、山陕会馆等。还有一种会馆，不以地域而以行业划分，称同业会馆，近代又称同业公会，也是为了防止外业欺压，办理行业内部公共事务，维持业内规矩而建。同乡或同业会馆又往往与祠祀类建筑结合起来，如广州陈家祠堂和佛山祖庙，就兼有同乡或同业会馆的性质。

会馆除旅居和办理事务外，作为具有一定共性人群的公益性建筑，也必有维系感情的功能，所以还会有戏台、大厅，供聚会宴饮；又常有乡贤祠，以令本乡人骄傲的先贤为共同的精神核心，增进乡谊共识。为彰显本乡实力，更因工商业者炫示资本雄厚的心态，会馆建筑常不惜费用，大事铺张，较之祠堂等比较严肃沉静的性格，更具强烈的外向性，有时竟成为所在地最为显赫的建筑。会馆的建筑风格常与所在地一致，但也有专以本乡本土风格傲视他乡者。

民国期间，会馆越来越多，清末北京外城就有上百座。各地较著名的会馆又以当时足迹遍全国的山西、陕西商人所设的山陕会馆为多。江苏自古便是富饶之地、鱼米之乡，商业繁荣，引得全国各地的商人不断云集此处，从事商业活动，会馆也应运而生。

第二节　苏州全晋会馆

苏州的全晋会馆是当地的山西钱业商人于清乾隆三十年（1765年）创建的，最初在虎丘山塘街。后毁，清光绪年间（1875～1908年）山西丝、茶商人重建于中张家巷。如今它是苏州现存最为完整的一座，其规模之大、雕饰之美亦是其他会馆中较为少见的。

会馆沿街设门厅三间，进深六界，脊柱间辟门（图9-2-1），正间门前置砰石，大门前后用翻轩（图9-2-2，图9-2-3），其轩梁雕饰精美。门前八字照墙，墙体抛枋（图9-2-4）、勒脚（图9-2-5）施用精美的砖石雕刻。原先大门对面还有照墙，沿河设置河埠，如今均已不存。门厅两侧上方各有一座鼓吹楼。

入门沿轴线是戏楼、戏台（图9-2-6）、东西厢看楼以及会馆大殿。戏楼、戏台以及东西厢看楼是紧密相连的几座建筑，戏台为歇山顶，檐下上额枋雕饰戏文、龙凤、花卉，斗拱木雕贴金，光彩夺目。正面悬木雕花篮、狮子各一对。台顶穹隆形藻井由632个木雕构件榫卯组成旋转放射状纹饰（图9-2-7）。与戏楼相对的原会馆大殿于1976年毁于火灾，1986年修缮时利用原灵鹫寺梁柱构件建，建成五开间单檐歇山式殿堂。

原中轴线两侧都有建筑，现存东路四进的厅堂以及点缀其间的山石、曲沼、花木（图9-2-8）。

图 9-2-1　会馆大门

图 9-2-2　前轩

图 9-2-3　后轩

图 9-2-4　墙体砖细抛枋

图 9-2-5　墙体石雕勒脚

图 9-2-6　戏台

图 9-2-7　戏台藻井

图 9-2-8　西路花园

第三节　苏州嘉应会馆

苏州嘉应会馆位于苏州胥门外枣市街东端，创建于清嘉庆十四年（1809年），建成于嘉庆十八年（1813年），原系广东嘉应州（今梅州市）所属兴宁、平远等五县城乡商贾集资建造（图9-3-1）。现存建筑前后三进，左右三路。中路一进为正门，其背后设有戏台，左右为厢楼（图9-3-2）；二进是面阔三间的正厅（图9-3-3），两侧各联一间附房，并以一间游廊与前面厢楼连接（图9-3-4）；三进是后楼（图9-3-5）。东路是四进两开间的平房；西路与东路相仿，唯第四进用楼房（图9-3-6）。建筑构造采用苏地传统方式（图9-3-7）。

2007年，嘉应会馆租与台湾佛光山美术馆，建筑进行了全面整建，中路前面两进辟为五个展室，古戏台用在艺术表演，东西路布置图书馆、阅览室等，还有专为参禅、静坐所设的洞窟禅堂。

(a)

(b)

图9-3-1　嘉应会馆
(a) 鸟瞰；(b) 一进正门

图 9-3-2　戏台及左右厢楼

图 9-3-3　正厅

图 9-3-4　正厅旁的附房及游廊

图9-3-5 后楼

图9-3-6 西路后楼

图9-3-7 构架
(a) 正厅梁架；(b) 游廊构架

第四节　苏州潮州会馆

苏州潮州会馆位于上塘街279—1号。又称潮州天后行宫，清初广东潮州旅苏商人集资创建，初在北濠弄，康熙四十九年（1710年）迁至现址。

会馆头门北向，通体以磨细方砖斜角贴面，给人以秀雅与豪放兼具之感。大门居中，左、右两旁有两边门，大门上额书"潮州会馆"四字。左边门上额书"河清"，右门上额书"海晏"。外墙高约10米，面阔15米，两侧呈"八"字形，门墙两起点相距28米宽，门墙全部用磨细青砖斜角贴面，组成菱状图案。会馆大门左右伫立着两只从潮州运来约有一人高的石狮，石狮是以芝麻石精雕而成。入门为过道，上层即为朝南戏楼。戏台向前突出，边长约6米，歇山顶，内部八角形藻井、垂莲柱、额枋镂雕精致。北侧后台三间，面阔15米，进深4米。整座戏楼与头门合为一体，平面呈"凸"字形。可惜会馆正殿、戏台左右厢楼及其他建筑已不存。

第五节　扬州岭南会馆

岭南会馆坐落在扬州市区新仓巷（原旧名仓巷）4号至16号，是清代广东盐商在扬州议事、聚会、联络乡谊的场所。始建于清同治八年（1869年），光绪九年（1883年）大修增建。

原岭南会馆占地面积近5000平方米，原有屋宇近百间，现今尚存老屋五十余间，原建筑组群布局由东、中、西三路住宅并列，中间夹两道深巷相隔、相通。今岭南会馆中路格局保存基本完整。主屋前后五进，还能显示当年雄势。其面阔皆为三间，分别为门楼、照厅、正厅、殿宇、两旁置披廊，殿后筑楼宅二进。再后为空院和小园，现为小学庭院、教室。在中路建筑中，八字砖雕大门楼与入内朝南的正厅极为考究。朝南大门楼全为清水磨砖砌筑。其格局呈五幅面，四砖柱、八字形、屏风状、牌楼式。正厅为楠木构架，抬梁式，椽子粗实，匠人称之"荷包椽子"，可见用料之考究。

岭南会馆是现今扬州遗存众会馆中最为完整的会馆，所存老屋、碑刻有一定的史证、史艺价值。其精美雕饰可与南河下湖南会馆现存的门楼争葩。

第六节　苏州横塘驿

在我国古代为递送紧急而重要的公文，自很早起就已有了邮驿的设置。后来成为传递官府文书以及往来官吏中途歇宿之所。因而驿栈一般有较大的规模，尤其是在重要的交通要道处。坐落在苏州古城西南的横塘镇彩云桥东的横塘驿，其侧有胥江及大运河，是地为苏州通往石湖、太湖等地的水路要隘，因此被认为是苏州城西南重要的水陆交通孔道。

横塘驿在以前原由馆、楼、庑、台等建筑组成，但在岁月的磨砺之下，绝大部分建筑都已消失在历史的长河之中，目前仅剩一亭。驿亭原为驿站大门，西南临水，平面呈矩形，四角置四根石柱，南北立面的檐枋各有木柱两根，将其分作三间。南北正间为门，次间为近年修缮时加置的栅栏；东、西各开一窗。前后檐桁上架五界大梁，上覆歇山顶（图9-6-1）。

南宋时田园诗人范成大曾有《横塘》诗："南浦春来绿一川，石桥朱塔两依然。年年送客横塘路，细雨垂杨系画船"。可见这胥江与运河的交汇处，历来就是迎来送往的埠头。镌刻于南门左右石柱上的一副楹联："客到烹茶旅舍权当东道，灯悬待月邮亭远映胥江"，所反映的正是当年长亭相别的场景。对联边款所题："同治十三年六月"，则大致能推测横塘驿最后一次修建的年代。

图 9-6-1 横塘驿
(a) 远眺；(b) 仅剩一亭的横塘驿；(c) 内部构架

第七节　高邮孟城驿

孟城驿始建于明洪武八年（1375年），位于高邮市南门外，是目前我国规模最大、保存最完好的古代驿站。孟城驿其实应称作盂城驿，盂城是高邮的别称，取宋代高邮籍词人秦少游"吾乡如覆盂，地处扬楚脊"诗句而名之。

孟城驿在高邮市区南门大街馆驿巷内，始建于明洪武八年（1375年），嘉靖三十六年（1557年）毁于倭火，隆庆二年（1568年）重建。之后时有修葺、改建。今天所见绝大部分建筑为清代重建。

原先孟城驿的规模极其宏大，据记载，驿站鼎盛时期厅房一百多间，有正厅五间、后厅五间、送礼房五间、库房三间、厨房三间、廊房十四间、马神庙一间、马房二十间、前鼓楼三间、照壁牌楼一座。在驿站的北面还有驿丞宅一所，共有房屋十二间、夫厂一所六间房。驿站旁边还有秦邮公馆，有门楼一座、内正堂三间、后厅寝室三间、南北厢房八间。另外，驿站在朝西的运河堤上，还有迎宾的皇华厅一座，有厅三间、差房三间。驿站的东面还有饮马塘。由于历经战争破坏和自然毁损，现尚有息厅、敞厅、后厅、秦邮公馆门楼、驿丞宅及监房等建筑，驿站东南有驿马饮水地的遗址。

现存的建筑占地约有16000平方米，存后厅五间，为明末遗存；正厅四间，为清中期重建；其余则是晚清修筑。20世纪90年代对孟城驿进行了大规模的修整，修复了面阔三间的门厅（图9-7-1）、恢复正厅五间、修葺了五间后厅，并在这三座建筑间连以回廊，形成院落。东侧修复了鼓楼、马神庙、礼宾轩等建筑。

正厅即皇华厅，是传宣政令和迎接过往官员、宾客的厅堂。修整后为面阔五间，单檐歇山顶。厅内梁、柱保留了原有的构架形制。保留的明间的两根柁梁上刻有"年年有余"、"吉祥如意"、"步步高升"等浮雕，反映出明代建筑风格，亦呈现着民俗风情。

后厅称驻节堂，原是驿丞、高邮州官吏接待各方使节、迎接四路宾客的地方。为明末遗构，其梁楹庭柱、门窗隔扇、桌椅几案，处处朴实无华、古色古香。中为接待官员的场所，左有驿丞舍，右为驿卒舍。还有传递文书的批单室。北院有库房、伙房。门外辟有一区花园。

我国古代的驿站的功能是比较复杂，概括起来大约有四个：第一个是邮传的功能，这也是驿站最首要的功能，邮传相当于我们现在邮电局的职能，所以，现代人常说，驿站是邮电的前身，是它的源起；第二个是接待的功能，就相当于我们现代的政府招待所，接待过往官员、各国使节等；第三是漕运的功能，纵贯江苏的大运河在古代是重要的交通孔道，所以当地的驿站大多濒临运河而设，孟城驿在古代就曾担负着南北漕运任务，周围与远方的粮食、食盐，以及各类货物往往都要通过驿站转运；第四则是押解犯人，这也是驿站的一项特殊功能，相当于今天的看守所。

图9-7-1　修复的门厅

江苏古建筑

第十章 佛寺

江苏被列入全国文物保护单位的佛寺、佛塔分布图

❶ 南京：栖霞寺及舍利塔*、灵谷寺无梁殿*
❷ 苏州：西园寺**、寒山寺*、东山紫金庵、寂鉴寺石殿、开元寺无梁殿*、云岩寺塔*、罗汉院双塔*、报恩寺塔*、瑞光塔*、甲辰巷砖塔*、万佛石塔*
❸ 慈云寺塔*
❹ 秦峰塔*
　常熟：崇教兴福寺塔、
❺ 聚沙塔
　镇江：昭关石塔*、
❻ 甘露寺铁塔
❼ 兴国寺塔
❽ 海春轩塔
❾ 文通塔、月塔
❿ 海清寺塔*
⓫ 扬州：大明寺、白塔*
⓬ 仪征天宁塔**
⓭ 南通：广教禅寺、光孝塔**

* 本书选取介绍的佛寺、佛塔

** 本书选取介绍的苏州西园寺、仪征天宁寺塔、南通光孝塔为省级文物保护单位

（地图引自：中华人民共和国民政部编．中华人民共和国行政区划简册 2014．北京：中国地图出版社，2014．）

第一节 概述

寺，创字会意即寸土之地，表示精确，不容猜疑变化，通"侍"与"是"。《说文》云："寺，廷也"，即指宫廷的侍卫人员，《汉书》注："凡府廷所在，皆谓之寺"。寺原是皇帝之下的最高一级办事机构，秦、汉两代建立的"三公九卿"制，三公的官署称为"府"，九卿的官署称为"寺"，即所谓的"三府九寺"。东汉明帝永平十年（公元67年），印度高僧摄摩腾和竺法兰跟随汉王朝派往西方寻找神佛的使臣，用白马驮着佛经和佛像来到了洛阳，两位印度高僧被安排居住在专门接待外国使节的鸿胪寺，以后就鸿胪寺改成了佛教道场，称"白马寺"。这样，洛阳的白马寺就成为中国的第一座佛寺，以后"寺"就成了僧人住所的通称。隋唐以后，"寺"作为官署之称越来越少，而逐渐演变为中国佛教建筑的专用名词。

庙，通"妙"，是敬顺仰止之地。古代本是供祀祖宗的地方，《礼记·祭法》中说："天子至士，皆有宗庙"、"天子七庙，卿五庙，大夫三庙，士一庙。"奉祝皇族祖先灵位者称为太庙，世家或富豪宅邸内奉祀祖先处称为家庙，后世间达圣贤位逝者，也有依律建庙，如孔庙、二王庙等。汉代以后，庙逐渐成为祭祀中国的一切圣贤、神灵的处所，如孔庙、武侯庙、山神庙、土地庙、城隍庙等。佛典中的庙，与上述意义有所近似。《法苑珠林》云："西梵正音名为窣堵波，此土云庙。庙者貌也，即是灵庙也。"此谓于佛灭度后，起塔庙礼拜供养，以示尊重恭敬。

所以寺庙，是人们对佛陀的敬重膜拜之地，是人们宗教信仰的皈依之地。寺庙庄严、神圣不可侵犯，寸土之间，可随顺而不可随意更改，敬顺即得妙法。

从目前所见的史料看，东汉时丹杨人笮融初平四年（公元193年）在下邳所建的浮屠寺、九镜塔是今江苏地区最早的寺庙，寺在下邳城南，寺中有塔，"上累金盘，下为重楼"，据称塔为九层八角，每层皆有飞檐，每面镶有铜镜，塔顶亦有一面铜镜朝天，称为九镜塔。"又堂阁周回，可容三千许人，作黄金涂像，衣以锦彩"（《后汉书·刘虞公孙瓒陶谦列传》）。每到浴佛会时，路旁设席长达数十里，置酒饭任人饮食。来参观、拜佛的百姓达万人之多。其铺排之奢华、场面之宏广、气势之雄伟可见一斑。"上累金盘、下为重楼"的结构，成为我国早期佛塔的基本塔型，而"堂阁周回"的佛寺布局形制也一直延续到唐代。寺庙内所塑的金身佛像也是我国文献上有关佛像铸造的最早记载。

第二节 南京栖霞寺

栖霞寺坐落在南京城东北约20余公里的栖霞山西麓，初名"栖霞精舍"，始建于南朝齐永明七年（公元489年），此后几易其名，唐时称功德寺、隐君栖霞寺，南唐重修改名妙因寺，宋代再改普云寺、栖霞寺、严因崇报禅院、景德栖霞寺、虎穴寺（因栖霞山又名虎穴山），明洪武五年（1372年）复称栖霞寺。清朝末年，太平天国与清兵作战时，栖霞寺毁于战火。现寺为1919年重建。1979年又作修复，现为一方重要的佛教活动场所。

如今的栖霞寺占地面积约四十余亩，寺院依山而建，建筑逐层抬升，格局严整壮丽。寺内主要有山门、弥勒佛殿、毗卢宝殿、法堂、念佛堂、藏经楼、过海大师纪念堂、舍利石塔等建筑，寺后山上为自南朝以来开凿的千佛岩。其中舍利塔以其五代南方塔幢独特的造型在我国建筑史上具有重要的地位；千佛岩则属江南现存唯一的六朝石窟造像，亦为研究我国南方石窟艺术的珍贵实证史料。

一、舍利塔

栖霞寺的舍利塔位于寺庙东南侧。据载隋文帝仁寿元年（公元601年），文帝下令天下八十三州建仁寿舍利塔，栖霞寺塔亦为其中之一，原塔为五层方形木塔，后毁于"会昌法难"。五代南唐（公元937～975年）重建，改作五级八面密檐式石塔。至今石塔依然保留着五代南方塔幢的风貌，成为研究这一时期南方建筑的重要实例。

栖霞寺舍利塔坐于八边形的基座之上，基座外侧绕以勾片造石栏，石栏南侧开口，设台阶以供上下。基座中央为白色石灰岩砌造的石塔，通高18米。自下而上分为塔座、塔身和塔刹三大部分。塔座下部用两层平直条石砌成罨牙，平面上刻海水、鱼、鳖及祥云、龙、凤浮雕，侧面雕缠枝莲、海石榴图案。其上是须弥座，中间束腰部分的转角处立角柱，雕金刚、力士和立龙、怪兽形象；柱间内凹，浮雕为释迦牟尼"八相成道图"；其上下用素平叠涩，最下部雕刻合莲；上部涩平刻狻猊牡丹花。须弥座上置雕有三层莲瓣的仰莲座以承塔身。塔身五层，底层高约3米，八面转角雕作仿木倚柱，柱头设阑额，正中门柱镌刻经文；柱间东西两面分别浮雕文殊、普贤像，南北两面雕作版门，其余四面各雕一尊天王像。阑额之上的撩檐石雕飞天形象。第二层高约1米，再上各层高度逐层减低、内收。上层不设角柱、门窗，每面均雕出两座圆拱形石龛，内雕坐佛一尊。龛下用合莲雕饰，其上置素平撩檐石。各层出檐均较深远，檐口呈柔和上翘的曲线状，上刻莲纹圆形瓦当和重唇滴水，脊端饰龙头。原塔刹已毁，今天所见的，则为1930年刘敦桢先生重新设计，五层，刻有莲花、璎珞等（图10-2-1）。

石塔整体结构紧凑，雕饰华美，采用覆莲、须弥座、仰莲来承受塔身，而基座和须弥座被特别强调出来予以华丽雕饰，是在其之前的密檐塔上未曾见过的，所以被认为其整体构图"创造了中国密檐塔的一种新型式"（刘敦桢《中国古代建筑史》）。

在经历了千余年岁月的风雨侵蚀后，石塔主体保存较好，仅部分檐、座石块坠落损坏。1988年被列为第三批全国重点文物保护单位。

二、千佛岩

舍利塔东，缘山崖是自南朝以来开始开凿的石窟，据统计共有佛龛294个，佛像515尊，号称千佛岩。大部分石窟为主佛一尊（图10-2-2），亦有

图10-2-1 舍利塔

图10-2-2 群佛造像

一佛两弟子或一佛两菩萨以及群佛造像（图10-2-3）。其像有坐有立，姿态各异，造型精美。其中开凿最早、尺度最大的是一尊高约11米的无量寿佛。

相传南朝宋、齐间明僧绍隐逸栖霞，某夜梦山岩间有如来放光，于是发愿造窟，未果。次子明仲璋遵父遗命与法度禅师于永明二年（公元484年）合作开凿石窟，内雕"西方三圣"，即以无量寿佛为主尊，左右侍立观世音和大势至菩萨。坐身无量寿佛像高10.8米，连座高13.3米，观音、大势至菩萨左右立侍，高11米。故该窟被称作三圣殿，亦称无量殿，因其体量，俗称"大佛阁"。窟内佛像的衣褶流畅，身段匀称，精致古朴，保存了南朝佛像的原韵，其镌刻风格也有不少与大同云冈石窟中的佛像相似的地方。后胁侍菩萨毁失，将原舍利塔旁的两尊秀美典雅、高3米余的接引佛移入。现今窟外石砌殿门，亦为世代修葺改建的结果（图10-2-4）。

无量殿成，齐、梁士子、贵族各施财赀，梁大同六年（公元540年），据称殿内有佛光显现，于是朝野震动，贵族们纷纷前来凿石开窟，雕造佛像，渐成规模。之后唐、宋、元、明各代均有增凿，在最晚的一个石窟中，竟出现了一尊手执铁锤与铁錾的石工雕像。据说是佛像的开凿者在雕凿最后一尊佛像时，期限已近但久久不能完成，为免众人因此而遭祸，石匠便纵身跳进龛内，化作一尊一手举锤、一手拿錾的"石公佛"。此说虽有些不经，却也反映了古代工匠在苦难的生活中的黑色幽默。

栖霞山千佛岩石窟尺度相对较小，其窟型较为简单，没有前后室；大多数石窟外看不到附属建筑，甚至未见曾附有木构建筑的痕迹，而那些拥有窟外石砌殿门均为世代修葺改建的，所以可作这样的推

图10-2-3 主佛一尊

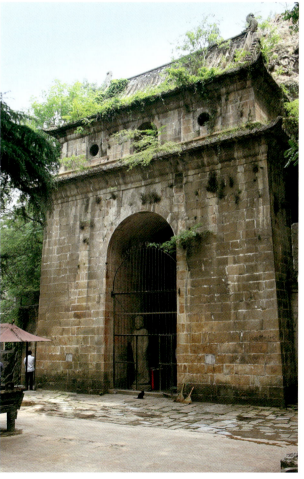

图10-2-4 大佛阁

测：一是这里的石窟最初不用窟外附属建筑；另一是这里的石窟外附的建筑最初就为石砌，随着时间的推移，附属建筑渐渐塌坏，后世仅对其中一部分进行了修葺，且采用的是维修当时的技术与造型。这孰是孰非可能还要在更进一步的考察、研究后才能作出定论（图10-2-5）。

由于长期风化，雕像中许多细微部分逐渐剥落或模糊，民国年间，寺僧以水泥修补千佛岩，使佛像失真，但六朝佛教造像艺术的遗风犹存。这是我国少见的南朝石窟，开凿年代介于大同云冈和洛阳龙门之间，其年代久远、存世稀少堪称我国江南佛教雕刻艺术的珍品，同时亦因其与云冈、龙门同处一个时代而成为研究彼此影响和特征的宝贵实证材料。因而在2001年被列为第五批全国重点文物保护单位。

三、寺院建筑

栖霞寺的创立亦与南齐明僧绍有十分密切的联系。明僧绍出生在山东一个有信佛传统的世族家庭，又有很高的儒学修养，后北方动荡，他随家族南下建康。自宋至齐，多次拒绝朝廷的征辟，并隐逸摄山（即栖霞山），后来法度禅师自黄龙来，于山舍讲《无量寿经》，僧绍特别敬重他，因而修栖霞精舍以奉禅师，永明二年（公元484年）明僧绍去世，其子明仲璋舍宅为寺，永明七年（公元489年）以栖霞精舍为基础，正式创立了栖霞寺。在经历了一千五百余年的沧桑变迁，尤其是清末太平天国战役之后，原有殿宇已荡然无存，现今的寺院建筑均为1919年后重建的。虽然大多数建筑的造型都带有近代流行建筑的痕迹，但其中不少结构依然保持着传统的风格，这是因为以往的寺庙已经基本毁却，一切均需重新开始，而此时的经济无论在宏观上还是在微观上都较为拮据，所以采用民间的传统结构和技术，捎带某些时尚要素，就成了这一寺庙建筑的群体风貌。

现今的栖霞寺入口位于寺庙的西南，与当代的城市干道相衔接，用一座建于20世纪末的四柱三楼传统木石牌坊作为标识（图10-2-6）。过

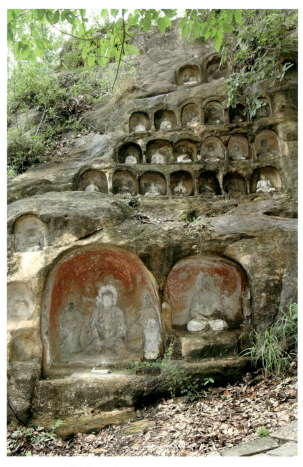

图10-2-5 千佛岩的众石窟

图10-2-6 入口牌坊

牌坊东北百余米,即为面阔五间的歇山顶寺庙山门(图10-2-7)。出山门缘山道前行,左侧有一片面积约3000平方米的水面,如今池中起六角攒尖亭,用石曲桥与池岸相连,亭前水中立观音像。再前,左右为两座体量较大的楼阁——钟鼓楼(图10-2-8)。这组建筑均为近十余年所建,虽可看出希望继承传统建筑的风貌,但不仅是结构上甚至是造型和体量都不可避免地带上了时代的印痕。

过钟鼓楼,迎面是一石栏相绕的半月形池塘(放生池),与池塘相对是寺院天王殿,其间依山势设为开阔的阶梯广场(图10-2-9)。从空间环境看,这里应该是当初的寺院出入口。

天王殿面阔五间,进深八步架,硬山顶。正面砌封檐墙,檐下施清水砖抛枋,檐墙上仅明间和两次间开设一大二小三个券门,造型较为简洁。门上"栖霞古寺"等三方砖额点缀着檐墙,丰富了立面构图(图10-2-10)。背立面明间与两次间安隔扇,边间用槛窗,采用重檐造型,作用是降低下檐檐口高度,使檐下隔扇、槛窗不致因檐口过高而比例失调(图10-2-11)。天王殿内的构架较简单,属于普通抬梁式结构。梁柱结合则与当地做法

图10-2-7 山门

图10-2-8 钟鼓楼

图10-2-9 天王殿前广场

一致，也就是以箍头榫的形式将柱插入梁端，共同承托檩条。稍显特殊的是大梁和三架梁并非等截面的矩形，粗细十分显著（图10-2-12），这反映了建造时寺院的经济状况还不是太充裕，同时当时的修造还是普通的民间行为，所以建筑显现出率性、灵活的特点。

天王殿后的两侧各为一幢面阔五间、两层的砖木结构楼宇，其造型结构及青砖墙面都反映了民国初年民间建筑的特征（图10-2-13）。如今与天王殿遥相对应的是面阔五间、重檐歇山顶的毗卢宝殿（图10-2-14），其中供奉金身毗卢遮那佛，弟子梵王、帝释侍立左右，佛后是海岛观音塑像。该建筑为1979年修复。鉴于殿宇的地位以及重建时的社会、经济背景，其结构、形式都较天王殿更为规矩。毗卢殿两侧亦为与前楼相似的砖木楼宇，因毗卢殿的体量，故建筑后退，使天王殿与毗卢殿之间形成"凸"字形平面，据载，两殿之间原来还有大雄宝殿。

在毗卢殿后，是依山而建的法堂、念佛堂和藏经楼等围合的一区独立院落（图10-2-15）。这些建筑的立面均已受到民国时代的影响而采用诸多新要素，如青砖墙面、砖券窗过梁等（图10-2-16），但构架以及屋顶造型依然保持着我国的传统，这也属于当年的时代特征。

图10-2-10　天王殿正立面

图10-2-11　天王殿背立面

图10-2-12　天王殿构架

图 10-2-13　民国的楼宇

图 10-2-14　毗卢宝殿

图 10-2-15　藏经楼庭院

　　自半月水池向东到藏经楼形成的是一条寺院的主轴，轴线上的建筑组群参差起伏形成空间的变幻，也构成了庙宇殿堂的主体。在这条主轴的东南，就是舍利塔和千佛岩。在其北侧则是千佛斋素餐馆和佛学院。这两组建筑的结构形制已经不再拘泥于传统（图 10-2-17），这反映出"建筑亦可被看作一部史书"的观点。也就是，在尚未理解历史建筑价值的过去，我们不能指望以往匠师的修造中，也像今天一样尊重历史、修旧如旧，于是不同时代修缮的印记也由此而保留在这些建筑之上。其实这些印记，对于后人探寻各个时代的风格特征也是有着极其重要的辨识价值的。

　　栖霞寺在南朝梁武帝年间由僧朗于此大弘三论教义，故被誉为江南三论宗初祖。如今这里是江苏省佛教协会所在地（图 10-2-18）。20 世纪 80 年代初中国佛教协会在这里举办僧伽培训班，是为新中国成立以来中国佛教界规模最大的一次培训班。之后中国佛学院栖霞山分院成立，为今天的僧侣提供了系统学习佛教史、佛教三经、百法明门论、五蕴论、唯识三十论要释、戒律等教义的场所。

图 10-2-16 民国时代的砖券窗

图 10-2-17 不拘泥于传统的近代修建

图 10-2-18 完全是现代建筑的佛教协会

第三节　扬州大明寺

大明寺位于扬州市北郊冈中峰，是一座有着一千五百余年历史的古刹，唐代高僧鉴真和尚东渡日本前即在此传经授戒，该寺是以名闻天下。

一、历史沿革

大明寺始建于南朝宋孝武帝大明年间（公元457～464年），故得名为"大明"。隋仁寿元年（公元601年），文帝杨坚为庆其诞辰，诏令全国建塔以供养佛骨，该寺亦兴建了九层高塔栖灵塔，寺因此也改称栖灵寺，之后寺名多有变化。唐会昌三年（公元843年），栖灵塔遭火焚毁，后屡有兴废。北宋庆历年间（1041～1048年），欧阳修任扬州太守，在其址建平山堂。明万历年间（1573～1620年），扬州知府吴秀重建大明寺，崇祯十二年（1639年）漕御史杨仁愿再次重修。清初经几经扩建，成为当地最具规模的名刹之首，乾隆皇帝在三十年（1765年）第四次南巡时，改题"法净寺"。咸丰三年（1853年），寺庙毁于兵燹。此后，寺院又有多次修建，现寺为清同治年间（1862～1875年）两淮盐运使方浚颐重建。20世纪50年代以来在此基础上进行了多次整修，1980年，为迎接鉴真大师回国巡展，复名"大明寺"。

二、寺院格局

现存大明寺大致可以分为四大部分。中部沿轴线排列着寺庙建筑；其西有平山堂、谷林堂一条轴线，以及西花园诸胜；寺东为平远楼、鉴真纪念堂；再东是近年兴建的卧佛殿、弘佛亭（图10-3-1）、佛塔等建筑（图10-3-2）。

三、寺院建筑

寺门南向，门前是一座四柱三楼的木牌楼，明间上、下枋之间嵌有"栖灵遗址"，为清光绪年间盐运使姚煜所题。牌楼前的一对石狮，原是重宁寺的遗物，20世纪60年代移至此处（图10-3-3）。牌楼之后是兼作山门的大明寺天王殿，殿宇依山势而建，前面有高大而开阔的露台，建筑面阔三间，进深六步架，硬山顶。前檐砌为包檐墙，明间与次间各辟券门一，中门之上嵌"大明寺"额（图10-3-4）。

过天王殿，有一片开阔的庭院，院内古木参天，当中铺设石板甬道，路东为百年桧柏；西侧有百年黄杨。当中置宝鼎两尊，常年香烟缭绕。甬道前端是寺内主殿，大雄宝殿（图10-3-5a）。大雄宝殿为清代建筑，面阔五间，进深八步架，重檐歇山顶，前檐下置单坡顶走廊（图10-3-5b）。

图10-3-1　弘佛亭

图10-3-2　佛塔

图 10-3-3　大明寺木牌楼

图 10-3-4　天王殿

图 10-3-5　大雄宝殿
(a) 正面；(b) 前檐走廊

大殿西侧，有门，额曰"仙人旧馆"（图10-3-6），入门南折即为平山堂一组三进的建筑。平山堂原是北宋庆历八年（1048年）欧阳修任扬州太守时所建，现存建筑为同治九年（1870年）重建（图10-3-7）。建筑面阔三间，进深八步架，前面添有卷棚，单檐硬山顶。平山堂之后是苏轼于元祐七年（1092年）所建的谷林堂，现存建筑为同治时重建。第三进为欧阳文忠公祠，重建于光绪五年（1879年），面阔三间，进深六步架，单檐歇山顶，四周添走廊（图10-3-8）。

平山堂西是一处花园（图10-3-9），称西园，又名芳圃，始建于乾隆元年（1736年），咸丰间毁，后有重建。今园中古木参天，怪石嶙峋，池水潋滟，亭榭典雅，山中有湖，湖中有天下第五泉。据唐人张又新《煎茶水记》所载，这里的泉水在当时被品评为天下第五。

大雄宝殿以东，前面是一幢面阔三间的平远楼，该楼始建于清雍正十年（1732年），咸丰时毁，同治年间重建。其后是20世纪60～70年代新建的鉴真纪念堂（图10-3-10）。

图10-3-6 "仙人旧馆"门

图10-3-7 平山堂
(a) 北立面；(b) 内景

图 10-3-8 欧阳文忠公祠
(a) 南立面；(b) 内景

图 10-3-9 西园

图 10-3-10 鉴真纪念堂

第四节 苏州西园寺

西园寺,亦称戒幢律寺,位于今苏州阊门外虎丘路。该寺在清代乾、嘉时期,法会极盛,被誉为江南最为著名的名刹之一。

一、历史沿革

西园寺始建于元代至元年间(1264～1294年),称归元寺。到明代中晚期,寺院已经颓败,在万历年间(1573～1620年),太仆寺卿徐泰时构筑府宅时,就将归元寺之地改建成宅之西园(其东园即今天的留园)。徐泰时去世后,其子徐溶又将西园舍为寺院,取名复古归元寺,但当地仍称其为西园或西园寺。崇祯八年(1635年),住持茂林律师在此弘扬"律宗",使之成为律宗道场,故更名戒幢律寺。咸丰十年(1860年),寺毁于兵燹。同治八年(1869年),僧道传开始募建寺院,光绪年间(1871～1908年),浙江按察使盛康与吴郡士绅共同倡议修复,后延请紫竹林寺方丈荣通及其徒广慧前来主持,至光绪末,陆续建成大雄宝殿、观音殿、罗汉堂、天王殿、放生池等。近年来寺庙增建了山门、钟鼓楼以及佛学院等。

二、寺院格局

西园寺南临上塘河,西傍冶方浜,过去在陆路交通还不十分发达的年代,这两条河联系着四乡八邻,远近乡村的信众在特定的宗教节日会乘船前来,所以建筑由南面的上塘河开始,沿轴线布置河埠、牌楼、山门、天王殿、香花池、大雄宝殿、藏经楼等建筑。中路轴线之东是僧寮、客房,其西有一片园池、假山。咸丰兵燹后,西园寺仅剩残垣颓壁。

清末建筑逐步恢复,形成以大雄宝殿为中心的寺院组群(图10-4-1)。正殿大雄宝殿之前正对的

图10-4-1 寺院建筑组群

是天王殿，东侧以观音殿为配殿（图10-4-2），其前是斋堂（图10-4-3）；西侧设罗汉堂（图10-4-4），前面连以西方殿（图10-4-5）。由此围合成寺院的主体庭院。庭院前部开设一方池塘（图10-4-6），当中架设拱形石桥（图10-4-7）。在这面积不算太大的区域中，容纳了诸多的建筑。由于轴线上的主殿采用了当地高等级的"殿庭"形制，而两旁的配殿使用的是最为普通的"平房"造型，以这种适当降低次要建筑等级的方法，也十分有效地突出了这一建筑组群的主次关系。

天王殿前原先设有山门、钟鼓楼等，清末圮毁后，直到20世纪90年代才得以恢复（图10-4-8）。东路的僧寮、客堂等在清末开始恢复（图10-4-9），20世纪80年代之后始有修葺、增扩，其形制也基本采用传统的"平房"形式。大雄宝殿之后是以藏经楼为主的建筑组群，造型简朴，布置较为灵活，是僧众研习佛学的场所（图10-4-10）。2000年之后寺院在原藏经楼之后兴建了三宝楼，正式成为戒幢佛学院及研究所的所在地。

中路建筑的西侧原是明代徐氏西花园址，在经历了兴废沧桑之后，在清末民初作了恢复，形成以放生池为中心的花园，题名为广仁放生园池（图10-4-11）。池中建六角重檐攒尖亭，题额为月照潭心，俗称湖心亭（图10-4-12），东西两面架曲桥与岸相连。池东置四面厅（图10-4-13），称苏台春满，与池西水榭爽恺轩遥相呼应（图10-4-14）。四面厅南是延绵的土石假山，上建六角云栖亭（图10-4-15）。相传假山为明代遗构，而园外黄墙券门题额为西园一角（图10-4-16）。

图10-4-2 观音殿

图10-4-3 斋堂

图10-4-4 罗汉堂

图 10-4-5 西方殿

图 10-4-6 池塘

图 10-4-7 石拱桥

图 10-4-8 山门

图 10-4-9 僧寮

图 10-4-10 藏经楼

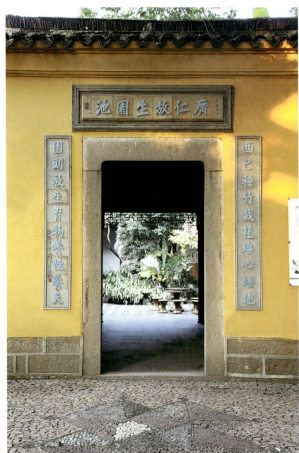

图 10-4-11 广仁放生园池

图 10-4-12 湖心亭

图 10-4-13 苏台春满

图 10-4-14　爽恺轩

图 10-4-15　假山亭构

图 10-4-16　"西园一角"

三、主要建筑

（一）大雄宝殿

西园寺的大雄宝殿为清末重建，建筑用殿庭式重檐五间两落翼形制，类似于北方面阔七间，进深十步架，重檐歇山顶，但结构方法稍异于歇山。构架部分可以分为正身和落翼梁部分，正身部分与其他殿宇的构造相似，落翼部分的做法则有一定的差异。落翼处理方法是边步柱除与檐面的檐柱间用双步、短川组成的梁架进行联系外，与山面的檐柱也用同样的梁架相联系，形成梢间，并在山面的檐桁、金桁上承落翼屋面。转角处为确保戗角受力，在搭角檐桁之上架有搭角梁，梁背立童柱，上承又角桁。为构成山花，在山面金桁上立脊童柱，承托由次间伸出的脊桁，并向外出挑半个界深；次间的金桁亦向外延伸，与脊桁齐，外钉踏脚木、草架桁、博风板。

殿前置宽五间的露台，上绕以金山石栏杆（图10-4-17）。露台较殿宇阶台稍低，正面与东西侧面各置一副阶沿（台阶）。殿宇正面的正间与两次间各用四扇落地长窗，两梢间用木质火焰券窗，东西尽间施圆形水作花窗。背面正间用四扇长窗，次间为木质火焰券窗，梢间无窗，尽间施花窗。建筑下檐由五出参牌科承托，上檐为三出参牌科。上下檐之间置高窗，由此改善了室内采光。构架用料较粗，梁枋施用彩画（图10-4-18）。前后步柱间正间与次间上覆棋盘顶天花，正间的当中施圆藻井（图10-4-19）。

（二）天王殿

天王殿亦为清末重建，为殿庭式重檐三间两落翼形制，构造与大雄宝殿相仿，唯尺度稍小，从而明确了主次关系。正面在正间与两次间的当中各辟一圆券门，尽间无门窗（图10-4-20）。背面正间置四扇长窗，两次间用木质火焰券窗，东西尽间施圆形水作花窗（图10-4-21）。室内装折也用棋盘顶天花，梁枋施用彩画（图10-4-22）。

（三）罗汉堂

西园寺的罗汉堂是我国四大罗汉堂之一，重建于清末。建筑可以分为三部分。前部是一幢面阔五间，进深八界的平房式佛堂，前面两界被用作走廊（图10-4-23），后部有穿廊与罗汉堂主体部分相连接（图10-4-24）。室内构架纤细，不施雕饰。靠两侧山墙供奉84尊木雕金身观音化身像（图10-4-25）。佛堂的穿廊后有一圆形石雕框洞门，据考证，该石构件为明代遗物。

石洞门内是罗汉堂的主体，前后、左右都为三进，计四十八间，呈"田"字形布置。每进深五界，

图10-4-17 大雄宝殿

图10-4-18 屋架

图 10-4-19 天花与藻井

图 10-4-20 正面

图 10-4-21 背面

图 10-4-22 室内屋架

图 10-4-23 前廊

图 10-4-24　穿廊与石雕洞门

图 10-4-25　木雕观音化身像

图 10-4-26　罗汉堂中部屋宇构架　　　　图 10-4-27　罗汉堂殿宇中心的四大名山　　　　图 10-4-28　后殿

前后檐柱架大梁，上立短柱稍高，上架回顶三界梁，左右短柱间置侧高窗，以满足室内采光要求，靠前后檐墙和殿宇当中排列金身五百罗汉像，由此形成循殿宇贯通的前后两条通道（图10-4-26）。"田"字形殿宇的中心，为安置彩塑四大名山像，四周高窗更高（图10-4-27），上覆四坡顶。20世纪90年代的修葺中，将罗汉堂屋顶抬高了60厘米，并加了斗栱，改变了过去因室内幽暗而显神秘的气氛。

罗汉堂的后部是供奉三世如来、十八罗汉的后殿（图10-4-28），其形制与前面的佛堂基本相同。

第五节　苏州寒山寺

寒山寺位于苏州故城外原枫桥镇，地处大运河畔，唐代张继的一首《枫桥夜泊》使之名声远播。

一、寺院变迁

寒山寺原名妙利普明塔院，始建于梁代天监年间（公元502～519年）。相传在唐代元和中（公元806～820年），曾由天台山前来的寒山、拾得和尚任寺中住持，后隐去，不久禅师希迁于此建伽蓝，改名寒山寺。宋太平兴国初（公元976年）平江节度使孙承祐增建七级浮屠，嘉祐中（1056～1063年）仁宗赐名"普明禅院"，但民间仍习称寒山寺。一千四百多年来寺院屡有兴废，咸丰兵燹（1860年），寺中层楼重阁俱为灰烟。光绪三十二年（1906年）江苏巡抚陈夔龙"拓门构堂，以存古迹"，宣统二年（1910年）巡抚程德全等重构大殿，再度恢复了这一吴中名刹。

二、寺院格局

寒山寺西临运河，故寺院坐东朝西（图10-5-1）。沿寺前道路建照墙（图10-5-2），山门退入照墙之内（图10-5-3）。进山门正对的是大雄宝殿，左右以罗汉堂、大悲殿（图10-5-4）作为配殿。大悲殿之南设为弘法堂，两侧置钟房和碑廊（图10-5-5），钟房内陈设着多口古代铜铁大钟；碑廊中则除了各类碑刻外，还有名家的张继诗碑。大雄宝殿之后有藏经楼，其底层供奉寒山、拾得塑像，称寒拾殿（图10-5-6）。寒拾殿前，南侧建有钟楼，底层立宣统三年（1911年）邹福保的《重修寒山寺碑》，楼上悬光绪三十二年（1906年）所铸的铁钟。北侧有寒拾亭、闻钟亭、客堂、斋堂等。寺院前后有曲廊贯穿。

碑廊之西是一由枫江楼为主体建筑的小院（图10-5-7）。枫江楼原是寒山寺中著名楼阁，但在数百年前已圮毁。现楼为1954年从苏州城内修仙巷迁来（图10-5-8）。罗汉堂之西是20世纪80年代兴建的素斋馆，称霜钟阁（图10-5-9）。

20世纪90年代，寒山寺向东作了扩建，在藏经楼以东兴建了普明塔院（图10-5-10、图10-5-11）、寒山丈室（图10-5-12）等。

寒山寺的殿宇大多为清末建筑，由于当时经济条件以及所处的地理区位，所以建筑除大雄宝殿采

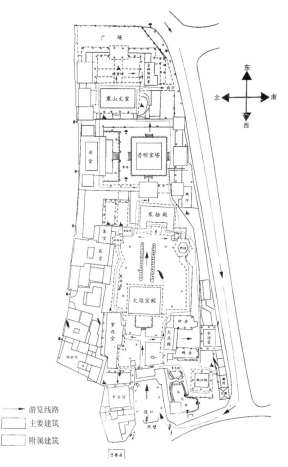

图10-5-1　寺院平面

图10-5-2 照墙

图10-5-3 山门

图10-5-4 大悲殿

图 10-5-5 碑廊

图 10-5-6 寒拾殿

图 10-5-7 小院

佛寺

用了等级较高的殿庭规格外，其余皆为民居样式，这样的布置却也能很好地烘托主体建筑的地位，从而使主次突出。建筑的布置并无严整的轴线，则能够更好地与用地相结合，显现出因地制宜的民间建筑特点。

三、主要建筑

寒山寺正殿为单檐三间两落翼的殿庭（图10-5-13），类似于面阔五间的单檐歇山顶建筑。建筑之前置宽三间的露台，露台前面与左右绕以石栏，当中置铜鼎香炉。大殿进深八界，扁作，檐下用五出参凤头昂牌科。室内正间砌筑汉白玉须弥座，安奉一佛两弟子造像。两边间靠墙供奉明代铸造的十八尊精铁鎏金罗汉像，是由佛教圣地五台山移此。正间后步柱间不同于别处寺庙用彩塑海岛观音群像，而是供奉着唐代寒山、拾得的石刻画像，画像出自

图10-5-8 枫江楼

图10-5-9 霜钟阁

图10-5-10 普明塔院

图10-5-11 普明塔

图 10-5-12　寒山丈室

图 10-5-13　大雄宝殿

图 10-5-14　钟楼

清代扬州八怪之一罗聘之手。

　　位于大雄宝殿之后的藏经楼原为明代所建的龙函阁，后毁，现存建筑重建于清末。藏经楼面阔三间，进深八界，上覆青瓦硬山顶。藏经楼两侧各连单坡禅房一间，似楼前两厢，其前伸部分屋顶转变为歇山回顶，造型颇为独特。楼内珍藏清刻《龙藏》一部，以及其他佛学典籍。据称原先还藏有汉代铜佛，清咸丰后下落不明。

　　在藏经楼南侧，有一座六角形亭阁，这就是名闻遐迩的钟楼（图 10-5-14）。据称张继诗"夜半钟声到客船"描写的就是这一钟楼，但事实上它也是清末建筑。钟楼不大，底层砌筑墙垣，前后开设券门，余设矩形窗户，墙外置六棵擎檐柱，以支承腰檐，形成外廊。楼层前后设圆窗，余为矩形楼窗。楼内悬铁钟，如今每年除夕敲钟已成为当地重要的民俗活动之一。

第六节　东山紫金庵

紫金庵（图 10-6-1）是苏州洞庭东山西卯坞内的一座小庙，始创于南朝梁陈年间，后废，唐贞元年间复建，后世历经修葺，现寺内主体建筑罗汉殿、净因堂虽为清初重修，但或因远离府城，从其结构形制上依然能看到明代民间做法的遗风。

一、罗汉堂

罗汉堂面阔五间，进深七界。阶台低平，台阶两侧不用菱角石。歇山殿庭式屋顶，出檐较深。其造型十分古朴（图 10-6-2）。

正间构架，前后步柱落地，上置大斗，承扁作大梁。梁上用斗，承三界梁（图 10-6-3）。三界梁当中用斗六升牌科架花机，承脊桁。前步柱与檐柱间虽然进深较大，但仅架设一棵檐川，下用夹底相拉结（图 10-6-4）。后步柱与檐柱间施用金川、双步，并用夹底拉结，但双步前后界不等分（图 10-6-5）。两次间外侧屋架脊柱落地，前后连以双步、眉川，用夹底拉结步柱，向外安双步、眉川、夹底与

图 10-6-1　古紫金庵

(a)

(b)

图 10-6-2　罗汉堂
(a) 正面；(b) 侧面

图 10-6-3　扁作大梁

图 10-6-4　前檐的眉川

图 10-6-5　前檐的双步

佛寺

山面当中的檐柱相联系，以架设落翼（边间）屋面（图10-6-6）。前后步柱构架与正间相同，除向外用施双步等连接山面檐柱外，还用45°双步等与角柱相联系，上部作戗角。构架形式较为自由，显示了民间做法的特征。立柱较细，大梁、山界梁、双步、短川等不作雕饰，其高度较大，而厚度较小，这不仅有时代较早的特点，同样反映了民间做法的影响。

檐下施牌科，除柱头、转角牌科外，正间用桁间牌科两朵，两次间用一朵，落翼（边间）不用。柱头为十字科，檐柱上端连以檐枋，上置斗盘枋以承大斗，桁向用斗六升栱，上承檐桁连机。檐向由斗口外出为十字栱，上架云头，十字栱前端升口内架令栱承托梓桁花机，这在苏地其他建筑中较为少见（图10-6-7）。内出十字栱上承梁垫。桁间为斗六升栱。罗汉堂所用牌科，栱的造型修长，十字栱下不作凤头昂，所反映的也是明代的特征，但如果从整体构架及柱下鼓磴（柱础）来看，则有了清代早期的做法，这说明了或为大量利用旧有木构件，或为民间还保留了以前的传统。

罗汉堂内供奉"三世佛"，当中释迦牟尼两侧有迦叶和阿难侍立，两旁为药师佛和阿弥陀佛（图10-6-8）。三世佛背后为海岛观音（图10-6-9），殿宇两侧为妙相各现的十六罗汉（图10-6-10）。紫金庵的佛像为江南地区不太多见的彩塑，相传为南宋民间雕塑名手雷潮夫妇的作品。其造型准确，比例适度，神态生动，容貌各异，有呼之欲出的感觉。罗汉服饰图案精美，衣纹流畅，俨然有江南丝绸苎麻的质感。诸天手中轻薄如绢的"经盖"、观音菩萨像上祥云托着的"华盖"以及众佛像传神的"慧眼"被誉为"金庵三绝"，具有极高的历史价值、文物价值和艺术价值。

二、净因堂

罗汉堂后是用楠木建造的净因堂（图10-6-11），据寺内留存的《净因堂碑记》，该堂建于乾隆二十六年（1761年）。建筑面阔三间，两侧各置一间边楼，形成三明两暗的布置形式。主体部分进深八界，为前轩后双步贴式（图10-6-12）。前轩与内四

图10-6-6 落翼构架
(a) 山花；(b) 落翼

图10-6-7 檐下牌科
(a) 柱头牌科；(b) 桁间牌科；(c) 转角牌科

图 10-6-8　三世佛

图 10-6-9　海岛观音

图 10-6-10　罗汉

佛寺

图 10-6-11 净因堂
(a) 外立面；(b) 内景

图 10-6-12 构架
(a) 内四界；(b) 后双步

界之间采用抬头轩处理，上覆草架覆水椽，但轩梁略低于大梁。正贴步柱与檐柱间深两界，为扁作船篷轩，轩梁前端伸出，承托檐桁及桯桁。梁上置大斗，架荷包梁，承轩桁。步柱上端置大斗，上承四界大梁，梁柱间施用梁垫、蒲鞋头，梁上置斗，架三界梁。三界梁当中以斗六升牌科架花机，承脊桁。后双步用料较细，上立方柱联系金川。边贴轩梁下用夹底拉结步柱和檐柱，前后步柱间的金柱、脊柱均落地，上用眉川、夹底彼此联系。后双步用料与正贴相同。边楼两层，进深七界，梁架较主体部分纤细。

净因堂脊桁上施有彩画（图10-6-13），亦为清初当地高等级建筑常用的装饰风格。

从净因堂梁侧施用的雕饰、脊桁彩画看其清初特征十分显著，且有《碑记》为证，但其梁架的架构方式及造型则与前面罗汉堂基本相似，说明了此时当地建筑结构发展的延续性和滞后性。

三、其他建筑

紫金庵还现存数幢附属建筑，罗汉堂前原配殿位置有值班室和售品部（图10-6-14），西侧为听松堂茶室，茶室背后有三间小室，还有游廊与之相联系。这些虽亦属传统建筑，保留了明清以来的风格，但从结构看，建造年代较近，最早不会早于民国。

近年来紫金庵又向周围拓展，兴建了入口处、素膳斋等一系列的仿古建筑，与罗汉堂、净因堂及附属建筑的风格有一定的距离。

图10-6-13　净因堂彩画

图10-6-14　前配殿

第七节 无梁殿

明代之前，我国对建筑用砖有着较严格的限制，所以大多数建筑都采用泥墙木构架的结构形式，以至于到今天人们还将营造活动称之为土木工程。到了明代有关黏土砖使用的禁令有所松弛，砖墙使用逐渐普及，而砖结构建筑对于克服木梁柱易燃、易蛀蚀、易腐朽等弊病具有较好的效果，因此在经历了不断尝试之后，出现了一种完全不同于木结构的无梁殿形式。

在江苏，明代以来曾兴建不少"不施梁柱"的无梁殿，主要用于佛寺储藏经书。现存有南京灵谷寺、句容隆昌寺（图10-7-1）、无锡保安寺（图10-7-2）、苏州开元寺无梁殿，其中南京灵谷寺无梁殿为我国现存同类建筑中规模最大的一座，而苏州开元寺无梁殿则以制作精美而闻名。

一、南京灵谷寺无梁殿

位于南京东郊紫金山东南的灵谷寺是一座具有一千五百余年历史的古寺，相传南朝天监十三年（公元514年），梁武帝为安葬高僧宝志，在独龙岗兴建了志公塔和开善精舍，由此开始了其发展演变的历史。到唐代，更名为宝公院；宋初改名开善道场，不久因宋太宗题额，改"太平兴国禅寺"；明初太祖赐名，称"灵谷禅寺"，并封其为"天下第一禅林"。之后寺庙历有兴衰，最为兴盛之时殿宇林立，有金刚殿、天王殿、五方殿、毗卢殿、观音阁、禅堂、客室、方丈室等，占地达到近500亩（约333333平方米），僧人有一千余人。而在衰落之际，唯余南麓独龙岗一带的蒋山寺、定林寺、宋熙寺等少数几座尚存。清代末年，这座曾经规模恢宏、香火旺盛，被视为佛教圣地的灵谷寺，在战乱中大部分被毁，无梁殿是仅存的一座明代建筑（图10-7-3）。同治六年（1867年）重建灵谷寺作了部分修缮。1928年国民政府为修建北伐将士陵园，将灵谷寺迁至神龙殿（今址），而经修葺的无梁殿也在1931年被改为国民革命军阵亡将士公墓公祭的祭堂（图10-7-4），命名为"正气堂"。

无梁殿是明代灵谷寺中的主要殿宇之一，为我国现存同类建筑中时代最早、规模最大的一座，建于明朝洪武十四年（1381年），因殿中供奉无量寿佛，故称无量殿；又因为殿宇全部用砖垒砌，不用传统的梁、柱木构架，故也称无梁殿。

殿前设有宽敞的月台，殿堂坐北朝南，面阔五间，东西长53.8米（图10-7-5）；进深三间，南北37.85米；高22米，重檐歇山殿顶（图10-7-6）。

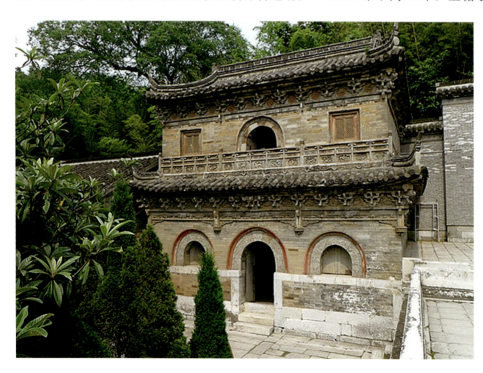

图10-7-1 隆昌寺无梁殿

图 10-7-2 保安寺无梁殿
(a) 前殿；(b) 侧面

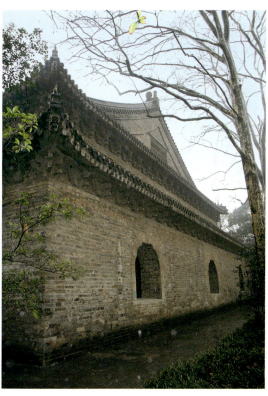

图 10-7-3 灵谷寺无梁殿

图 10-7-4 无梁殿内的国民革命军阵亡将士灵位

图 10-7-5 无梁殿正面

图 10-7-6 无梁殿侧面

正面在前檐墙上明间和两次间各辟券门一，两梢间各用券窗一；背面的后檐墙设券门三，两侧山墙开三券窗，山花中开矩形窗一（图10-7-7）。檐墙与屋面间下檐施三踩青砖仿木斗栱，上檐用五踩斗栱（图10-7-8）。屋顶铺灰瓦，脊饰有正吻、角兽和仙人，正脊中部置三个白色琉璃喇嘛塔，当中最大，塔座中空做八角形，并与殿内藻井相通，此做法在我国现存古建筑中十分罕见。殿内由东西横向并列三个通长拱券构成，中券较大，跨径11.5米，净高14米，前后两券的跨度各为5米，高7.4米。拱券下有浑厚墙体，前墙构有五个券洞，后墙仅在两边梢间各设一券洞。由于列券的侧向水平推力，因此殿宇的前后檐墙皆厚达4米（图10-7-9）。无梁殿所用的是明代大砖，檐墙上的拱券形门窗，外贴水磨砖，雕成壶门状。民国年间维修时殿檐斗栱被改为水泥制作。

据记载，明正统年间（1436～1449年）无梁殿的中券曾供奉三世如来，两边立有二十四诸天像等。因民国初被改建为祭堂，故佛像已经不存，现被辟为辛亥革命名人蜡像馆。

二、苏州开元寺无梁殿

开元寺初名通玄寺，相传最初是三国东吴赤乌年间孙权为乳母陈氏所建。隋开皇九年（公元589年）吴县令孙宽废寺，唐贞观二年（公元628年）僧慧重建。开元二十六年（公元738年）诏令改名。大顺二年（公元891年），孙儒占据苏州，开元寺被付之一炬。五代后唐同光三年（公元925年），吴越钱氏迁建开元寺于盘门内现址。宋至明屡经废兴。清咸丰十年（1860年）又毁于兵火，同治十二年（1873

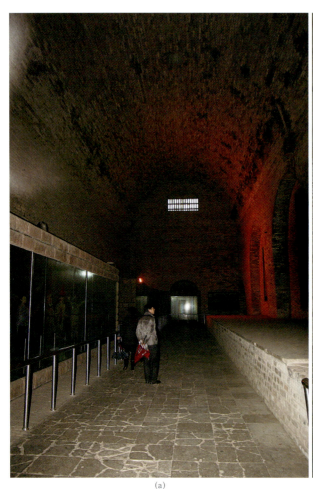

图10-7-7 券窗
(a) 中拱的上下窗；(b) 后拱的券窗

图 10-7-8　檐下斗栱

图 10-7-9　厚达 4 米的檐墙

年）稍事重修，未复旧观。无梁殿是开元寺现在仅存的一座古建筑，是我国四大无梁殿之一。

无梁殿即藏经阁，建于明万历四十六年（1618年）。原先供奉无量寿佛，又名无量殿；因为采用了纵横拱券结构，不用梁柱檩椽等木构，故习称"无梁殿"。

殿宇两层，坐北朝南，面阔七间，广 20.9 米，进深 11.2 米，通高约 19 米。上覆歇山顶，屋面敷绿琉璃间黄琉璃筒瓦，楼层间用腰檐，铺绿琉璃筒瓦（图10-7-10）。建筑全用清水砖砌成，南北立面相同，上下各辟拱门五座，门旁砌出半圆砖倚柱，上下各六根，四角砌为垂莲柱。东西山墙底层无门窗，楼层正中各辟券窗一扇，檐下用垂莲柱（图10-7-11）。各立面柱端施砖砌额枋，下设雕花插角，上承砖牌科。腰檐之上砌清水砖平座栏杆。楼层南北正间拱门上方各嵌汉白玉横额，分刻"敕赐藏经阁"和"普密法藏"（图10-7-12）。

阁内上下层各分为三大间，原先楼上藏经，楼下供佛。梯级砌在东山墙夹层内。楼层四壁镶嵌明代章藻手书《梵网经》和《华严经》石刻。明间不用拱券，改以叠涩收敛至中央，四隅以斗栱承托八角形穹窿藻井，堪称明代砖构精品。

开元寺无梁殿在现存同类建筑中规模并不算大，但以结构方式和细部处理取胜。如底层倚柱砖雕须弥座、上下檐垂莲柱、雕花插角、华版、额枋、牌科、楼层平座栏杆、斗八藻井、殿顶琉璃游龙花卉脊饰等，无不显示出细致精巧、工艺精湛（图10-7-13），故有"结构雄杰冠江南"之誉。

图 10-7-10　正面

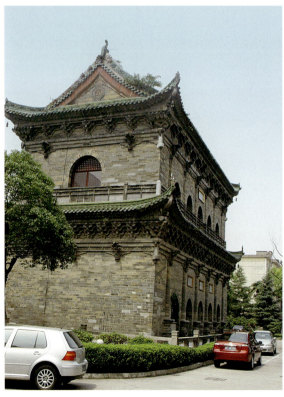

图 10-7-11　山面

图 10-7-12　拱门上的汉白玉横额

图 10-7-13 砖雕细部
(a) 柱头及牌科;(b) 垂花角柱;(c) 山墙上的垂花檐柱;(d) 柱下须弥座柱础

第八节　塔幢

佛塔原是古印度供奉和安置舍利、经卷和各种法物的建筑，称Stupa（窣堵波）。自佛教传入我国，塔亦随之来到中原大地，被音译为"塔婆"、"佛图"、"浮图"、"浮屠"等，直到隋唐才定名为"塔"，并沿用至今。随着佛教在我国广泛传播，佛塔也开始了中国化进程，形成中国式的楼阁塔、密檐式、复钵式和金刚宝座塔等。江苏地区佛教流行较早，佛塔的建造也十分普遍，至今还留下了不少的佛塔遗存。

一、虎丘塔

虎丘塔，亦称云岩寺塔，始建于隋仁寿元年（公元601年），初为木塔，后毁。后周显德六年（公元959年）重建，改为仿木砖塔，到北宋建隆二年（公元961年）落成。

虎丘塔塔身平面呈八边形，由塔心室、回廊和外壁组成。底层塔心室开十字通道与回廊沟通，形成4个内墩；外壁八面辟门，形成8个外墩，塔身的荷载通过这内外砖墩传至地下。

塔身七级，残高47.7米，全砖砌。每层均施以腰檐、平座。转角置砖砌仿木角柱，柱间分作三间。底层每面中间辟多瓣券门，门侧设假窗；上层中间为多瓣券窗，两侧为龛状假窗。柱头施额枋，上置斗栱。两转角铺作之间用补间铺作两朵。平座之下的斗栱与檐下斗栱排列一致（图10-8-1）。

塔顶曾遭受雷击而毁。原先每层都有砖砌腰檐，现残迹尚存。从明代起，虎丘塔就开始向西北倾斜。

二、罗汉院双塔

罗汉院始建于唐咸通二年（公元861年），初名般若院，五代时更名罗汉院。北宋太平兴国七年（公元982年）王氏兄弟捐资重修庙宇时，增设双塔，俗称双塔寺。之后寺、塔屡有修葺，殿宇几经兴废，咸丰十

图10-8-1　虎丘塔

图10-8-2　罗汉院双塔

年（1860年）寺毁于兵燹，仅存双塔（图10-8-2）。

两座佛塔东西并峙，底层外壁相距不足15米，其造型、构造、尺度基本相同。两塔皆为楼阁式仿木砖塔，八角七层，底层对边5.5米，高约33.3米。从塔的外壁留下的孔洞看，底层原应有周匝副阶，今已无存。二层以上施平座、腰檐。腰檐以叠涩式板檐砖和菱角牙子各三层相间挑出，上施瓦垄垂脊，腰檐微翘，翼角轻举，逐层收缩。平座亦以叠涩砖及砖雕栌斗、替木出挑，座上原有栏槛，已毁。塔顶之上的塔刹高约8.7米，占塔高约1/4。整体造型玲珑而秀丽。各层外墙面隐出仿木转角倚柱、间柱、阑额、斗栱，每层四面辟壸门，另四面隐出直棂窗，各层门窗方位相错（图10-8-3）。从塔壁开设的壸门经过道可进入塔室（图10-8-4），塔室方形（仅第五层为八角形），逐层错闪45°，不用塔心柱。内壁施砖砌角柱、额枋等。塔室内敷设木楼板，以木制斗栱及棱木承托，上墁地砖，并架设木梯以供登临。第六、七层方室中央立支持塔刹相轮的刹杆，下端以大柁梁承托。

三、北寺塔

报恩寺俗称北寺，是苏州最古老的佛寺，相传始建于三国吴赤乌年间（公元238～251年），是孙权母亲吴太夫人舍宅而建，古称"通玄寺"。唐开元年间（公元713～741年）改为"开元寺"。五代北周显德年间（公元954～959年）重建，易名为"报恩寺"。

北寺塔即报恩寺塔，始建于南北朝梁代（公元502～557年），原为十一层，后毁。南宋绍兴二十三年（1153年）重建，改成八面九层，今天的北寺塔砖结构塔身即为宋时所遗。

现存佛塔为八面九级的砖木楼阁式（图10-8-5），塔高76米，塔顶与刹约占1/5。楼层均有平座、腰檐出挑，底层设周匝副阶，台基对边34.3米，结构底层对边18.8米。塔身由塔心室、回廊和外壁组成。

外壁每层各转角处砌八角形砖柱，角柱之间用砖砌倚柱将各面分作三间，当心间尺寸较大，当中辟门，门侧设倚柱，柱外置龛。柱头施额枋、上置斗栱，当心间用补间铺作一朵，两次间不用。柱头铺作用圆栌斗，补间用讹角斗。内壁每面亦用柱分为三间，内转角用凹斗。内、外壁之间，转角处施木构横枋和月梁连接两壁，再以叠涩砖相对挑出。回廊两壁及塔心方室壁上，均有砖制柱、额、斗栱

 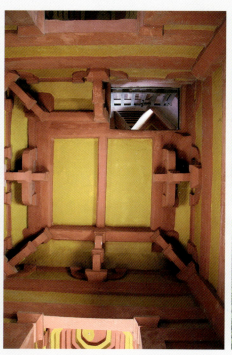 

图10-8-3　塔身的仿木构建　　图10-8-4　底层塔室　　图10-8-5　北寺塔

隐出，自栌斗挑出木制华栱与昂。回廊中央铺楼板，墁地砖。第九层回廊顶纯用叠涩砖挑至中点会合。第八、九层塔心方室中央立刹杆，上端穿出塔顶支承刹轮，下端以东西向大柁承托。高大的塔刹为生铁浇铸而成。

四、瑞光塔

瑞光寺初名普济禅院，据志书记载为三国吴赤乌四年（公元241年）孙权为迎接西域康居国僧人性康而建。后来孙权为报母恩又建十三层舍利塔于寺中。五代的后晋天福二年（公元937年）重修，并敕赐一枚铜牌置于塔顶。宋宣和年间(1119～1125年）重修，改为七级，并赐额为"瑞光禅寺"，依据在塔内发现的宝幢木函、佛经、石佛、石础、塔砖等文物上的纪年文字，与塔的平面、结构、外观综合考证，今塔系北宋景德元年（1004年）至天圣八年（1030年）所建，当时佛寺名为瑞光禅院。寺院历经毁修，塔曾于南宋淳熙，明洪武、永乐、天顺、嘉靖、崇祯，以及清康熙、乾隆、道光年间修葺。清咸丰十年（1860年）又遭兵燹，寺毁塔存，同治十一年（1872年）曾加以维修。

现存瑞光寺塔为七级八面，砖木结构楼阁式（图10-8-6），总高约53.6米。塔下用须弥座台基，底层设副阶，立廊柱24根。楼层以砖木斗栱挑出木构腰檐和平座，逐层内收。外塔壁每面以柱划分为三间，当心间辟壸门或隐出直棂窗。底层四面辟门，第二、三两层八面辟门，第四至七层则上下交错四面置门、窗。转角处均砌出圆形带卷刹的倚柱，柱头承阑额，上施斗栱。转角铺作出华栱三缝，补间铺作三层以下每面两朵，之上减为一朵。

砖砌塔身由外壁、回廊和塔心室三部分构成。底层外壁对边为11.2米，楼层逐层内收。外壁与塔心室之间施木梁连结，上铺楼面。第二、四层回廊转角处设倚柱，转角铺作上用月梁联系。一至五层回廊当中砌八角形砖柱，下设须弥座。第六、七两层仅用立柱，设额枋和卧地对角梁组成木结构框架，对角梁中心与大柁上立刹杆木，支承塔顶屋架和刹体。

据考证，此塔砖砌塔身基本上是宋代原构，第六、七两层及塔顶木构架虽为后代重修，第三层为全塔的核心部位，砌有梁枋式塔心基座，抹角及瓜棱形倚柱、额枋、壁龛、壸门等处还有"七朱八白"、"折枝花"等红白两色宋代粉彩壁塑残迹。

五、甲辰巷砖塔

在苏州相门内的甲辰巷深处，留存着一座小型砖砌古塔，因史料不载，故以巷名命塔，称之为甲辰巷砖塔。

砖塔五级八面，楼阁式仿木砖结构，塔高不足7米，基座每边底宽约0.5米，对径仅为1.2米。腰檐、平座用菱角牙子和叠涩砖相间挑出，并有转角铺作及阑额、柱头枋自檐下壁面隐出。每层四面辟壸门，相间四面隐出直棂窗，上下层之间门窗方位交错设置。塔内筑为方室，逐层旋转45°。全塔用清水砖砌筑，尺度纤小玲珑，造型秀丽精致（图10-8-7）。

关于砖塔年代，推论不一。据称清代顾震涛在道光年间（1821～1850年）编纂的《吴门表隐》中所载"城中七塔"中的第二塔，"在孟子堂东"，被认为即指今所称甲辰巷砖塔。而又据宋《平江图》上，在与此相应的位置上有塔的标记，故以为就是这座袖珍砖塔。

民国初年该塔被当地居民围入居宅之中，塔身周围搭建了房屋，仅上部露出屋面。由于长年失修，第五层被毁，其余四层腰檐部分也多有残缺。20世纪90年代对该塔进行了全面整修，加固了底层，修复了各层塔檐、翼角、平座，补齐了斗栱等构件，重建了第五层和塔顶，制作安装了塔刹，并在拆除民房的地基上开辟了塔院。

六、万佛石塔

万佛石塔位于苏州城西镇湖镇的西泾村（西京村），今属苏州虎丘区。过去镇湖地处太湖之畔，地势低洼，多水患，因此人们以青石坚固耐用，而佛法威力无比，所以兴建石塔以镇水患。

图10-8-6 瑞光寺塔

图10-8-7 甲辰巷砖塔

万佛塔,原名禅师塔,因塔内雕有无数佛像,故俗称万佛塔。该塔始建于南宋绍兴年间(1131～1162年),元大德十年(1306年)重建(图10-8-8)。

佛塔以青石砌筑,塔基呈长方形,南北长约8.7米,东西宽约5.2米,该石塔总高11.4米。塔身呈方形棱台状,立于塔基北侧,使塔体前部形成露台。塔身的底边宽3.3米,上边2.8米,高6.5米。塔体四棱用方形断面的通长石柱,上架石梁,形成框架,其中用块状青石砌筑。塔刹的下部是由青石砌筑三层平直基座,上立亭构状刹身,刹身四面的壸门内雕刻有浮雕佛像,上覆四坡屋面,再上为石雕相轮状刹顶(图10-8-9)。

佛塔南面辟火焰券门。门高约2.1米(图10-8-10),门内是一个直径约为2米的内室,高约4.1米(图10-8-11)。内室的下部周圈砌成高0.7米的须弥座式墙裙,正中束腰处嵌有《重修万佛宝塔记》,其侧刻有"吴门石匠吴德谦昆仲造"等题记。墙裙之上还砌十层武康石,其表面雕刻着成排的浮雕佛像。除北墙一尊高30厘米,宽20厘米外,余皆为5厘米×3厘米。

万佛石塔之前原有寺院,至20世纪50年代前后还保留了观音殿、弥勒殿等殿宇,后被拆毁。如今佛寺已经重建,被命名为万佛寺。

七、慈云塔

慈云寺塔在震泽古镇区宝塔街东,初建年代无考,据《吴江县志》记载,寺院始建于三国赤乌年间(公元238～251年),原名广济寺,之后数度重建。明天顺时(1457～1464年)改称慈云寺,塔亦因寺而得名。咸丰十年(1860年)寺毁于兵燹,唯塔独存。

佛塔,塔砖身木檐,楼阁式。高五层,38.44米。平面六边形,每边长约7米(图10-8-12)。底层由回廊、塔壁、塔心柱组成,二层之上每层由塔壁出挑

图 10-8-8　万佛石塔

图 10-8-9　塔刹

图 10-8-10　火焰券门

图 10-8-11　内室

图 10-8-12　慈云塔

图 10-8-13　文峰塔

腰檐、平座。底层塔壁南向辟门，其上各层三面相间开门，余用假门，上下错闪。各层外墙隐出转角倚柱、槏柱、阑额、斗栱。从斗栱形制看，因其栱形修长，具明式特征。塔内第四、五层中心立楠木柱贯通塔刹，塔刹铁制，由覆钵、仰莲、相轮、宝盖、宝珠、圆光和铜质宝瓶组成。仰莲上铸有"万历五年十月吉旦立"等文字，由此知，塔刹亦为明代遗物。

20世纪80年代慈云寺塔作了大修，90年代末开始恢复禅寺建筑。

八、扬州文峰塔

文峰塔位于扬州旧城之南古运河东岸，建于明万历十年（1582年）。据记载是当时僧人镇存卖武募建，当地知府虞德晔等地方官员赞助而成。亦传是为祈祷扬州文运昌盛，使士子能在科场得意，故在扬州南郊建造此塔。

塔建成后，在清康熙七年（1668年）因东郊城大地震而波及，塔尖倾倒。次年修葺，将塔尖增高一丈五尺（5米）。咸丰三年（1853年）寺毁，塔遭火焚，仅存砖壁。之后由万寿寺住持寂山等募资主修。

文峰塔七层八面，砖木结构（图10-8-13）。塔基原为石须弥座，现改为砖砌平直台基。底层原为回廊，现砌为砖墙，八面均辟券门（图10-8-14）。二至七层有腰檐、平座出挑，墙面相间四面辟券门，余置假门，逐层错闪。檐下除底层用装饰性一斗三升平身科外，其余不用斗栱（图10-8-15）。塔内一至六层做成方形心室，逐层相错45°，七层塔心室亦为八边形。塔顶为八角攒尖形，上承生铁塔刹。

文峰塔旁是运河的古码头（图10-8-16），据载唐代高僧鉴真和尚第二、四、六次东渡，都是从此地进入长江。清代康熙、乾隆皇帝的南巡，也多次在这里登岸。

图 10-8-15　细部

图 10-8-14　券门

(a)　　　　　　　　　　　　　　　　　(b)

图 10-8-16　古运河与文峰塔
(a) 古码头；(b) 远眺

近年，文峰塔与其边上的文峰寺都作了修葺重建，使之面貌一新。

九、扬州白塔

坐落于扬州瘦西湖的白塔，是清乾隆四十九年（1784年）两淮盐总集资所建，其地原有旧塔基，旧塔兴建时间年代不详。《扬州画舫录》载：该塔是"仿京师万岁山塔式"，但形制已大有区别。扬州白塔尺度不大，造型隽秀，高27.5米（图10-8-17）。下部砌筑方形平面的高台，用石栏围绕。正面向前凸出，并设置向两边伸出的台阶。台上塔座平面呈"亚"字形，为砖砌须弥座形。须弥座上用三条逐层内收的环带，上承宝瓶塔身，塔身南面设门。宝瓶之上施两道环带过渡，下部为圆形，上部做内凹八边形。其上是十三天相轮、华盖及葫芦状鎏金宝顶。

十、昭关石塔

昭关石塔（图10-8-18）位于镇江云台山北麓的五十三坡上，北临长江，跨于行人来往的街道之上，故也被称为"过街塔"。由于塔上刻有"昭关"两字，故又名"昭关石塔"。石塔建于元末至大年间，明万历时重修，20世纪90年代末又作了全面整修。

石塔由上下两部分组成。下部为云台，用块石垒砌，形成四根石柱，云台顶部满铺条石，由此构成框架形的台座，跨于街中。云台东、西立面刻有"昭关"及明代重修时的官僧姓名；南、北立面镌刻"唵嘛呢叭咪吽"六字真言。台座之上为石塔，下施两重相似的"亚"字形须弥座，其上为覆莲圆座和覆钵状塔身，再上是修长的塔颈，刻有13圈带状浮雕，象征13层天，上有华盖和圆形仰莲小座，华盖刻有"八宝"、"观音曼荼罗"、"黄财神曼荼罗"等，

图10-8-17 扬州白塔　　　　　　　　　　图10-8-18 昭关石塔

其上置葫芦状宝顶。塔座、塔身、塔顶三部分皆用青石雕刻建成。

元代时文化被压抑，为在更多识字不多的百姓中普及佛教，于是就出现了"过街塔"，因佛塔被认为即为佛的象征，人马于塔下通行，可以顶戴礼佛，这就舍弃了佛教历来的苦修仪式。

十一、仪征天宁塔

仪征天宁塔坐落在城河南岸，与鼓楼对峙，隔河相望，与鼓楼（图 10-8-19）并称为真州（仪征旧称）"双璧"。

相传天宁寺始建于唐代景龙年间（709 年），称永和庵，是一座不大的小庙，后毁于五代十国。宋代漕运发达，真州市面繁盛，重建后的永和庵改称报恩光孝禅寺，后又更名天宁万寿禅寺。宋元之际寺院毁于战火，现存天宁塔存塔身，为明代初年所建。

佛塔平面为正八面形，七级，砖木结构，楼阁式（图 10-8-20）。从现状看，底层外部有回廊，二到七层有出挑的腰檐、平座。塔壁转角处设砖砌角柱，额枋上置砖砌仿木斗栱。底层四个正方位辟火焰券门，门旁砌倚柱。一层以上相间四面辟门，另四面设假门，门侧开矩形小窗，上下层开门位置相互错闪。平座之下有砖砌仿木斗栱。塔身有明显收分。塔体内室正方形，层层收缩，交错上升。如今塔刹已经不存，残高仍有 47.2 米。

十二、南通光孝塔

光孝塔位于南通市崇川区中学堂街 11 号，在南通天宁寺的西北隅，其历史十分久远，当地有"未有城，先有塔，前人就塔建城"之说。据明万历《通州志》载：南通的天宁寺建于唐咸通四年（863 年），旧名光孝寺，天顺元年（1457 年）僧法恩奏改今名。乾隆《通州志》则补充道："寺有光孝塔五级，后有毗卢阁"。

佛塔八面、五级，砖木结构（图 10-8-21）。砖砌塔身建于须弥座上（现改为水泥），底层塔壁之外设回廊，一层之上用腰檐、平座。塔壁转角处设角柱上承角科，角科与擎檐柱互起角梁的作用。柱端无额枋，平身科从塔壁挑出，每面用一朵，为三踩单翘单昂斗栱。栱、昂出挑较长，反映了明代的斗栱特征。各层相间四面辟门，相邻面开设矩形窗。上下层门窗错闪。腰檐向上反翘明显，腰檐之上的平座用砖砌叠涩出挑，挑砖相间用 45°侧砌，形成装饰。每层檐角有擎檐柱，下端用万字花版木栏。顶部塔刹较高，承露盘上有相轮七重，上施宝珠，围以光焰。

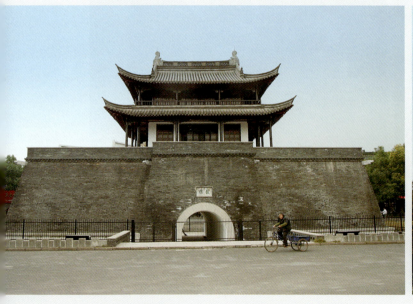

图 10-8-19　鼓楼

图 10-8-20　天宁塔

图 10-8-21　光孝塔

图 10-8-22　阿育王塔　　　　　　　　图 10-8-23　塔门　　　　　　　　图 10-8-24　塔内走廊

十三、连云港阿育王塔

连云港海清寺阿育王塔位于云台乡大村水库旁，是苏北地区现存最高，也是最古老的一座宝塔。据称该塔是为供养"释迦真身舍利"和"阿育王灵牙"而建，故名"阿育王塔"。塔前因有海清寺，因此又称"海清寺塔"。据塔内第五层东南面所嵌碑文记载，北宋天圣元年（1023 年）起塔，至天圣九年（1031 年）镌名，于阿育王塔第五级内安放佛像，天圣九年二月三日完工，距今已有近千年的历史。

佛塔为楼阁式砖塔，九级八面，高四十余米（图 10-8-22）。塔身、心柱、内廊梯级、腰沿、平座、塔刹均为砖砌。底层较高，上砌叠涩腰檐，平座斗栱用五铺作双抄偷心造，转角处栌斗下由砖雕角神承托。南面辟券门，外砌矩形门框，上安砖雕门簪（图 10-8-23），其余各面无门窗。二层以上均为平座叠涩腰檐，结构为叠涩砖逐层出挑，断面成凹线。二至八层塔身东、西、南、北四面各辟券门，余隐出直棂假窗。第四、第六两层南门两侧及西南的直棂假窗处嵌以碑石。第九层高度增大，南北有门，券门外套矩形门框，直棂假窗远大于下层，檐下施四铺作斗栱。塔壁内绕以走廊，中心有八边形砖柱，外壁与心柱上施四铺作砖斗栱承托楼板。走廊内设梯级（图 10-8-24），底层楼梯入口西南首，第二层在正南首，第三层在西北首，第四层在西北首。再上各层梯级则形成十字交叉形状。第九层无砖柱、走廊，易为八边形砖室，上为八角藻井。东首有梯级，折南可攀至塔顶。

外观上，该塔每层的高度与对径比例匀称，收杀柔和，从而使建筑显得雄浑凝重。从塔壁留有的孔洞看，原塔似有木构腰檐，现已不存。1974 年的维修施工中，在塔心柱下发现了石函、金棺、佛牙等三十余件文物，这对于研究北宋佛教艺术和工艺美术具有重要价值。

江苏古建筑

第十一章 道观

江苏道观分布图

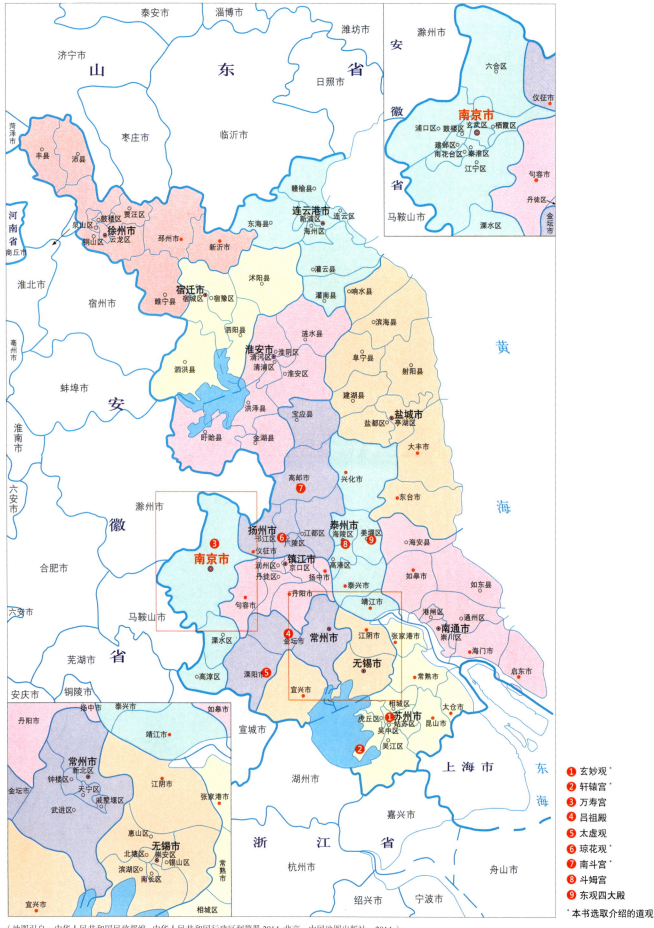

❶ 玄妙观*
❷ 轩辕宫*
❸ 万寿宫
❹ 吕祖殿
❺ 太虚观
❻ 琼花观*
❼ 南斗宫*
❽ 斗姆宫
❾ 东观四大殿

* 本书选取介绍的道观

（地图引自：中华人民共和国民政部编．中华人民共和国行政区划简册 2014．北京：中国地图出版社，2014．）

第一节 概述

道教思想最早肇源远古的巫术，以先秦的道家学者老子为教祖，是中国的本土宗教，源远流长。后发展到战国以及秦、汉的方士，东汉张道陵天师创立五斗米道，才标志道教形成，迄今已有一千八百多年历史。道教主张修身养性，炼制丹药，以求得道成仙，这迎合了封建统治者追求长生不老的欲望。曾和儒、佛并行，对中国的政治、经济、文化均产生过重要的影响。

魏晋南北朝时期，道教走向成熟，开始大规模兴建道观。唐朝时，李氏帝室跟老子同姓，尊老子为远祖，推崇道教，于是道教宫观遍布天下。有记载当时总观数已有千余所。到了宋代仍兴盛不衰，道观发展"十大洞天，三十六小洞天，七十二福地"（洞天福地就是地上的仙山，构成道教地上仙境的主体部分）。直至明、清时期，道教衰败，虽没有大兴土木，但仍有修建相关场所。时至今日，全国有一万多处道教宫观。

道教的宫观有两种性质：一是子孙庙；二是丛林庙。子孙庙由师徒之间代代相传，庙产可以继承，有专属的门派。其他门派的道友可以暂时居住，但不能插手庙务。一般新出家的弟子都在子孙庙。丛林庙不允许收徒，庙产不能继承，属于天下所有道众共同所有。一般不分门派，凡是道教的法裔弟子（赤脚、民间道士除外）都有权利居住、管理庙务。

道教崇尚自然，道教建筑常常建于名山大川之间，形成集自然山水与道教建筑于一体的建筑风格。道教圣地基本每个名山大川都有。如湖北武当山、江西龙虎山、四川青城山、青岛崂山、广东罗浮山、山东泰山等。后期为了方便祭祀和扩大影响，进一步世俗化，修建于城市之中。

现存道观多为明清建筑，总体上采用中国传统建筑的院落布局，多坐北朝南，一般称宫、观、院，依中轴线作对称式布置。道馆建筑多以殿堂、楼阁为主，主要殿堂在中轴线上，层层院落依次递进。山门多为三个门洞，意指通过山门的三个界：无极界、太极界、现世界，才能成为真正的道士。山门后一般有三清殿、玉皇殿、灵官殿等。三清殿一般是道观的主殿，供奉道教三清，即玉清元始天尊、上清灵宝天尊、太清道德天尊。玉皇殿主要是供奉被道教尊为"诸天之王"的玉皇大帝塑像。灵官殿主要供奉道教守护神灵官塑像。道教信仰多神，其殿宇的名称自然也非常庞杂。

道观除个别大观外，一般较佛寺规模略小，且不搭建塔、经幢。大体上遵循了我国传统的宫殿、祠庙和体制。成熟形态的道教建筑是在受蔚然大观的佛教建筑鼓荡，改造接受儒家思想和佛教科仪后形成的。

道教建筑中最有标志性意义的"太极八卦图"，为两条首尾相接、互相环抱的黑、白鱼，分别代表相对的阴阳二气，表示阴阳相互依存、相互消长，同时又可相互转化。道教建筑多用各种装饰来体现"吉祥如意"、"长生不老"、"羽化登仙"等思想，如用日月星云寓意"光明普照"，用松柏、灵芝、龟、鹤象征长寿，用扇、鱼、水仙、蝙蝠和鹿，取谐音分别象征善、裕、仙、福、禄，用麒麟、龙、凤象征祥瑞如意。

道教建筑文化内涵丰富，除了正统的神祇系统外，还有影响更为深远的一些民间祭祀主体，如关帝、土地、文昌、城隍、妈祖、龙王、药王、后土等。与之相应的各种民俗奉祀之庙，也是道教建筑的重要内容。

江苏作为正一道在南方的主要分支，在中国道教史上有着重要的地位。省内有统领三山符箓的句容茅山道院与以道教音乐、斋醮仪式著称的苏州玄妙观，两所道观皆有千余年的历史文化。

江苏句容茅山为道教名山之一，两晋时葛洪曾在此炼丹著书。茅山大茅峰顶建有九霄宫，为茅山道观群之首，经历过多次战乱，破坏严重。现有殿宇四进，多为近年重建。第一进为灵官殿，供奉道教护法神王灵官。第二进为藏经楼，东有宝藏库，西有坎离宫。第三进为太元宝殿，是九霄宫的主体建筑。第四进为升表台和二圣殿。升表台相传为茅盈飞升之处，台上建有一座三天门石坊。二圣殿的西侧还有怡云楼，楼上陈列茅山"镇山四宝"，均为宋代真品。茅山道院现在是国务院公布的道教全国重点宫观。

省内的其他主要道观还有：穹窿山上真观、相城悟真道院、常熟真武观、太仓天妃宫、周庄澄虚道院、无锡三山道院、淮安东岳庙、南京天妃宫、方山洞玄观、镇江润州道院、句容茅山道院、金坛乾元观、常州白龙观、南通城隍庙、扬州琼花观、徐州天和宫、丰县天师观。如今它们有的已作为赈济场所，或建纪念馆、乡贤瞻仰馆；或开办中成药厂，挖掘赈济古方，造福江淮大地等。这些道观致力于开发更多有益于人群的举措，以对子孙后代进行爱国主义、民族精神、革命传统和博爱品德的教育作出贡献。

第二节 苏州玄妙观

苏州玄妙观位于古城中心，著名的观前街即以观而得名。道观始创于西晋咸宁二年(公元276年)，时称真庆道院，唐代重建，为开元宫，宋称天庆观，元至正元年（1335年，一说元贞元年，即1295年）始名玄妙观，明代称正一丛林，清代为避康熙帝玄烨之讳，一度改"玄"为"元"或"圆"，称"圆妙观"，民国元年（1912年）恢复"玄妙观"旧称。在漫长的演变进程中，玄妙观历遭毁坏，但屡毁屡建，极盛时曾有殿宇三十余座，从东脚门向后依次有：神州殿（元）、太阳宫（清）、天医药王殿（宋）、真官殿（元）、天后殿（清）、文昌殿（清）、祖师殿（元）、斗姆阁（清）、火神殿（清）、三茅殿（宋）、机房殿（明）、关帝殿（元）、东岳殿（宋）、痘司殿（宋）等14处，西脚门之后的配殿依次为：雷尊殿（元）（图11-2-1）、寿星殿（宋）、水府殿（清）等7处。三清殿后为弥罗宝阁，再后面是蓑衣真人殿（宋）、肝胃殿（清）、萨祖方丈殿等，被视为全国最大的道观之一。自清咸丰、同治之际遭受战火后，即渐趋衰落，宏伟的弥罗宝阁也于民国元年（1912年）8月28日失火焚毁。现有山门、三清殿等建筑。

正山门位于三清殿南，清乾隆四十年（1775年）重建。面阔5间（三间两落翼），进深6间，重檐歇山顶（图11-2-2）。正间脊柱落地，原先的大门置于正贴脊柱之间。如今山门被用作商铺，故将大门移至前后檐柱间（图11-2-3）。正间当中施双扇木板门，次间用半墙、直棂窗，边间砌以檐墙，开水作花窗。上、下檐口置牌科，下檐正间用三组桁间牌科、次间用两组，边间不用；上檐正、次间的桁间牌科与下檐同，只是下檐为三出参（出一跳），上檐为五出参（出两跳）。

三清殿为玄妙观正殿，南宋淳熙六年（1179年）重建。面阔九间，进深六间，重檐九脊殿顶（图11-2-4）。四周檐柱为八角石柱，殿内除内槽中央三间4根后金柱为抹角石柱外，余用木质圆柱，采用满堂柱式。柱础均为连磉有唇覆盆础，檐柱础上再施仿木质八角形石柱脚，殿内木柱则于础上加石鼓。下檐斗栱为四铺单昂（图11-2-5），昂的下缘向上微微反曲。柱头铺作昂嘴实为内檐华栱的延长，其上承月梁。梁头伸出作耍头，斫作宋式梢头。补间铺作皆用真昂，后尾挑起，以承托下平槫下的令栱。上檐柱头与补间铺作均为重昂（图11-2-6），华栱前端做出假昂，其后并无昂尾挑起。内槽斗栱于重抄之上，前后两面用上昂。内槽斗栱之上施平

图11-2-1 雷尊殿

图 11-2-2　正山门

图 11-2-3　今山门的大门

图 11-2-4　三清殿

图 11-2-5　下檐斗栱

图 11-2-6　上檐斗栱

棋，其形制与宋《营造法式》所述较接近，所以被认为是国内现存体量最大的宋代大殿之一，其面积达 1177.855 平方米。

但是也应看到，三清殿檐下斗栱的造型其实更接近当地的明清做法，也就是《营造法原》的形制，如所用的下昂即为《营造法原》所述的靴脚昂；建筑的屋顶坡度与《营造法式》所载的举折相距其远，而更接近其南侧重建于清初的正山门；因此至少说明它在清初的重修中曾有过重大的改动。

第三节　扬州琼花观

琼花观位于扬州城东文昌东路和琼花观街的交界处。相传琼花观的前身是始建于西汉元延二年（公元前 11 年）的后土祠。至唐僖宗中和二年（公元 882 年），经淮南节度副使高骈增修，易名唐昌观。宋时欧阳修在扬州任太守，于观内筑"无双亭"，以供养花。据称这里曾生长着举世无双的扬州古琼花，故俗称琼花观。宋徽宗赵佶赐金字匾额题为"蕃釐观"，意为"多福大福"。明朝扬州知府吴秀在观里建玉皇阁，阁为三层，既高大又壮丽，登阁就可以俯视全城。全盛时期观内有门前牌坊、三清殿、弥罗宝阁、文昌祠、深仁祠、竹轩花亭、无双亭和芍药亭等建筑，规模宏大，景色优美。明清时期屡有修葺，到清代晚期，琼花观日渐衰败，殿宇倾圮。民国时期，一场大火观内建筑基本全毁，仅存琼花台和"蕃釐观"石匾等。

现存的琼花观大致可分作前后两部分：前部由石牌坊（图 11-3-1）、山门（图 11-3-2）、三清殿（图 11-3-3）按轴线前后排列，东西两侧是两层的仿古楼房；后部是由琼花台、无双亭、聚琼轩、九曲碑廊等建筑与山水、花木构成的一区具有传统园林风格的后花园。

图 11-3-1　石牌坊

图 11-3-2　山门

图 11-3-3　三清殿

图 11-3-4　三清殿下檐斗栱
(a) 外拽；(b) 内拽

图 11-3-5　花园园门

图 11-3-6　临水轩

图 11-3-7　假山亭构

观前石牌坊为三间四柱冲天式，简洁的方柱，上部仅用上、下枋相联系，两枋间嵌以字版，字版仅明间镌以"蕃釐观"三字，余皆素平。柱下用抱鼓石座位前后支撑。柱头用祥云装饰。其后的山门及门内两侧的楼廊均为近年的仿古建筑，山门面阔三间，进深五架，单檐歇山顶。

三清殿原是兴教寺遗存的明代大殿，20世纪90年代移来。殿宇建于高大的台基之上，面阔五间，进深七架，添前后廊。屋顶为重檐歇山顶（图11-3-4）。台基四周绕以白石栏杆，前置宽阔的露台。

原先琼花观后还有高三层的玉皇阁，为明扬州知府吴秀所建，据称楼阁高大壮丽，登阁可以俯视全城。后毁于民国时期的那场大火。

蕃釐观因琼花的传说而得名，相传隋炀帝下扬州就是为了观赏琼花。宋时欧阳修守扬州，在观内建无双亭，以示天下无双。元末琼花枯死，观内道士补植聚八仙以替代琼花，并筑琼花台。今天观后花园景物皆为近年修造（图11-3-5～图11-3-7）。

第四节 东山轩辕宫

轩辕宫位于苏州市吴中区东山镇杨湾村后的贾家山麓。

一、历史沿革

据轩辕宫内原碧霞元君祠额枋下题字，"鸥夷藏日，庙祠随兴，至刘宋元嘉二年乙丑春重建，唐贞观二年修，宋高宗南渡封王再建，元至元四年修，明嘉靖庚子复修，清顺治六年岁次己丑夏募缘僧崇禄劝众鼎新"。民国《吴县志》则称"创于唐贞观二年"。

可见轩辕宫最初是当地居民为祭祀吴相伍子胥而设，故称胥王庙。之后在明代曾一度改称显灵庙、灵顺宫。民国时正殿改祀东岳大帝，殿名遂成为轩辕宫。

轩辕宫原有山门、碧霞元君祠、城隍庙、火神殿以及轩辕宫正殿等建筑，现仅存气势雄伟的轩辕宫正殿和城隍庙。建筑坐东朝西，依山而建。

二、城隍庙建筑组群

城隍庙沿轴线布置，前后三进。

第一进为面阔三间的山门，正间脊柱间安大门，上悬"轩辕宫"门额（图11-4-1a），次间砌为通高檐墙。其前砌为八字照墙（图11-4-1b）。背面两层，底层正间开敞，楼层为戏台，前面安设栏杆，现陈设着宗教雕像。两次间底层开四扇半窗，楼层用四扇楼窗（图11-4-2）。

进山门，过天井，是一幢面阔三间的前殿（图

(a)

(b)

图11-4-1 轩辕宫（城隍庙）大门
(a) 门额；(b) 远眺

图 11-4-2 大门背面

图 11-4-3 前殿正面

图 11-4-4　前殿构造
(a) 正贴；(b) 边贴；(c) 前轩；(d) 后双步

11-4-3)，进深八界，内四界及前轩用扁作，后双步为圆梁。山墙脊柱与金柱全部落地，构件纤细，制作较粗糙，反映了民间建筑特征（图11-4-4）。正立面正间用长窗六扇，两次间置半窗六扇。背立面正间用长窗，次间砌为檐墙。如今殿内被用作陈列，壁间嵌有明文征明的《东西两山图》和王鏊的《洞庭两山赋》。正间当中陈设着一座十分罕见的青石小亭——阴亭。

所谓阴亭是明代的一种特殊墓葬，石制，高3.58米，直径2.5米。中为空穴，以储尸骨。亭构六面，下部雕成须弥座阶台。阶台之上转角处雕为檐柱，下有櫍形柱础，上施额枋，柱间雕成仿木长窗。额枋之上有转角牌科和桁间牌科。其上覆六角攒尖顶，通体雕镂，结构严谨，从中既能了解明代建筑形制，也让人感叹石雕艺术的精美（图11-4-5）。

第三进是城隍庙正殿，面阔三间，进深六界，正贴为扁作，边贴用圆作，尺度较前殿略小（图11-4-6）。室内正间供奉汤文正公神像。汤文正公相传就是清初曾任江苏巡抚的汤斌（1627～1687年），因其为官清廉，故东山百姓尊其为当地城隍。

三、轩辕宫正殿

由城隍庙第三进侧门南折，上一高坡，即为高踞于山腰、西对太湖的轩辕宫正殿。

正殿面阔三间13.74米，进深八界11.84米，

图 11-4-5　阴亭

图 11-4-6　城隍庙后殿

图 11-4-7　正殿

平面近似方形。高约12.5米，单檐歇山顶，出檐较深远（图11-4-7）。

屋身之下有宽大的平直阶台，高约0.5米，正中置三级带垂带的副阶沿。正面正间辟四扇格子门，两次间用壶门形直棂木栅窗。背面仅正间设门窗。檐柱有明显的侧脚与升起，柱头有卷杀。柱下正贴用青石覆盆柱础，上置木鼓，边贴用青石櫍形柱础，正间柱础间用木质门槛，次间施用石质须弥座地栿。柱间用檐枋相连，上置斗盘枋，出头做霸王拳式的弧线装饰。外檐正间用四朵桁间牌科，两次间各为两朵，外出用五出参双下昂，上承梓桁。檐下柱头牌科与桁间牌科相同，转角牌科在纵横向亦同于桁间牌科，增设45°方向斜昂（图11-4-8）。

山面檐下用四柱，檐下前后间各施桁间牌科一，中间用三，其上承托落翼屋面。两山山花施木质搏风，宽度甚大，而山尖悬鱼较小（图11-4-9）。

室内四棵步柱落地，为梭柱形式，柱头有卷杀（图11-4-10）。柱子有明显侧脚，柱下为青石覆盆柱础，上置木鼓。四柱的柱头上承牌科，架大梁、山界梁，稍下施四平枋相互拉结（图11-4-11）。步柱与檐柱间在檐柱柱头用夹底进行拉结，上架双步梁，当中用牌科承短川。大梁、山界梁、双步梁以及短川用料粗壮，梁面微鼓，形体饱满。檐下内出牌科用琵琶科形制（图11-4-12）。步枋与步桁间施斗六升拱相互联络。步桁与脊桁上还残留着行龙彩绘痕迹（图11-4-13）。

建筑四角采用嫩戗发戗（图11-4-14），老戗的戗尾压于次间的步桁之下。

轩辕宫正殿是苏州现存年代最为久远的木结构古建筑之一，其结构造型与宋《营造法式》中"月梁造八架椽屋，前后乳栿用四柱"十分相似。

图 11-4-8 牌科
(a) 柱头牌科；(b) 桁间牌科；(c) 转角牌科

图 11-4-9 殿宇山面

图 11-4-10 内柱

图 11-4-11 大梁及山界梁等的结构形式

(a)

(b)

图 11-4-12 内出琵琶科形制
(a) 桁间牌科；(b) 转角牌科

图 11-4-13 行龙彩绘

图 11-4-14 戗角

江苏古建筑

第十二章 清真寺

江苏传统清真寺分布图

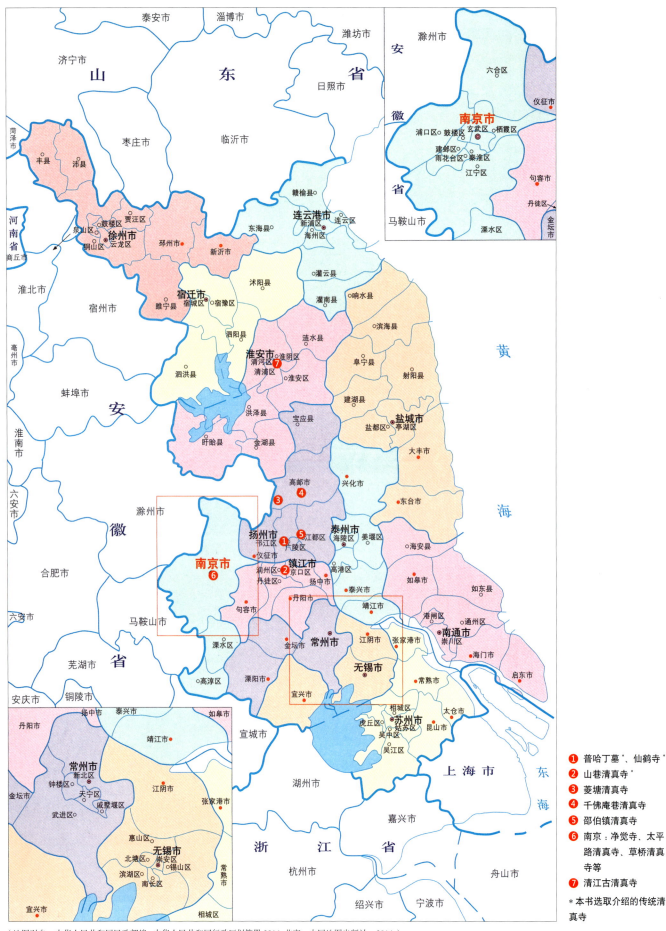

1. 普哈丁墓*、仙鹤寺*
2. 山巷清真寺*
3. 菱塘清真寺
4. 千佛庵巷清真寺
5. 邵伯镇清真寺
6. 南京：净觉寺、太平路清真寺、草桥清真寺等
7. 清江古清真寺

* 本书选取介绍的传统清真寺

（地图引自：中华人民共和国民政部编.中华人民共和国行政区划简册2014.北京：中国地图出版社，2014.）

第一节 概述

伊斯兰教创建于7世纪初的西亚，约在唐代永徽二年（公元651年）自西亚经由海陆两路传入中国，延续至今已有千年以上。中华大地上的伊斯兰文化在这漫长的千年历史中，一部分已逐步中国化，并形成了回族。在其清真寺（礼拜寺）的建造上表现为兼顾中国建筑的特点，甚至打上了中国各地的区域建筑标识。但由于伊斯兰教的教义与仪典的要求，清真寺的布置与我国的佛寺和道观是有所区别的，尤其在规划布局上很讲究。清真寺的主要建筑有礼拜殿、宣礼塔、讲堂、浴室以及办公居住用房等附属建筑，常用砖或石料砌成拱券或穹窿，一切装饰纹样只用可兰经文或植物与几何图案。大殿是清真寺中的主体建筑，是宗教活动的中心，不强调轴线对称，由前廊、礼拜殿和后窑殿三部分组成，多用几个勾连搭的屋顶连在一起，殿内均不置偶像。

在中国，清真寺建筑有两大体系之分：一类保留了阿拉伯的建筑形式和风格；另一类则是更多地体现了中国传统建筑文化与阿拉伯建筑艺术的融合，一般采用木构架结构，平面布局多以礼拜大殿为中心，采取纵轴式院落形制，庭院数进，幽深肃穆，而在装饰艺术上多采用阿拉伯文字与花卉图案，保留了阿拉伯建筑的风格，布局上则沿袭了西向布置的特点，这主要是由于其宗教礼拜要求所决定的。两者差异主要从各单体建筑安排、附属建筑处理、建筑装饰工艺三方面可见。其布局全部由向西礼拜产生的特点来决定。

江苏省镇江市是我国伊斯兰教传入较早的地区之一，唐朝初年就有来自阿拉伯、波斯地区的商人前来贸易、经商。为了方便进行宗教生活，生活在聚居区的镇江穆斯林便集资修建清真寺，山巷清真寺即是其中之一。该寺西临著名街道山巷，故得其名，又因地处古城西门外，亦称城西清真寺、西大寺。据清光绪五年（1879年）《丹徒县志》记载：山巷清真寺初建时仅有茅舍三间，"系康熙年间廓其基宇，咸丰三年毁于兵燹。同治十二年重建"。后来，穆斯林群众通过抽取"日儿钱"，聚沙成塔，终于在光绪二十八年（1902年）三月对山巷清真寺进行了一次大规模扩建，使之初具今日规模。山巷清真寺占地近3亩（2000平方米），主体为中国宫殿式建筑风格，主要建筑有门楼、前厅、天井、大殿、南讲堂、对厅和望月楼。雕梁画栋，结构严谨，庄重典雅。

扬州仙鹤寺又名清白流芳大寺，与广州狮子寺、泉州麒麟寺、杭州凤凰寺齐名，被誉为中国伊斯兰教的四大名寺，皆以瑞禽珍兽命名。扬州位于我国南北之间，建筑风格为北方"官式"建筑与江南民间建筑的结合。

高邮菱塘回族乡是江苏省唯一的少数民族乡，早在元朝时期，菱塘就有回民定居。相传七百多年前普哈丁来扬州传教时，菱塘即有三百多名回民在此生活，并建设了清真寺，作为本地和邻近县市穆斯林宗教活动的中心场所。菱塘清真寺位于回族乡北部的清真村，原占地面积3500平方米，呈前后三进、两厢三院。寺前有照壁，寺后有花园。寺内建筑有前殿、大殿、窑殿、水房、南北厢房、殡具室等二十多间。现存主要建筑有关殿、大殿和四方亭阁（窑殿）。窑殿建筑巨翼重檐，古朴典雅，具有浓郁的民族风格。

净觉寺是南京现存的唯一一座伊斯兰教清真古寺，因其位于南京市城南三山街，故又被称作"三山街礼拜寺"。据文献记载，净觉寺始建于明代，相传当时的净觉寺南临宫街、西至马巷、东至三山街、北至砂珠巷，约占地40亩（约26667平方米），规模十分宏大。后因屡遭毁坏，其面积也在多次修葺过程中不断缩小。现存的净觉寺为"光绪丁丑三年（1877年）桂月重建"，近年由市政府多次拨款修葺而成，占地面积约4363平方米，其主要建筑仍保留晚清风貌。寺院是以东西走向为轴心，呈长方形，共有四进院落组成。整体建筑为中国传统的四合院式建筑，布局严谨对称，楼、亭、殿、堂建筑均为砖木结构。

常州双桂坊清真寺，建于明洪武初年，原名"真教寺"，为时任常州推官杨漎川舍宅所建，明万历庚寅年（1590年），经常州知府马化龙扩建，进行了全面修葺。后多次遭到兵燹，如今的清真寺为原地翻建而成，是一座具有阿拉伯建筑风格的清真寺。新清真寺建筑面积4800多平方米，主体为五层，局部六层，穹顶高36米，是目前省内规模最大的清真寺。

淮阴县王营清真寺初创于雍正年间，道光末季日臻完善。据《淮阴金石录》记载："王营镇清真寺，创始于清雍正年间，延及道光末季，为吾族极盛时代"。王营镇清真寺的殿堂规模，最盛时有大殿三间，南讲堂、东讲堂各三间，还有大门、重门、水房、厨房等，四周有围墙，具有相当的规模。其建设大抵为"公产，远募相辅而成"，在中国清真寺中的修建、重修过程中具有典型性。

苏州太平坊清真寺建于1928年前后，当时的太平坊清真寺名为"清真义学"。1982年收回翻建为仿阿拉伯式教堂，翻建后的清真寺总面积657平方米，底层有伊斯兰教特有的水房，二层为礼拜大殿，三层为办公室和会议室，顶部由一个大圆顶和四个小圆顶组成，大圆顶上装有星月标志。

清真寺建筑是中国建筑领域的一朵奇葩，它集中展示了中国传统文化和伊斯兰文化长期交融形成的中国伊斯兰建筑特点和风格，它的创建和发展因伊斯兰教在中国不同地域和不同文化语境中的传播而呈现不同特点。

第二节　镇江清真寺

清真寺位于镇江城西清真寺巷，故称西大寺。据传该寺始建于唐代，但无法考证。而方志所载，清初这里尚为郊野，有茅舍三间，为当地居民作礼拜之用。康熙年间进行了扩建，渐具规模。咸丰毁于兵燹，同治十二年（1873年）和光绪二十八年（1902年）重修。

寺院布局呈不规则四边形，占地约两千余平方米。大门西向，面阔三间，硬山顶。明间辟门，檐下施用两个柱头科和四个平身科（图12-2-1、图12-2-2）。门额书"清真寺"三字。寺院北面另有

图12-2-1　清真寺大门

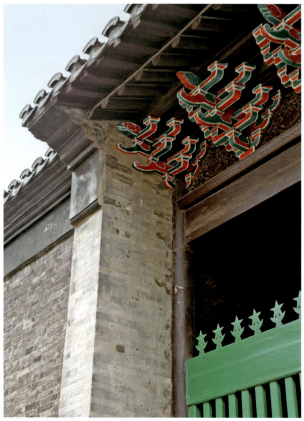

图12-2-2　大门斗栱

侧门（图12-2-3），采用当地传统建筑形制，上嵌清水砖框门额。平日礼拜即由此出入。

内部主体是一区东西向的规则四合院，礼拜大殿位于院落西侧，面阔五间，单檐硬山顶（图12-2-4）。和一般中国式清真寺结构一样，殿宇由前卷、中大殿、后窑殿三部分组成（图12-2-5）。前卷进深五架，中殿深九架，礼拜堂的面积约450平方米，成为江苏全省最大的伊斯兰礼拜大殿。大殿前以信一堂为对厅（图12-2-6）。南侧置南讲堂（图12-2-7），北侧为游廊（图12-2-8）。由此围合成约260平方米的天井，天井内铺设"十"字形石板甬路，四隅莳栽花木，环境优雅，俨然是传统中国庭院。

游廊的北墙上正中辟一小门，是礼拜者出入大殿的入口。对门砌有传统的清水照墙，只是从上嵌的古兰经经文上才可发现它与传统汉式建筑的差异（图12-2-9）。

此外寺院还有沐浴室、邦克楼等建筑，并形成多重院落。邦克楼是一座构筑于东北角楼房上的六角亭，极具我国古典建筑艺术特色（图12-2-10）。

图12-2-3　侧门

图12-2-4　礼拜大殿

图12-2-5　礼拜殿内景

图 12-2-6　信一堂

图 12-2-7　南讲堂

图 12-2-8　北侧为游廊

图 12-2-9　清水照墙　　　　图 12-2-10　六角亭状邦克楼

第三节　扬州仙鹤寺与普哈丁墓

普哈丁相传为伊斯兰先知穆罕默德女婿阿里支系的第 16 世裔孙，是著名的伊斯兰教学者。南宋咸淳年间（1265～1274 年）在扬州弘扬伊斯兰教，在其努力之下，获得了当地官员和地方人士的协助，兴建了一座布局独特、别具一格的寺院——仙鹤寺。

位于今扬州南门街的仙鹤寺被称为我国四大伊斯兰清真寺之一（图 12-3-1），与广州怀圣寺、泉州清净寺、杭州凤凰寺齐名。据称仙鹤寺状如仙鹤故名，说是大门（图 12-3-2）对面壁墙为"鹤嘴"；寺门翼角高翘，犹如鹤首高昂；入门狭长的甬道，形似鹤颈；礼拜大殿可视为鹤身；大殿（图 12-3-3）南北的半亭，如同鹤翼；殿后左、右庭院中的古柏，谓之鹤足，而殿后遍植竹篁，形如鹤尾；大殿前，左、右各有水井一眼，被视为鹤目。随着岁月的推移，寺院中的不少景物或已消失，或已改变。

如今的仙鹤寺为明、清时重修，之后又有不断的修葺、重构，现有桂花厅、佳秋阁、清漪亭、觅句廊、有宜雨轩、透风漏月等建筑物，园内堆筑山石、珍卉丛生，具园林胜概。

普哈丁前后在扬州生活了 10 年，其间他曾回西域 3 年，后又来到我国天津、济宁等地传教。南宋德祐元年（1275 年），普哈丁乘船沿古运河南下，途中病逝，遵其嘱，下葬于扬州城东古运河畔高岗，人们为他建造了精致的墓园（图 12-3-4）。明代因永乐帝的关注，墓园受到保护。清时也曾得到政府的重视而进行了多次修建。最初墓园是专为安葬普哈丁而设，后又陆续安葬了一些自南宋至明代来扬州传教的阿拉伯人，如宋景炎三年西域先贤撒敢达、明成化元年（1465 年）西域先贤马哈谟德、明成化五年（1469 年）西域先贤展马陆丁、明弘治十一年（1498 年）西域先贤法纳等。后来当地一些客居扬州的穆斯林因仰慕先贤，为了沾吉，归真后纷纷葬在其周围，成为我国古代有名望的中国回教人士墓群（图 12-3-5）。清代中期，普哈丁墓园旁边建造了一座清真寺（图 12-3-6），成为扬州伊斯兰教民从事宗教活动的重点场所。现存的普哈丁墓由古墓群（图 12-3-7）、清真寺和花园（图 12-3-8）三部分组成。

墓园坐东朝西，古墓群入口处有一石碑，镌刻着普哈丁的生平。普哈丁墓为阿拉伯样式的建筑，其平面呈方形，外覆一中国式亭构（图 12-3-9），

图 12-3-1 仙鹤寺

图 12-3-2 大门外观

图 12-3-3 大殿背面

图 12-3-4 普哈丁墓大门

图 12-3-5 回教墓群

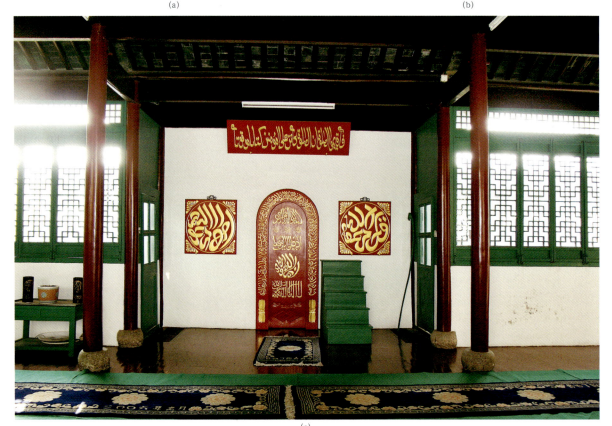

图 12-3-6　清真寺
(a) 清真寺外门；(b) 清真寺内门；(c) 礼拜大殿

图 12-3-7 墓园

图 12-3-8 花园

图 12-3-9 普哈丁墓亭

图 12-3-10 望月亭

面积约 14 平方米，高 3.5 米。内部为圆拱顶，外形呈四角攒尖亭式，四面砌为砖墙，每面各有一拱门，墓在亭中央，上有五级矩形青石墓顶，四周刻有《古兰经》铭文。墓园入口通道内，立有光绪三十四年（1908 年）普哈丁传记的石碑《先贤历史记略碑》。

墓园中还有一座双层六角的望月亭，底层砌有砖墙，东、西两面辟尖券门，其余为尖券窗，极具伊斯兰特征；上层则是木柱栏楯的中式攒尖亭，使两种建筑风格有机地合为一体（图 12-3-10）。

墓园向西是清真寺，寺院因坡地而建，高低错落。坡上的门楼悬有"天方矩矱"的匾额。循阶而下有礼拜堂及其他附属建筑。礼拜堂规模不大，但庭院穿插，屈曲有致。在西侧古运河的河岸边，辟为清真寺的大门。

花园部分占地虽然不小，但处理较为简单。

江苏古建筑

第十三章 祠祀

江苏著名祠祀分布图

❶ 无锡泰伯庙*、华孝子祠*、惠山镇祠堂群等
❷ 苏州城隍庙*
❸ 盛泽先蚕祠*
❹ 泰州城隍庙
❺ 宜兴周王庙
❻ 陆秀夫祠
❼ 浏河天妃宫
❽ 扬州阮家祠、墓
❾ 高淳周氏宗祠
❿ 礼嘉王氏宗祠
⓫ 张家港杨孝子祠

＊本书选取介绍的著名祠祀

（地图引自：中华人民共和国民政部编.中华人民共和国行政区划简册2014.北京：中国地图出版社，2014.）

第一节　概述

祠祀是祭祀先人的场所，大致可以分成两大类：一是为祭祀家族先祖，称宗祠；另一是为祭祀先贤圣哲，称贤祠。当然也有认为祭祀民间各种神灵的，可称作杂祠，但事实上古人已将其与祠祀分开，归入庙宇，称"野庙"。

祭祀家族祖先的祠堂也有规模大小的不同，城里的一些大户人家可能在自己的居宅之旁就会另立家祠，如苏州留园的西部一组建筑原先即为家祠；在一姓或数姓构成的村落，其中常会兴建属于有着同一血缘关系族人的祠堂，如坐落于太湖西山岛明月湾中就曾有邓、黄、秦、吴四姓的祠堂；在我国古代还有一些著名的望族，随着子嗣繁衍和迁徙，不仅在原祖籍地设有宗祠，其他栖息之地还会建立分祠，以此来建立彼此的联络。在我国古代建立祠堂也有一系列的制度规定，南宋朱熹的《家礼》中就有关于立祠堂之制。

祠堂中最初的重要功能是供奉和祭祀祖先，当然之后又衍生出各种不同的内容。如族人违反族规，族长就会在此行使族权，予以教育处理，直至驱逐出宗族。为了让族中弟子知书达礼，祠堂也会附设学校，族人子弟就在这里上学。甚至也会将这一建筑作为家族成员的社交场所。由于祠堂容含的功能众多，且需容纳较多族人的活动，更有显示家族权利和财力的意义，所以祠堂建筑一般都比民宅规模大、质量好，越有地位的家族，在其祠堂的建造方面往往也越讲究，高大的厅堂、精致的雕饰、上等的用材，成为这个家族光宗耀祖的一种象征。

贤祠是人们为崇敬和追慕先贤圣哲而设，兴建之地或在先贤家乡，如苏州天平山麓的范仲淹祠、石湖的范成大祠等；或在与先贤事迹有关的纪念地，如靖江的岳飞生祠、苏州沧浪亭的五百名贤祠等。各地所见十分普遍。这些祠庙略同于现代的人物纪念馆，但过去又应时祭拜如仪，具有一定的准宗教含义。

虽然先贤祭祀，亦属广义先祖崇拜范畴，但此类先贤祠都不由家族建造，不具有宗祠那样加强宗亲血缘关系的用意，其泛家族的色彩使它们具有更多的人文文化内涵，起着强化全民族共识的作用，有助于形成一种共通的文化心理。人们认为，被崇祀对象的诸如仁义、忠勇、智慧、坚毅等优良德行，与宗亲血缘之情一样，都应该得到加倍的重视。

神祠所祀既非祖先，也非真实存在过的圣贤，而是民间信仰的各类神灵，如火神庙、水神庙、马神庙、娘娘庙等。城隍庙也属神祠，所祭祀的原先是城墙与城壕的神祇，但后来人们将对本城有过突出贡献的先人尊为神灵，封作城隍，而其中的活动又带有诸多民俗、宗教色彩，因此依然保留了神祠的性质。

第二节　无锡泰伯庙

无锡泰伯庙又名至德祠、让王庙，位于今梅村镇的伯渎河畔，是为纪念周太王古公亶父的长子泰伯而建。

《史记·泰伯世家》载：周太王古公亶父有三子：泰伯、仲雍和季历，因季历之子昌（后来的周文王）素有贤名，故古公亶父有位季历及其子昌的想法。于是泰伯和仲雍出避荆楚，最后定居在梅里（在今无锡梅村）。当时前来归附的土著有千余家，奉立泰伯为君，称吴泰伯，自号"句吴"。到武王灭商，令人到吴地寻访泰伯、仲雍的后人，找到了仲雍的后人（泰伯无子）周章，正式册封为虞侯，于是吴太伯被后世奉为吴文化的鼻祖。

无锡泰伯庙相传建于东汉永兴二年（公元154年），吴郡太守糜豹在泰伯故宅立庙，经过历代修建，形成了一组肃穆庄严的建筑组群。现存的泰伯庙重建于明弘治十一年（1498年），之后在明万历二十四年（1596年）、天启三年（1623年）、清康熙三十一年（1692年）、五十七年（1718年）、乾隆三年（1738年）、嘉庆二十三年（1818年）、道光二十九年（1849年）相继进行修缮和扩建，泰伯庙的规模不断扩大，增加了不少建筑（图13-2-1）。经过历次修葺，泰伯庙沿中轴线自南至北分为前后两部分，前部有金水河、香花桥、"至德名邦"石坊、棂星门、戟门（图13-2-2），正殿至德殿，至德殿之后则有祖师殿、关帝殿；东侧有三让堂、尊德堂、仓厅、小让王殿、大夏堂、慈俭堂、圣堂、还山小筑；西边是珠宝堂、云山深处、德洽堂、采芝堂、隔凡楼、大树堂等（图13-2-3）。在历经兵燹后，明代遗存仅保留了至德殿和牌坊，其余为清代建筑。20世纪90年代，泰伯庙进行了大修，对业已破败的殿宇作了复建和重建，并增添了部分附房。

至德殿面阔五间，进深六界，单檐歇山顶（图13-2-4）。殿内立楠木柱14棵，两山面用石柱24根。步柱下置青石覆盆柱础，并间以木櫍，柱头用蒲鞋头。正间及次间的梁枋上绘有彩画，但在20世纪90年代的修葺时，进行了重绘。两山墙上嵌有历代修葺、重建泰伯庙的碑记，由此可以对庙宇的沿革、变迁有所了解。

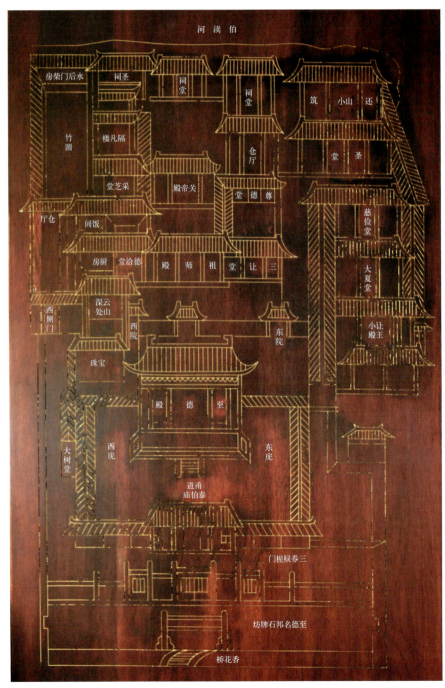

图13-2-1 泰伯庙图

(a)　(b)　(c)　(d)

图 13-2-2　棂星门外的石桥与石坊
(a) 金水河与香花桥；(b) 至德坊；(c) 棂星门；
(d) 戟门

(a)

(b)

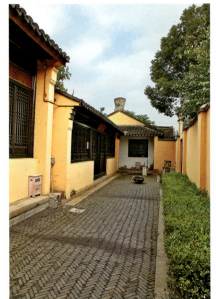
(c)

(d)

(e)

图 13-2-3　后部各殿宇
(a) 关帝庙；(b) 大夏堂；(c) 尊德堂；(d) 古井及石碑；
(e) 西路殿宇

(a) (b)

图 13-2-4　至德殿
(a) 殿宇外观；(b) 殿内神像与构架

第三节　苏州城隍庙

"城"原指挖土筑的高墙，"隍"原指没有水的护城壕。城隍庙的设置缘于对隍（水）墉（城）神的祭祀。

古代筑城是为了防御，有"筑城以为君"的说法，故需要修建高大的城墙，设置城楼、城门，内外开凿壕城、护城河。尽管如此，城内居民仍未必能躲避天灾人祸的威胁，因此他们创造了城池保护神——城隍爷，希望通过祭祀，以保障人们生活、生产的安全。

最初城隍只是我国原始信仰中的自然神之一，但在传统观念中，往往相信逝去的先人拥有护佑后辈的效力，因此一些曾对当地经济、文化等带来重要影响的人物被人们奉为地方的保护神——城隍，于是城隍这一自然神逐渐转变为人格神。

随着城隍在民间影响日益显著，道教也将城隍纳入自己的神系。在以后的发展过程中，城隍神就逐渐成为道教尊奉的主要冥界神灵之一。道教许多法事活动中，都要请城隍到场。

苏州城隍庙原建于子城西南隅，元末与子城并毁。明洪武三年（1370年）在雍熙寺废基上（今景德路）新建。明嘉靖、清顺治年间重修增葺，乾隆时重建。咸丰十年（1860年）遭兵燹后部分被毁，同治十二年（1873年）再度重建（图 13-3-1）。

由于苏州府曾为一府两县分治，所以庙宇设三条轴线，置一府两县三位神主。随着时代的变迁，东、西轴线建筑业已不存，现仅保留中轴一路部分建筑。前面是建于清代的仪门（图 13-3-2），之后为保留着明代特征的工字殿。

工字殿是前、后两殿，中用穿廊相连，形成"工"字形平面。前殿面阔五间，进深八界；后殿开间、进深与前殿相同，仅尺寸略小。两殿之间贯以阔三间深六界的回顶穿廊。前后殿均覆单檐歇山顶，前殿之前连以阔三间的回顶抱厦。其前置开阔的露台（图 13-3-3）。

殿宇的檐柱之下用覆盆连磉石础，前殿余柱之下在柱与柱础间加置木櫍与雕花鼓形石櫍。后殿在步柱和脊柱的覆盆柱础上加素面鼓形石櫍（图 13-3-4）。前殿部分析、枋上尚保留有彩画（图 13-3-5）。后殿西次间嵌有刻于清嘉庆二年（1797年）的《三横四直图》碑，从中可以了解到当时苏州城的河道系统。

仪门面阔三间，进深八界，单檐歇山顶（图 13-3-6）。20世纪90年代进行了修葺，两旁增添

(a)

(b)

图 13-3-1 城隍庙山门
(a) 正立面；(b) 背立面

图 13-3-2 仪门

图13-3-3 工字殿
(a) 前殿；(b) 穿廊；(c) 抱厦构架；(d) 前殿前轩构架；(e) 前殿内四界构架；(f) 后殿构架

图 13-3-4 工字殿石础
(a) 雕花鼓形石櫍柱础;(b) 素面鼓形石櫍柱础

图 13-3-5 彩画
(a) 桁条彩画;(b) 枋、牌科彩画

图 13-3-6 仪门构架
(a) 梁、枋与桁条的配合;(b) 脊柱与将军门的配合

图 13-3-7 太岁殿

了附房。工字殿后还有一座单檐硬山顶的太岁殿（图 13-3-7），其建造年代较迟，结构也相对简单。

相传这里原是三国时周瑜故宅，所以庙内还有周瑜井、周将军手植柏等古迹。庙内外原先还有照墙、牌坊、戏台等建筑，如今已经不存。

第四节　盛泽先蚕祠

桑蚕的饲养源于我国，传为黄帝轩辕氏的元妃、西陵氏之女嫘祖首先发现了蚕丝可以为人所利用，开始"教民养蚕"、"织丝茧以供衣服"。而在当代的考古成果中，则发现了太湖南岸钱山漾出土的距今四千七百多年的良渚文化时期的绢、丝带、丝线等丝绸织物成品，由此反映了在江南太湖流域养蚕、织丝的悠久历史。在明清时期，这一地区的丝织业更为普遍，且名声远播，成为这一地区的特色产业。过去蚕区百姓在养蚕之前或养蚕期间，都会去祀奉着蚕神的祠祀中进香，以求得蚕茧丰收，故江浙蚕区能够祭拜蚕神的庙宇随处可见，并在"小满"时节演戏敬神，成为最热闹的节庆。位于江苏南端的盛泽正是养蚕、织丝的中心，也是丝、绸产品的生产基地和产品集散地，素有"丝绸之都"的美称，所以当地的先蚕祠也最为恢宏，香火鼎盛。如今江南各地类似的祠庙俱已消失，盛泽先蚕祠可以说是硕果仅存。

盛泽镇的先蚕祠坐落于今五龙路口，为清道光年间（1821～1850 年）盛泽丝业商人公建，是当年祭祀行业祖师的场所，亦称蚕花殿或蚕王殿。现存的祠祀有东、西两路，彼此间有洞门相通。东路是祀奉蚕神的场所，沿轴线布置砖细门楼式大门、戏楼和蚕皇殿以及附属建筑；西路原是丝业公所议事的地方，附设花园等，现改成神庙。

先蚕祠的大门坐北朝南，是一座面阔三间的门屋。其前檐砌为檐墙，下部用花岗石砌成须弥座形式的墙基，墙顶用抛枋、牌科、墙檐收顶等（图 13-4-1）。正间原先只是一座石框券门，后在檐墙外皮筑牌科式砖细门楼（图 13-4-2），其形制与苏地常见的相仿，但在上枋与下枋间，因字碑位置的门额采用竖式匾额，故作了拉大处理，兜肚、碑位的上下尺寸增加，故其装饰也相应调整。上枋之上置砖细牌科，上覆歇山形屋顶。牌科门楼两侧各设置一座石框券门，门上嵌有"织云"、"绣锦"门额。门屋两侧用八字形清水砖壁。

过门楼不远为戏楼，戏楼两层，面阔三间，进深四界，上覆硬山顶，是为演员的后台，被用于化妆、剧务及演员的休息场所。戏楼正间的北面联以朝北

图 13-4-1　先蚕祠大门

图 13-4-2　券门及外设的牌科式砖细门楼

图 13-4-3　戏台

图 13-4-4　藻井

的戏台（图13-4-3），戏台高两层，底层辟为进入内院的通道，外墙敷砖细，平面近方形，楼层是表演场地，内悬"歌舞升平"额，其上内置鸡笼式藻井（图13-4-4），外覆歇山形屋顶。戏楼两侧与厢楼相通，楼两层，面阔五间，这里是客人观剧的楼座。

遥对戏楼是面阔三间的正殿蚕皇殿（图13-4-5），其内供奉轩辕、神农和嫘祖三位人文始祖，殿中高悬"先蚕遗泽"、"衣被苍生"的匾额。蚕皇殿主体部分深九界，构架扁作。分为前廊、前轩、内四界、后双步几个部分，上覆硬山顶。其前面附有与主体殿宇等宽的硬山抱厦，面阔亦分作三间，室内用深三界的扁作船篷轩，与殿宇主体用晴落天沟相联。建筑采用殿庭的构筑形制，抱厦的轩梁与主体殿宇中的前廊轩梁表面施用雕饰，其余梁架表面素平，但构架间的各种牌科起到了良好的装饰效果。抱厦之前置一开阔的露台，再前，即与戏台之间是一区石板天井，殿前左、右各设七间侧廊，前端与戏台厢楼相接（图13-4-6），由此构成严整、规则的庭院。

图 13-4-5　蚕皇殿

图 13-4-6　厢楼、侧廊与石板天井

图 13-4-7 财神庙

图 13-4-8 观音殿

图 13-4-9 花园

蚕皇殿之西是一座三楼三底的楼厅，虽然其构架采用厅堂的形制，但为与相邻的殿宇协调，使用了殿庭的尺度。当年先蚕祠属丝业公所，这里就是盛泽各丝行的集会、议事场所。晚清、民国年间，当地有大小丝行近百家，从业者逾千人，故亦需将建筑尺度放大，方可容纳众多的与会者。楼厅两侧各连一间边楼，内置供人上下的楼梯。如今议事厅改成了财神庙（图 13-4-7），东侧的边楼，也改成了观音殿（图 13-4-8）。

议事厅前被布置成花园，有水池曲桥、亭榭回廊、树石花卉，环境幽雅、气氛清逸（图 13-4-9）。与议事厅隔园相对的是五开间的两层楼房，它与议事厅之间有被布置于紧贴西墙的两层游廊相连。

第五节　无锡华孝子祠

位于无锡惠山东麓的华孝子祠,是为祭祀东晋时无锡孝子华宝而设。《南齐书》载,南齐高帝曾于建元三年(公元481年)赐华宝故宅"孝子"额。后"邑人即所居立祠祀焉",也就是将华宝的故居改作祭祀他的祠堂,因此被看成是当地历史最为久远的祠堂。之后祠址曾一度被改建为祭祀湛挺、李绅、陆羽的"三贤祠",元至治年间(1321~1323年)华宝的后裔华奇五"始于二泉之东偏,建祠以祀孝祖",赵孟頫题额。明代有多次重修、扩建、改造的记载,开凿承泽池、架溯源桥、建门头、碑亭(后改四面坊)、置永锡堂、设成志楼,清乾隆十二年(1747年),重建"竹叶玛瑙盘陀石"门头。次年于碑亭故址建四面坊。

祠东向,门前立四面牌坊(图13-5-1),系华氏宗族旌表忠孝节义及科第的纪念建筑物,俗称无顶亭。建筑近正方,四角用粗大的花岗石柱,坊顶施彩绘斗栱六重。

祠门牌坊式。门柱方形石质,木枋上施网形科,上覆歇山顶(图13-5-2)。其下门前置花斑石抱鼓石门枕一对,称竹叶玛瑙盘陀石。坊形祠门两侧砌有八字照墙。

祠门内是始建于明成化乙巳年(1485年)的永锡堂,后毁。2004年大修时恢复,为平屋三楹(图13-5-3)。

永锡堂后有明成化二十一年(1485年)开凿的承泽池,上架溯源桥(图13-5-4)。石桥用金山石桥面、青石栏板,两面桥拱上方双龙戏珠图案,雕工精美。过承泽池,西有八角形石砌鼋池(图13-5-5),传说古有惠山巨鼋游入其中,故名。后用青石砌为八角形水池,池中置阳山石螭首相向对峙,南面螭首吐出从二泉引来的清流,北面的螭首吸取池水通往惠山寺金莲池。

池西为华孝子祠的主体建筑孝祖享堂(图13-5-6)。面阔三间,深六界,上覆歇山顶。构架用楠木,

图13-5-1　四面牌坊内檐牌科

图 13-5-2　祠门

(a)

(b)

图 13-5-3　永锡堂
(a) 永锡堂前庭院；(b) 永锡堂内景

石质檐柱。虽曾在清乾隆二十七年（1762 年）落架翻修，但建筑形态依然保留了明代风格。堂中设龛，供孝子像，上悬"孝为行首"额（图 13-5-7），近年修葺时在四壁嵌有碑刻 34 方。

祠内最高处有两层的小楼，用于供奉主祀及配享神位，储藏祭器、祭祖、宴集等，称成志楼。楼始建于明代弘治甲子（1504 年），坐西朝东，枕惠山，傍二泉，依古寺，能将锡山云霞山色收于户牖之间。后倾圮。2005 年重新修复，为砖混仿木结构。

此外北侧还有祠丁房及碑廊等建筑。

图 13-5-4 承泽池与溯源桥

图 13-5-5 石砌鼋池

图 13-5-6 孝祖享堂正立面

图 13-5-7 孝祖享堂内景

江苏古建筑

第十四章 桥梁

江苏被列入国家级、省级文物的名桥分布图

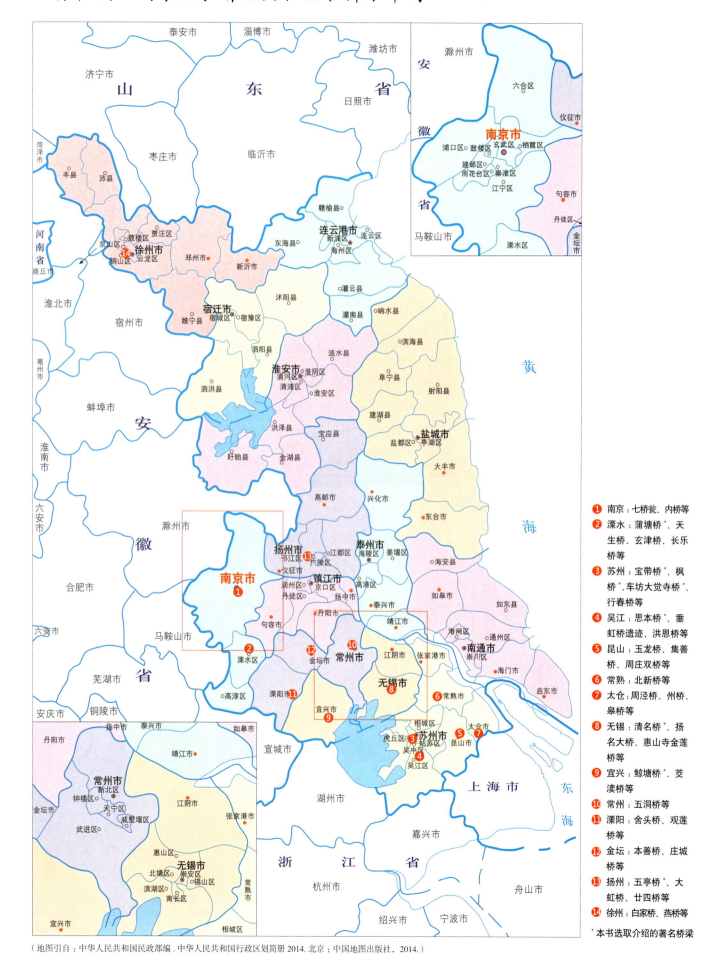

1. 南京：七桥瓮、内桥等
2. 溧水：蒲塘桥*、天生桥、玄津桥、长乐桥等
3. 苏州：宝带桥*、枫桥*、车坊大觉寺桥*、行春桥等
4. 吴江：思本桥*、垂虹桥遗迹、洪恩桥等
5. 昆山：玉龙桥、集善桥、周庄双桥等
6. 常熟：北新桥等
7. 太仓：周泾桥、州桥、皋桥等
8. 无锡：清名桥*、扬名大桥、惠山寺金莲桥等
9. 宜兴：鲸塘桥*、芟渎桥等
10. 常州：五洞桥等
11. 溧阳：舍头桥、观莲桥等
12. 金坛：本善桥、庄城桥等
13. 扬州：五亭桥*、大虹桥、廿四桥等
14. 徐州：白家桥、燕桥等

*本书选取介绍的著名桥梁

（地图引自：中华人民共和国民政部编.中华人民共和国行政区划简册 2014.北京：中国地图出版社，2014.）

第一节 概述

桥梁是为渡河而架设的人工构筑物。上古时代，人们为渡过小河，将倒地的树干架于河上，就形成最为简单的桥梁。至迟在春秋战国时期我国的黄河流域及其他地区已经有了单跨和多跨的木、石梁桥。1972年考古工作者在对春秋战国时齐国的国都山东临淄的探挖中，首次发现了梁桥的遗址和桥台遗迹，两处桥梁的跨径均在8米左右。北魏郦道元的《水经注》中，记载了在山西汾水上有座有三十柱，柱径5尺（约1.67米）的木柱木梁桥，桥始建于春秋晋平公年间，这是见诸古籍较早的一座大型梁桥。

由于河道一方面阻隔了陆上的通行，架设桥梁是为了方便通行；另一方面利用水路，也是便捷的交通、运输方法，因而随船只尺度的加大，需要抬高桥孔高度，于是除了将梁桥桥桩增高之外，还采用了伸臂木、石梁桥、撑架桥等形式，终于人们借助已经掌握的拱券技术，逐渐演化成拱桥。据已掌握的史料，大约在东汉中后期，我国的拱桥已经被广为运用。

江苏的大部分地区为江河入海口的冲积平原，这里水网密布，所以桥梁也随处可见。仅苏州一地唐代就曾有"红栏三百九十桥"（白居易《正月三日闲行》），若从宋《平江图》碑统计，城中桥梁也有将近三百座，但随着时间的流逝，不少桥梁都已消失在岁月的长河之中，也有不少因时代的变迁已作了改建。

早期江苏的古桥梁也与其他地区一样，有用木料进行构筑的，或采用石桥木栏的，因木材不耐久、易腐蚀，所以渐渐地都改用了全石桥。明清之后遗留的基本都是全石桥。桥的样式多为平桥（梁桥）和拱桥，有单跨和多跨之分。多跨的拱桥以奇数孔为多，有三、五、七孔石拱桥，一般以中孔最大，两边孔径依次按比例递减，桥墩狭薄轻巧，使桥梁造型协调匀称，自然落坡既便于行人上下，又利于各类船只的航运。江苏地区还有一种多达数十孔，甚至上百孔的连续拱桥。如徐州的景国桥，就多达104孔，著名的苏州宝带桥为连续53孔。这类长桥除了因架设于开阔的水面之外，更主要的是过去行船主要是借助风力，而当处于逆风行驶状态时，需要有人力拉拽，于是这种便于拉纤的桥梁就应运而生。

除了平桥（梁桥）、拱桥之外，我国还有索桥、浮桥等。索桥主要适用于崇山峻岭之中，江苏的地形地貌决定了不会出现这样的桥梁。而浮桥通常为临时性的桥梁，当需求消失，这样的桥梁也就被拆除，所以古代的浮桥不会留存太久。然而值得注意的是江苏至今仍保留着被称之为"浮桥"的地名，由此可以想象，当年这些地方或因架设了浮桥而使人口聚集，或因有了浮桥而使市镇兴盛。

第二节 苏州宝带桥

宝带桥，全长316.08米，故又名长桥，位于苏州市长桥镇，运河西侧，跨澹台湖口。它是贯通江、浙的陆路要道，又是汇太湖之水入吴淞出海的重要水口。

宝带桥始建于唐元和十四年（819年），因苏州刺史王仲舒为建桥捐助玉宝带而得名。后屡经兴废，明正统十一年（1446年）重建。现存桥为清同治十一年（1872年）重建，1956年修葺恢复了旧观。

宝带桥属我国古代多孔薄墩联拱石桥，建有52个桥墩，其中三孔联拱特别高，以通大船，两旁各拱路面逐渐下降，形成弓形弧线。桥梁全部采用联拱形式，使桥的自重减轻，又便于挽舟拉纤，同时亦利于桥下泄水。桥墩也极富特点，有了"柔性墩"、"刚性墩"两种形式，既有利于大桥的长久保存，又能使古桥的形式秀美轻巧（图14-2-1）。桥身面宽4.1米，桥块为喇叭形，桥两端各宽6.1米。桥梁两端各置石狮一对，另有石塔、碑亭等附属文物。

(a)

(b)

(c)

(d)

图 14-2-1　宝带桥
(a) 长长的桥身；(b) 南桥堍的石狮；(c) 北桥堍的石塔、石亭；(d) 中部桥旁石塔

第三节 苏州枫桥

枫桥，旧称封桥。位于苏州西北七里小镇枫桥镇，横跨于运河支流之上。

枫桥只是一座江南普通的月牙形单孔石拱桥，长 39.6 米，高 7 米，宽 4.2 米，跨径 10 米（图 14-3-1）。始建于唐代，据推断距今至少已有一千二百多年的历史。明崇祯末年、清乾隆三十五年（1770 年）都曾修缮过，现存的枫桥为清同治六年（1867 年）重建。

据史料记载，古时这里是水陆交通要道，设护粮卡，每当漕粮北运经此，就封锁河道，故名为"封桥"。与枫桥毗邻的是寒山寺，始建于梁代，距今已有一千四百多年的历史，因唐时名僧寒山在此任过住持，遂将枫桥寺易名为"寒山寺"。

枫桥自张继之后，为历代诗人所歌咏。晚唐诗人杜牧在《怀吴中冯秀才》中写道："长洲苑外草萧萧，却忆重游岁月遥；唯有别时今不忘，暮烟秋雨过枫桥"。

第四节 车坊大觉寺桥

位于原吴县车坊大姚村大觉寺遗址前，跨大觉寺南小河。大觉寺四周有小河环绕，现仅剩僧庐数间。桥始建于北宋庆历七年（1047 年），元至正十一年（1351 年）重建。梁式石桥，面为武康石，基础为青石，其金刚墙以块石错缝累叠而成。宽 2.70 米，长 5.15 米。桥面由五块略带拱势的长石条组成，中间三块较宽，两侧各有一块略高，组成沿口。沿口石侧面雕饰精美图案，东侧为二龙戏珠，西侧为宝珠、蝙蝠、仙人、天马等。梁头雕捧钵金刚力士，形象十分古朴（图 14-4-1）。大觉寺桥是研究宋元雕刻艺术和建桥技术的宝贵实例。

图 14-3-1 枫桥

图 14-4-1 大觉寺桥
(a) 现状;(b) 修复前

第五节　同里思本桥

思本桥是苏州市吴江区境内现存最古老的桥梁之一，位于同里镇辽浜村，桥架于市河桥港中段。据记载，桥为南宋诗人叶茵于宝祐年间（1253～1258年）所建，俗称思汾桥。

桥梁东西走向，单跨单孔拱券结构。拱券以分节并列法砌筑，顶宽1.85米，块宽1.90米，长22.50米，跨径9米，矢高4.50米。其矢跨比率恰为1∶2，拱券呈半圆形。桥身皆用武康石砌成。在桥东、西两边斜坡和桥面北侧，用三块大型的条石衔接，条石每块长为4.40米，宽0.73米。两侧石条则凿成阶沿，与相并石阶高低宽狭一致（图14-5-1）。如此构造，不仅能够显示其形体特色，更对维护整座桥梁免致坡侧倾斜起到极好的固定作用，所以桥身至今虽未经修葺而保存完好。今天所见除部分石阶因修葺而改为花岗石外，其余均为原初的武康石。历经七百余年风雨的古桥，至今两旁遍披青藤枝蔓，微露半轨桥孔，屹立在盈盈绿水之上，与水中倒影虚实相接，合成整圆，波光粼粼，秀丽异常。

图14-5-1　思本桥
(a) 远眺；(b) 近景

第六节　扬州五亭桥

五亭桥位于扬州瘦西湖上，清乾隆二十二年（1757年）巡盐御史高恒及扬州盐商为迎奉乾隆帝而建，因为建于莲花堤上，又因为形状像一朵盛开的莲花，所以它又叫莲花桥。

相传该桥是仿北京北海的五龙亭和十七孔桥而建的。"上建五亭、下列四翼，桥洞正侧凡十有五"。建筑风格既有南方之秀，也有北方之雄。

此桥将五亭聚于一桥，亭、桥合一，亭与亭之间以短廊相接，形成完整的屋面。桥亭用黄瓦朱柱，配以白色栏杆，亭内彩绘藻井，富丽堂皇。桥身则由三种不同的拱券连为一体，共十五桥孔，中心桥孔最大，跨度为7.13米，呈大的半圆形，直贯东西，旁边十二桥孔布置在桥础三面，可通南北，亦呈小的半圆形，桥阶洞则为扇形，可通东西。正面望去，连同倒影，形成五孔，大小不一，形状各殊，这样就在厚重的桥基上，安排了空灵的拱券，在直线的拼缝转角中安置了曲线的桥洞，使桥、亭配置自然、和谐（图14-6-1）。

(a)

(b)

图 14-6-1　五亭桥
(a) 夏景；(b) 冬景

第七节 溧水蒲塘桥

蒲塘桥跨于溧水县蒲塘镇之南12公里的蒲塘河上，是溧水县现存的最大的一座古桥。相传为当地赵姓居民的两代寡妇于明弘治年间（1488～1505年）主持建造的，所以又被叫作"寡妇桥"。

其实，史料记载，蒲塘河又名老新桥河，经石臼湖通扬子江，逶迤不竭。最初蒲塘河上有桥，为溧水至宣城驿路上的大桥，南宋末桥废。官府在此设蒲塘渡，有司以丁夫操舟济人。元兵渡江后，此渡口一度停办。元代皇庆元年（1312年）溧水州同知倪显与教授陈瑞探讨复设蒲塘渡。但因"春夏水湍激，秋冬水落，旁石峻险，辄坏舟。行者于是乎告艰矣"。弘治间（1488～1505年）巡撤侣公途经此地，命有司劝邑之富民并力复桥，未果。其后，有邑民赵琪兄弟请独自建桥，"遂捐所积蓄购石募工匠……所费无虑三千金，皆出自己囊，无一毫取诸他"。桥始建于明正德三年（1508年）春二月，落成于正德七年（1512年）冬十月。耗时五年。桥成之后，复用原名蒲塘桥。明正德十年（1515年）九月，溧水知县陈宪为表彰赵琪的义举，将蒲塘桥改名为尚义桥，并同时作《尚义桥记》，刻碑立于桥下。还在蒲塘镇修建了石牌坊，名尚义坊，以示对赵琪尚义之举的颂扬。

桥梁为多孔连续拱桥，长91.3米，桥面宽5.7米，为坦拱桥。桥下有八个带分水尖的桥墩，上架九个拱券。当中一孔最大，跨径10.6米，两侧各孔逐渐收小。据记载，施工时，"先以桩木绝河而下之，次以石固其两崖。河之中垒石为趾，分九瓮，水去无滞，上以版石通墁，两旁栏干石壁立"（图14-7-1）。

随着岁月的流逝，以及超负荷的使用与人为的毁坏，桥的侧墙已局部脱落，拱券横拉条石多处断裂，部分拱券及桥墩向外侧倾斜，桥面漏水严重，已经严重威胁到了该桥的安全。

图14-7-1 蒲塘桥

图 14-8-1 清名桥
(a) 现状；(b) 20 世纪 50 年代旧照

第八节 无锡清名桥

清名桥，原称清宁桥，位于无锡南门外的古运河与伯渎港交汇处，飞架于运河两岸。在清名桥南侧是伯渎河，流经梅村至常熟。

清名桥始建于明万历年间（1573～1620年），是寄畅园主人秦燿的两个儿子捐资建造的，因兄弟俩的大名分别是太清、太宁，因此各取一字叫作"清宁桥"。清康熙八年（1666年）无锡县令吴兴祚重建。道光年间因避讳而改名为清名桥，也有人称它为"清明桥"。

桥梁为单孔石拱桥，桥长43.2米，宽5.5米，高8.5米，桥孔跨度13.1米，全系花岗石堆砌而成。因两岸地势高低关系，东西石级不等，东有石级46级，西有43级（图14-8-1）。拱券为江南常见的分节平列式，共11节，券洞两面的券石上，各有题刻。一立于清咸丰年间，介绍桥梁和更改桥名经过；一立于同治年间，介绍重建清名桥的始末。桥栏上没有雕饰，每侧立两个望柱，显得十分古朴。1983年在桥东西侧，发现清代石碑两方，一为邹一桂所书，乾隆三十一年（1766年）立；一为同治九年（1870年）九月立。整座桥造型匀称、稳固雄伟，是无锡古运河上最著名的景点。

第九节 宜兴鲸塘桥

鲸塘桥位于江苏省宜兴市，跨越鲸溪河，明嘉靖三十年（1551年）建，清光绪十八年（1892年）重建。半圆形石拱桥，共3孔，长44.2米，宽4.5米，中孔跨径8米，两边孔跨径7.7米，自桥顶至两埠各有42级台阶（图14-9-1）。

(a)

(b)

图 14-9-1 鲸塘桥
(a) 春景；(b) 暮色

附录一　被列入全国重点文物保护单位的江苏古建筑

第一批：1961年3月4日公布，全国共180处。1964年10月26日撤销1项。1981年恢复1项。江苏省共有8处，其中6处为古建筑。

序号	名称	始建年代	所在地	附录
1	太平天国忠王府	清	苏州市	
2	苏州云岩寺塔	五代末	苏州市	北宋初建成
3	拙政园	明	苏州市	
4	留园	明	苏州市	
5	苏州文庙	宋	苏州市	现存建筑始建于明
6	明孝陵	明	南京市	

第二批：1982年2月23日公布，全国共62项。江苏省有3项入选，都为古建筑。

序号	名称	始建年代	所在地	附录
7	太平天国天王府遗址	清	南京市	
8	玄妙观三清殿	宋	苏州市	
9	网师园	清	苏州市	初建于宋

第三批：1988年1月13日公布，共258项。江苏省有18项入选，其中12项为古建筑。

序号	名称	始建年代	所在地	附录
10	周恩来故居	清末	淮安市	
11	南京城墙	明	南京市	
12	寄畅园	明	无锡市	
13	环秀山庄	清	苏州市	此园本是五代吴越钱氏"金谷园"旧址
14	何园	清	扬州市	
15	个园	清	扬州市	
16	栖霞寺舍利塔	南朝齐	南京市	
17	瑞光塔	宋	苏州市	
18	南京南朝陵墓遗址	南朝梁	南京市	
19	丹阳南朝陵墓	南朝梁	丹阳市	
20	淹城遗址	春秋	常州市	
21	南唐二陵	五代	南京市	

第四批：1996年11月20日公布，共250项。苏省有11项入选，其中7项为古建筑。

序号	名称	始建年代	所在地	附录
22	扬州城遗址	隋唐	扬州市	
23	大伊山石棺墓	石器时代	灌云县	
24	汉楚王墓群	汉	徐州市	
25	明祖陵	明	盱眙县	
26	罗汉院双塔及正殿遗址	宋	苏州市	
27	彩衣堂	清	常熟市	
28	盂城驿	明	高邮市	

第五批：2001年6月25日公布，共518项，并将第一批所公布的2项合并为1项。2002年11月22日增补1项。2003年3月、4月各增补1项。江苏省有13项入选，其中9项为古建筑。

序号	名称	始建年代	所在地	附录
29	普哈丁墓	南宋末	扬州市	清末重修
30	浡泥国王墓	明	南京市	
31	徐霞客故居	明	江阴市	清代重建
32	退思园	清	吴江市	
33	宝带桥	唐	苏州市	明、清重修
34	耦园	清	苏州市	
35	龙王庙行宫	清	宿迁市	
36	水绘园	明	如皋市	
37	薛福成故居	清末	无锡市	

第六批：2006年5月25日公布，共1080项。江苏省有66项入选，其中43项为古建筑。

序号	名称	始建年代	所在地	附录
38	钟山建筑遗址	南朝梁	南京市	今明孝陵一带的唐、宋、明代建筑等
39	明故宫遗址	明	南京市	
40	鸿山墓群	春秋	无锡市	
41	徐州墓群	东汉	徐州市	
42	象山王氏家族墓地	东晋	南京市	
43	泰伯庙和墓	明	无锡市	清末重建
44	沧浪亭	五代	苏州市	清末重建

续表

序号	名称	始建年代	所在地	附录
45	惠山镇祠堂	明、清	无锡市	
46	南通天宁寺	唐	南通市	后世历代均有修葺
47	崇教兴福寺塔	宋	常熟市	明清均有修葺
48	海清寺塔	宋	连云港市	
49	紫金庵及罗汉塑像	唐	苏州市	
50	报恩寺塔	宋	苏州市	明清均有修葺
51	太仓石拱桥	元	太仓市	
52	盘门	元	苏州市	
53	狮子林	元	苏州市	清代重修
54	轩辕宫正殿	元	苏州市	
55	寂鉴寺石殿	元	苏州市	
56	昭关石塔	元	镇江市	
57	户部山古建筑群	明、清	徐州市	
58	瞻园	明	南京市	清代重修
59	泰州城隍庙	唐	泰州市	后世历代均有修葺
60	东林书院	宋	无锡市	明
61	昭嗣堂	明	无锡市	
62	赵用贤宅	明	常熟市	
63	张溥宅第	明	太仓市	
64	东山民居	明、清	苏州市	
65	艺圃	明	苏州市	清代重修
66	全晋会馆	清	苏州市	
67	淮安府衙	明	淮安市	清代重修
68	师俭堂	清	吴江市	
69	莲花桥和白塔	清	扬州市	
70	吴氏宅第	清	扬州市	
71	扬州大明寺	南朝宋	扬州市	后世历代均有修葺
72	小盘谷	清	扬州市	
73	高邮当铺	清	高邮市	
74	甘熙宅第	清	南京市	
75	天下第二泉庭院及石刻	清	无锡市	
76	俞樾旧居	清	苏州市	

续表

序号	名称	始建年代	所在地	附录
77	阿炳故居	清	无锡市	
78	春在楼	清	苏州市	
79	柳亚子旧居	清	吴江市	
80	朱自清旧居	清	扬州市	

第七批：2013年5月3日正式公布，共计1943处，另有与现有全国重点文物保护单位合并的项目共计47处。其中江苏省有43处古建筑入选。

序号	名称	始建年代	所在地	附录
81	尹湾汉墓	汉	东海县	
82	上坊孙吴墓	三国	南京市	
83	仙鹤观六朝墓地	魏晋	南京市	
84	顾炎武墓及故居	清	昆山市	
85	海春轩塔	唐	盐城市	
86	文通塔	宋	淮安市	
87	甲辰巷砖塔	宋	苏州市	
88	思本桥	宋	吴江市	
89	东庙桥	宋	吴江市	
90	月塔	宋	淮安市	
91	聚沙塔	宋	常熟市	
92	兴国寺塔	宋	江阴市	明及之后重修
93	甘露寺铁塔	宋	镇江市	明及之后重修
94	万佛石塔	元	苏州市	
95	七桥瓮	明	南京市	
96	普塘桥	明	南京市	
97	开元寺无梁殿	明	苏州市	
98	玉燕堂	明	昆山市	
99	秦峰塔	明	昆山市	
100	慈云寺塔	明	吴江市	
101	广教禅寺	明	南通市	清及之后重修
102	周王庙及其碑刻	明	宜兴市	清及之后重修
103	日涉园	明	泰州市	民国重修

续表

序号	名称	始建年代	所在地	附录
104	隆昌寺	明	句容市	民国重修
105	浏河天妃宫遗迹	清	太仓市	
106	近园	清	常州市	
107	杨柳村古建筑群	清	南京市	
108	苏州织造府旧址	清	苏州市	
109	卫道观前潘宅	清	苏州市	
110	杨氏宅邸	清	张家港市	
111	燕园	清	常熟市	
112	敬业堂	清	昆山市	
113	先蚕祠	清	吴江市	
114	耕乐堂	清	吴江市	
115	学政试院	清	泰州市	
116	适园	清	江阴市	
117	史可法墓园	清	扬州市	
118	汪氏盐商住宅	清	扬州市	
119	贾氏盐商住宅	清	扬州市	
120	卢氏盐商住宅	清	扬州市	
121	逸圃	清	扬州市	
122	扬州重宁寺	清	扬州市	
123	汪氏小苑	清	扬州市	

附录二　被列入江苏省级重点文物保护单位的古建筑

第一批江苏省级重点文物保护单位于 1956 年 10 月 18 日由江苏省人民委员会公布，第二批于 1957 年 8 月 30 日公布。1982 年 3 月 25 日江苏省人民政府将第一、二批文物保护单位合并、调整，重新公布：其中古建筑及建筑遗址、古墓葬等有 80 处之多。

序号	名称	始建年代	地点	备注
1	天王府遗址	太平天国	南京市	1982 年公布为全国重点文物保护单位
2	天堡城遗址	太平天国	南京市	
3	曾水源墓	太平天国	南京市	
4	忠王府遗址	太平天国	苏州市	1961 年公布为第一批全国重点文物保护单位，1965 年撤消，1981 年恢复。
5	瞿秋白故居	清	常州市	1996 年公布为第四批全国重点文物保护单位
6	石头城遗迹	东汉	南京市	1988 年作为"南京城墙"部分公布为第三批全国重点文物保护单位
7	文通塔	唐	淮安市	
8	寿春轩塔	唐	东台市	
9	栖霞寺舍利塔	五代重建	南京市	1988 年公布为第三批全国重点文物保护单位
10	云岩寺塔	五代	苏州市	1961 年公布为第一批全国重点文物保护单位
11	罗汉院双塔及正殿遗迹	北宋	苏州市	1996 年公布为第四批全国重点文物保护单位
12	秦峰塔	北宋	昆山市	
13	瑞光寺塔	北宋	苏州市	1988 年公布为第三批全国重点文物保护单位
14	海青寺塔	北宋	连云港	
15	铁塔	北宋	镇江市	
16	崇教兴福寺塔	南宋	常熟市	现为全国重点文物保护单位
17	报恩寺塔	南宋	苏州市	现为全国重点文物保护单位
18	保圣寺塔	南宋	高淳	
19	玄妙观三清殿	南宋	苏州市	包括附属建筑物，1982 年公布为第二批全国重点文物保护单位
20	万佛石塔	元	吴中区	
21	轩辕宫正殿	元	吴中区	现为全国重点文物保护单位
22	寂鉴寺石殿、佛龛及造像	元	吴中区	现为全国重点文物保护单位
23	聚宝门（中华门）	五代始建 明代扩建	南京市	1988 年作为"南京城墙"部分公布为第三批全国重点文物保护单位
24	鼓楼	明代	南京市	
25	明故宫遗迹	明代	南京市	

续表

序号	名称	始建年代	地点	备注
26	镇国寺塔	唐	高邮市	宋、明均有修葺
27	城隍庙工字殿	明	苏州市	包括"苏郡城河三横四直图说"碑，清嘉庆二年（1797年）立
28	灵谷寺无梁殿	明	南京市	
29	天宁寺	明	南通市	
30	宝带桥	明	吴中区	石塔为宋代遗物，2001年公布为第五批全国重点文物保护单位
31	慈云寺塔	明	震泽镇	
32	隆昌寺无梁殿、铜殿	明	句容市	
33	开元寺无梁殿	明	苏州市	
34	太平兴国教寺大殿	明重建	南通市	
35	朝天宫	明、清	南京市	
36	东林书院	明、清	无锡市	现为全国文保单位
37	莲花桥	清	扬州市	
38	船厅	清	兴化市	为李园一部分，现在市博物馆内
39	宋武帝刘裕初宁陵、石刻	南朝	南京市	1988年作为"南京南朝陵墓石刻"部分公布为第三批全国重点文物保护单位
40	梁安康成王萧秀墓、石刻	南朝	南京市	同上
41	梁始兴忠武王萧憺墓、石刻	南朝	南京市	同上
42	梁鄱阳忠烈王萧恢墓、石刻	南朝	南京市	同上
43	梁吴平忠侯萧景墓、石刻	南朝	南京市	同上
44	梁临川靖惠王萧宏墓、石刻	南朝	南京市	同上
45	梁新渝宽侯萧暎墓、石刻	南朝	南京市	同上
46	梁建安敏侯萧正立墓、石刻	南朝	南京市	同上
47	陈武帝陈霸先万安陵墓、石刻	南朝	南京市	同上
48	陈文帝陈蒨永宁陵、石刻	南朝	南京市	同上
49	齐宣帝萧承之永安陵、石刻	南朝	丹阳市	1988年作为"丹阳陵墓石刻"部分公布为第三批全国重点文物保护单位
50	齐武帝萧颐景安陵、石刻	南朝	丹阳市	同上
51	齐景帝萧道生修安陵、石刻	南朝	丹阳市	同上
52	齐明帝萧鸾兴安陵石刻	南朝	丹阳市	同上
53	梁文帝萧顺之建陵石刻	南朝	丹阳市	同上
54	梁武帝萧衍修陵石刻	南朝	丹阳市	同上

续表

序号	名称	始建年代	地点	备注
55	梁简文帝萧纲庄陵石刻	南朝	丹阳市	同上
56	陵口陵墓石刻	南朝	丹阳市	同上
57	水经山村陵墓石刻	南朝	丹阳市	同上
58	梁南康简王萧续墓石刻	南朝	句容市	1996年归入"丹阳南朝陵墓石刻"公布为全国重点文物保护单位
59	明孝陵	明	南京市	1961年公布为全国文物重点保护单位
60	邓愈墓	明	南京市	
61	李文忠墓	明	南京市	
62	徐达墓	明	南京市	
63	沈周墓	明	苏州市	
64	文徵明墓	明	苏州市	
65	王鏊墓	明	常熟市	
66	唐荆川墓	明	常熟市	
67	曹顶墓	明	南通市	
68	唐寅墓	明	苏州市	
69	葛成墓	明	苏州市	
70	翟式耜墓	明	常熟市	
71	五人墓	明	苏州市	
72	史可法寺墓	清	扬州市	
73	王石谷墓	清	常熟市	
74	关天培祠墓	清	淮安市	
75	邓廷桢墓	清	南京市	
76	翁同龢墓	清	常熟市	
77	淹城遗址	西周	武进区	现为全国文保单位
78	阖闾城遗址	春秋	无锡市、常州市	
79	越城遗址	春秋	苏州市	
80	扬州古城遗址	汉、宋	扬州市	1996年"扬州城遗址"（隋到宋）被公布为第四批全国文物重点保护单位

第三批：江苏省人民政府于1982年3月25日公布，其中古建筑及建筑遗址、古墓葬等有170处。

序号	名称	始建年代	地点	备注
81	罗廊巷太平天国建筑、壁画	太平天国	南京市	

续表

序号	名称	始建年代	地点	备注
82	天朝总圣库、英王府遗址	太平天国	南京市	
83	金沙井太平天国建筑	太平天国	南京市	
84	宜城镇太平天国建筑、壁画	太平天国	宜兴市	
85	戴王府遗址	太平天国	金坛市	
86	护王府遗址	太平天国	常州市	
87	集善桥及"太平天国"刻字	清	昆山市	
88	柳亚子故居	清	黎里镇	
89	周恩来故居	清	淮安市	1988年公布为第三批全国重点文物保护单位
90	大明寺遗址及鉴真纪念堂	唐	扬州市	1973年重建鉴真纪念堂
91	楞伽寺塔	北宋	苏州市	
92	月塔	宋	涟水县	
93	定林寺塔	宋	南京市	
94	城河石拱桥	元	太仓市	包括：周泾桥、州桥、皋桥等
95	盘门	元	苏州市	
96	南京城墙	明	南京市	1988年公布为第三批全国文物重点单位
97	七桥瓮	明	南京市	
98	言子祠	明	常熟市	包括文庙戟门等
99	惠山寺金莲桥	宋	无锡市	明天顺四年（1460年）重建
100	唐荆川宅	明	常州市	
101	真武庙大殿	明	江都市	
102	铁铃关	明	苏州市	
103	昭关石塔	元	镇江市	明万历十年（1582年）重建
104	文庙大成殿	明重建	如皋市	
105	泰伯庙	明	无锡市	
106	西方寺大殿	明	扬州市	
107	楠木厅及石雕艺术品	明	东山镇	
108	绍德堂	明	东山镇	
109	明善堂	明	东山镇	
200	熙庆堂	明	东山镇	
201	怀荫堂	明	东山镇	
202	瑞蔼堂	明	东山镇	

续表

序号	名称	始建年代	地点	备注
203	凝德堂	明	东山镇	
204	丁古角明代住宅	明	南通市	
205	关地庙巷明清住宅	明、清	南通市	
206	彩衣堂	清	常熟市	1996年公布为第四批全国文物重点单位
207	税东街明清住宅	明、清	泰州市	
208	前北岸明代楠木厅	明	常州市	
209	沧浪亭	宋	苏州市	清重建，2000年被列为世界文化遗产
210	寄畅园	明	无锡市	清重建，1988年公布为第三批全国文物重点单位
211	拙政园	明	苏州市	清初改建，1961年公布为第一批全国文物重点单位，1997年列为世界文化遗产
212	瞻园	明	南京市	清代、1962年重修，包括东王府、夏官付丞相衙遗址
213	清凉寺	清	常州市	
214	龙王庙行宫	清	宿豫区	2001年公布为第五批全国重点文保单位
215	环秀山庄	清	苏州市	包括汪氏义庄。1988年公布为第三批全国重点文物保护单位。1997年列为世界文化遗产
216	燕园	清	常熟市	
217	小盘谷	清	扬州市	
218	网师园	清	苏州市	1982年公布为第二批全国重点文保单位。1997年列为世界文化遗产
219	狮子林	元	苏州市	2000年列为世界文化遗产
220	个园	清	扬州市	1988年公布为第三批全国重点文保单位
221	天宁寺	清	扬州市	
222	横塘驿站	清	苏州市	
223	怡园	清	苏州市	
224	退思园	清	同里镇	包括住宅。2001年公布为第五批全国重点文保单位。2000年列为世界文化遗产
225	留园	明	苏州市	清光绪初重建。1961年公布为第一批全国重点文保单位。1997年列为世界文化遗产
226	近园	清	常州市	
227	戒幢律寺	清	苏州市	
228	何园	清	扬州市	1988年公布为第三批全国重点文保单位
229	日涉园	明	泰州市	清重修

续表

序号	名称	始建年代	地点	备注
230	寒山寺	南朝	苏州市	清光绪重建。包括江村桥、枫桥
231	同里镇	明、清	吴江市	1995年列为省级历史文化名镇
232	诸公井亭	清	东山镇	
233	全晋会馆	清	苏州市	包括戏台、大门两旁吹鼓亭各一及桂花厅、楠木厅
234	东坝戏台	清	高淳区	
235	天宁寺	清	常州市	包括日晷
236	东山地主宅院	清末	东山镇	
237	沧溪戏台	清末	高淳区	
238	金家村陵墓、石刻	南朝	丹阳市	1988年作为"丹阳南朝陵墓石刻"部分列为第五批全国重点文保单位
239	张家库陵墓、石刻	南朝	南京市	1988年作为"南京南朝陵墓石刻"部分列为第五批全国重点文保单位
240	徐家村陵墓、石刻	南朝	南京市	同上
241	北家边陵墓、石刻	南朝	南京市	
242	延陵季子碑	唐	丹阳市	大历十四年（779年）重刻
243	双孤堆古墓葬	汉	睢宁县	
244	天山汉墓	汉	高邮市	
245	土山汉墓	东汉	徐州市	
246	明祖陵	明	盱眙县	1996年公布为第四批全国重点文保单位
247	浡泥国王墓	明	南京市	2001年公布为第五批全国重点文保单位
248	翩祥墓	明	吴中区	
249	刘智墓	清	南京市	
250	王锡阐墓	清	震泽镇	

第四批：江苏省人民政府于1995年4月19日公布，其中古建筑及建筑遗址、古墓葬等有65处。

序号	名称	始建年代	地点	备注
251	陈去病故居	清末	同里镇	
252	周恩来童年读书处旧址	清末	淮安市	
253	顾正红烈士故居	清末	滨海县	
254	大觉寺桥	宋	吴中区	包括香花桥
255	本善桥	宋	金坛市	

续表

序号	名称	始建年代	地点	备注
256	东庙桥	宋	吴江市	
257	思本桥	宋	同里镇	
258	光福寺塔	宋	光福镇	
259	兴国寺塔	宋	江阴市	明重修
260	聚沙塔	宋	常熟市	
261	范文正公忠烈庙	宋	苏州市	明、清重修。包括太平山庄、范坟等
262	兴福寺	宋	常熟市	明、清重修
263	井亭桥等	元	太仓市	包括金鸡桥等，现为全国重点文物保护单位
264	天生桥	明	溧水区	
265	仙鹤寺	明	扬州市	
266	浏河天妃宫	明	太仓市	
267	玉燕堂	明	周庄镇	
268	南山寺大雄宝殿	明	泰州市	
269	徐大宗祠楠木厅	明	宜兴市	
270	昭嗣堂	明	无锡市	现为全国重点文物保护单位
271	王鏊祠	明	苏州市	
272	赵用贤宅	明	常熟市	现为全国重点文物保护单位
273	艺圃	明	苏州市	现为全国重点文物保护单位。2000年列为世界文化遗产现
274	崇儒祠	明	泰州市	
275	盂城驿	明	高邮市	1996年公布为第四批全国重点文物保护单位
276	张溥故居	明	太仓市	现为全国重点文物保护单位
277	管干贞故居	明	常州市	
278	张家祠堂正厅	明	句容市	
279	富安明代住宅	明	富安镇	
280	泰州明代住宅	明	泰州市	包括宫宅、季宅、王宅等
281	泰州城隍庙	明	泰州市	
282	五柳堂	明	镇江市	清重修
283	文昌阁	明	宜兴市	
284	耦园	清	苏州市	2001年公布为第五批全国重点文保单位。2000年列为世界文化遗产
285	水绘园	明	如皋市	2001年公布为第五批全国重点文保单位

续表

序号	名称	始建年代	地点	备注
286	敬业堂	清	周庄镇	
287	冯道立宅	清	东台市	含务本堂水龙会所
288	重宁寺	清	扬州市	
289	文游台	清	高邮市	
290	甘熙故居	清	南京市	
291	先蚕祠	清	盛泽镇	
282	鲍氏大楼	清	安丰镇	
293	江阴文庙	清	江阴市	
294	师俭堂	清	震泽镇	现为全国重点文物保护单位
295	张中丞庙	清	无锡市	
296	俞樾故居	清	苏州市	现为全国重点文物保护单位
297	薛福成故居	清	无锡市	2001年公布为第五批全国重点文保单位
298	宋曹宅	清	盐城市	
299	六合文庙	清	南京市	
300	陆秀夫祠	明	盐城市	1984年重修
301	西汉楚王墓群	汉	徐州市	1996年公布为第四批全国重点文保单位
302	拉犁山东汉墓	汉	徐州市	
303	田舍村隋墓	隋	武进区	
304	隋炀帝陵	隋	扬州市	
305	倪瓒墓	元	无锡市	
306	申时行墓	明	苏州市	
307	恽南田墓	清	武进区	
308	顾炎武墓	清	昆山市	
309	徐灵胎墓	清	吴江市	
310	琉球国京都通事郑文英墓	清	淮安市	
311	郑燮墓	清	兴化市	
312	杨泗洪墓	清	宿迁市	
313	固城遗址	汉	高淳	
314	曲阳城遗址	汉	东海县	
315	镇江古城墙遗址	三国	镇江市	含三国铁瓮城古城墙遗址、东晋花山湾古城墙遗址。2000年9月增补为第四批省级文物保护单位

第五批：江苏省人民政府于 2002 年 10 月 22 日公布，其中古建筑及建筑遗址、古墓葬等有 80 处。

序号	名称	始建年代	地点	备注
316	佘城遗址	夏	江阴市	延续至商周
317	南城遗址	春秋	南京市	
318	石户城遗址	战国	铜山县	延续至汉代
319	钟山坛类建筑遗存	六朝	南京市	
320	漂母墓	汉	淮安市	
321	庙山汉墓	汉	仪征市	
322	三庄墓群	汉	泗阳县	
323	草堰口墓群	汉	建湖县	
324	尹湾汉墓	汉	东海县	
325	白集汉画像石墓	汉	徐州市	
326	仙鹤观六朝墓地	东晋	南京市	
327	象山王氏家族墓地	东晋	南京市	
328	秦观墓	宋	无锡市	
329	合剌普华墓	元	溧阳市	
330	将军山明功臣墓地	明	南京市	
331	宋瑛墓	明	南京市	
332	郑和墓	明	南京市	
333	段玉裁墓	清	金坛市	
334	阎尔梅（古古）墓	清	沛县	
335	钱谦益·柳如是墓	清	常熟市	
336	栖霞寺	南齐	南京市	
337	朦胧塔	明	建湖县	
338	斜塘土地庙及永安桥	南宋	斜塘镇	明重修
339	镇淮楼	南宋	淮安市	
340	庄城桥	南宋	金坛市	
341	觅渡桥	元	苏州市	明清重修
342	栖贤巷门	明	苏州市	
343	五峰园	明	苏州市	
344	涵村店铺	明	苏州市	
345	王锡爵故居	明	太仓市	
346	兴化城墙	明	兴化市	

续表

序号	名称	始建年代	地点	备注
347	仪征天宁寺塔	明	仪征市	
348	牛首山弘觉寺塔及摩崖石刻	明	南京市	
349	长乐桥	明	南京市	
350	蒲塘桥	明	南京市	
351	永寿寺塔	明	南京市	
352	惠山古镇祠堂群	明	无锡市	一直延续到民国
353	淮安府署	明	淮安市	
354	狼山广教禅寺	明	南通市	清之后有修葺
355	无锡县城隍庙旧址	明	无锡市	
356	荡口华氏建筑群	清	无锡市	
357	北山寺大殿	明	泰州市	清之后有修葺
358	黄桥民居群	明	泰兴市	明代之后继续有修建
359	高邮城墙及奎楼	宋	高邮市	宋代之后时有修葺
360	仪征鼓楼	明	仪征市	
361	极乐律院	明	宿迁市	
362	净觉寺	明	南京市	
363	杨柳村民居群	明	南京市	明代之后继续有修建
364	锦绣堂	清	苏州市	
365	织造署旧址	清	苏州市	
366	耕乐堂	清	同里镇	
367	沙溪雕花厅	清	太仓市	
368	双桥及沿河建筑	清	周庄镇	
369	清江文庙	清	淮安市	
370	适园	清	江阴市	
371	东坡书院	清	宜兴市	
372	口岸雕花楼	清	泰州市	
373	学政试院	清	泰州市	
374	汪氏小苑	清	扬州市	
375	汪氏盐商住宅	清	扬州市	
376	阮家祠、墓	清	扬州市	
377	吴道台宅第	清	扬州市	现为全国重点文物保护单位
378	朱自清故居	清	扬州市	现为全国重点文物保护单位

续表

序号	名称	始建年代	地点	备注
379	高邮当铺	清	高邮市	现为全国重点文物保护单位
380	秦淮民居群	清	南京市	
381	淳溪老街	清	高淳	
382	户部山民居群	清	徐州市	
383	清名桥及沿河建筑	清	无锡市	
384	周氏住宅	清末	泰州市	
385	李可染故居	清末	徐州市	
386	周恩来少年读书处	清末	宝应县	
387	陆定一故居	清末	无锡市	
388	阿炳故居	清末	无锡市	
389	刘氏兄弟故居	清末	江阴市	
390	赛珍珠旧居	清末	镇江市	
391	白塔、吹台	清	扬州市	归入"莲花桥"
392	江南贡院	宋	南京市	归入"贡院碑刻",名称为"江南贡院"
393	惠山寺庙园林	宋	无锡市	归入"金莲桥",名称为"惠山寺庙园林"
394	二泉书院	清	无锡市	归入"点易台铭四面碑",名称为"二泉书院"
395	李园	清	兴化市	归入"船厅",名称为"李园"

第六批:江苏省人民政府于2006年6月5日公布,其中古建筑及建筑遗址、古墓葬等有63处。

序号	名称	始建年代	地点	备注
396	孔望山古城遗址	宋	连云港	
397	如皋城东水关遗址	明	如皋市	
398	烟墩山墓地	西周	镇江市	
399	甘泉山汉墓群	汉	扬州市	
400	四高僧墓	唐宋	常熟市	
401	吴承恩墓	明	淮安市	
402	瞿景淳墓	明	常熟市	
403	大浮秦氏墓群	明清	无锡市	
404	秦金墓	明	无锡市	
405	史贻直墓	清	溧阳市	
406	甲辰巷砖塔	宋	苏州市	

续表

序号	名称	始建年代	地点	备注
407	香花桥	宋	吴江市	
408	无锡县学旧址	明	无锡市	
409	垂虹桥遗迹	元	吴江市	明清重修
410	胥门	元	苏州市	
411	白家桥	元	铜山县	
412	文起堂	明	苏州市	
413	务本堂	明	吴中区	
414	严讷宅	明	常熟市	
415	惠荫园	明	苏州市	清重修
416	朱氏宅	明	姜堰市	清重修
417	土山关帝庙	明	邳州市	清重修
418	赵信隆酱园	明	新沂市	清重修
419	文峰塔	明	扬州市	
420	净土寺塔	明	高邮市	
421	宜兴古桥梁	明清	宜兴市	共有菱溪桥等10座
422	集贤里民居	明	如皋市	入清后继续有修建
423	白蒲镇民居	明	如皋市	入清后继续有修建
424	宿迁孔庙大成殿	明	宿迁市	清代有修葺
425	瓮堂	明	南京市	
426	三公祠	明	无锡市	
427	常州戏楼群	清	常州市	共有万绥东岳庙戏楼等6座
428	卫道观前潘宅	清	苏州市	
429	大石头巷吴宅	清	苏州市	
430	潘世恩宅	清	苏州市	
431	江苏巡抚衙门旧址	清	苏州市	
432	江苏按察使署旧址	清	苏州市	
433	吴门桥	清	苏州市	
434	吴云宅园	清	苏州市	
435	赵园、曾园	清	常熟市	
436	铁琴铜剑楼	清	常熟市	
437	吴江文庙	清	吴江市	
438	余家当铺	清	昆山市	

续表

序号	名称	始建年代	地点	备注
439	榜眼府	清	张家港	
440	魁星阁	清	靖江市	
441	山西会馆	清	徐州市	
442	徐海道署	清	徐州市	
443	丰县文庙大成殿	清	丰县	
444	逸圃	清	扬州市	
445	岭南会馆	清	扬州市	
446	扬州盐商住宅	清	扬州市	含周宅、廖宅、贾宅
447	菱塘清真寺	清	高邮市	
448	植福庵	清	无锡市	含戏楼及殿堂
449	安阳书院旧址	清	无锡市	
450	扬名大桥	清	无锡市	
451	刘家垅万寿台戏楼	清	高淳	
452	祝大椿故居	清末	无锡市	
453	薛暮桥故居	清末	无锡市	
454	孙冶方故居	清末	无锡市	
455	盛宣怀故居	清末	常州市	
456	刘国钧故居	清末	靖江市	
457	赵元任故居	清末	常州市	
458	致德堂	清末	吴江市	

第七批：江苏省人民政府于 2011 年 12 月 30 日公布，其中古建筑及建筑遗址、古墓葬等有 83 处。

序号	名称	始建年代	地点	备注
459	罗庄城遗址	春秋	东海县	
460	龙苴城遗址	汉	灌云县	
461	甘罗城遗址	秦	淮安市	
462	韩信城遗址	汉	淮安市	
463	泗州城遗址	唐	盱眙县	
464	云梯关遗址	唐	响水县	
465	仪征东门水门遗址	南宋	仪征市	
466	葛城遗址	西周	丹阳市	

续表

序号	名称	始建年代	地点	备注
467	泰州城遗址	宋	泰州市	
468	洪保墓	明	南京市	
469	严天池墓	明	常熟市	
470	大云山汉墓群	西汉	盱眙县	
471	赵子禠墓	南宋	镇江市	
472	见月和尚墓	清	句容市	
473	玄津桥	明	南京市	
474	天隆寺塔林	明	南京市	
475	高淳周氏宗祠	清	高淳	
476	宛山石塔	明	无锡市	
477	锡澄运河南北新桥	明	江阴市	
478	徐义庄祠	明	宜兴市	
479	陆氏宅	清	无锡市	
480	李金镛宅	清	无锡市	
481	瀛园	清	宜兴市	
482	燕桥	明	徐州市	
483	徐州乾隆行宫	清	徐州市	
484	新坊桥	元	常州市	
485	礼嘉王氏宗祠	清	常州市	
486	白龙庙	清	常州市	
487	万缘桥	清	常州市	
488	五洞桥	清	常州市	
489	吕宫府	清	常州市	
490	常州文庙大成殿	清	常州市	
491	恽鸿仪宅	清	常州市	
492	吕思勉宅	清	常州市	
493	舍头桥	清	溧阳市	
494	观莲桥	清	溧阳市	
495	洪恩桥	明	吴江市	
496	弘济桥	明	张家港	
497	广福桥	明	吴江市	
498	玉涵堂	明	苏州市	清至民国曾多次修葺改建

续表

序号	名称	始建年代	地点	备注
499	鸿寿堂	明	吴江市	清至民国曾多次修葺改建
500	会老堂	明	吴中区	
501	尚志堂吴宅	清	苏州市	
502	三茅观巷沈宅	清	苏州市	清末至民国曾多次修葺改建
503	毕厅	清	昆山市	
504	玉龙桥	清	昆山市	
505	畅园	清	苏州市	
506	行春桥	清	苏州市	
507	徐家祠堂	清	吴中区	
508	仁本堂	清	吴中区	
509	北新桥	清	常熟市	
510	杨孝子祠	清	张家港	
511	南通文庙	元	南通市	明、清时曾多次修葺
512	南通文峰塔	明	南通市	
513	大雾崖石城	清	连云港	
514	扬州文昌阁	明	扬州市	
515	武当行宫	明	扬州市	
516	准提寺	明	扬州市	
517	董恂读书处	清	扬州市	
518	蔚圃	清	扬州市	
519	冬荣园	清	扬州市	
520	罗聘宅	清	扬州市	
521	梅花书院	清	扬州市	
522	刘氏五之堂	清	宝应县	
523	朱氏家祠	清	宝应县	
524	大桥徐氏宅	清	扬州市	
525	焦山定慧寺	明清	镇江市	
526	季河桥	明	丹阳市	
527	朱氏宗祠	清	丹徒区	
528	开泰桥	清	丹阳市	
529	山巷清真寺	清	镇江市	
530	金山寺	清	镇江市	

续表

序号	名称	始建年代	地点	备注
531	成氏宅第	明	兴化市	
532	万兴大典	清	兴化市	
533	杨家大院	清	兴化市	
534	姚南村明墓、石刻	明	南京市	
535	张佩纶宅	清末	南京市	
536	叶楚伧故居	清	周庄镇	
537	苏州关税务司署旧址	清	苏州市	
538	崇本堂	清末	吴江市	
539	嘉荫堂	清末	吴江市	
540	郝氏宗祠及住宅	清末	盐城市	
541	赵伯先故居	清末	镇江市	

江苏古建筑地点及年代索引

名称	类型	地点	建成年代（变化情况）	材料结构	规模	文保等级
南京城	城池	南京	明	—		1982年被列为国家第一批历史文化名城
明城墙			明	砖		1988年被列为全国重点文物保护单位
故宫遗址			明			1956年被公布为江苏省重点文物保护单位；2006年正式升级为全国重点文物保护单位
苏州城	城池	苏州	南宋	—		1982年被列为国家第一批历史文化名城
盘门			元	砖		1963年被列为苏州市文物保护单位；1982年被列为江苏省文物保护单位；2006年被国务院批准列入第六批全国重点文物保护单位名单
胥门			元	砖		2006年被列为江苏省第六批省级文物保护单位
扬州城	城池	扬州	隋	—		1982年被列为国家第一批历史文化名城
周庄	市镇	苏州	南宋	—		2003年被评为中国历史文化名镇
同里	市镇	苏州	南宋	—		1982年被列为省级文物保护单位；1992年被列为省级文物保护镇
退思园	园林	同里	清	砖木		2001年被国务院批准列入第五批全国重点文物保护单位名单
耕乐堂	民居	同里	清	木构		1986年被列为吴江市级文物保护单位；2002年10月列为省级文物保护单位
千灯				—		被列为省级文物保护单位
顾坚纪念馆	民居	千灯	清	木构		2005年被列为昆山市第一批控制保护建筑
延福禅寺			梁	木构		
秦峰塔			宋	砖木		1956年被列为省级文物保护单位
窑湾	市镇	徐州	清	—		2010年被列为省历史文化名镇
明月湾	村落	苏州	明	—		2005年被列为苏州市首批控制保护古村落
黄家祠堂			清	木构		
邓家祠堂			清	木构		
明月寺			清	木构		
敦伦堂			明	木构		
陆巷	村落	苏州	明	—		1986年被列为全国首批历史文化名村
遂高堂			明	木构		1986年被列为市级文物保护单位
惠和堂			清	木构		
三元牌楼			明			
南库	村落	苏州	明	—		

续表

名称	类型	地点	建成年代（变化情况）	材料结构	规模	文保等级
杨柳村	村落	南京	清	—		1982年被列为市级文物保护单位
尹宋村	村落	连云港	清	—		
彩衣堂	民居	常熟	清	木构		1996年被列为全国重点文物保护单位
师俭堂	民居	震泽	清	木构		2006年被列为全国重点文物保护单位
薛福成故居		无锡	清	木构		2001年被定为全国重点文物保护单位
五柳堂	民居	镇江	清	木构		1995年被列为江苏省文物保护单位
汪氏小苑	民居	扬州	清	木构		被列为江苏省文物保护单位
朱自清宅	民居	扬州	清	砖		省级重点文物保护单位、爱国主义教育基地和小公民示范基地
余宅	民居	徐州	清			
翟宅	民居	徐州	清			
拙政园	园林	苏州	明			1961年被列入第一批全国重点文物保护单位；1997年被列入《世界文化遗产名录》
留园	园林	苏州	清			1961年被列入第一批全国重点文物保护单位；1997年被列入《世界文化遗产名录》
网师园	园林	苏州	明			全国重点文物保护单位、世界文化遗产
寄畅园	园林	无锡	明			1988年1月13日国务院公布为全国重点文物保护单位
个园	园林	扬州	清			1988年被国务院授予第三批"全国重点文物保护单位"
水绘园	园林	如皋	明			2001年6月被国务院批准列入第五批全国重点文物保护单位名单
苏州府学	学宫	苏州	北宋			2001年6月25日被国务院批准列入第五批全国重点文物保护单位名单
大成殿	文庙	苏州	明	全楠木结构		
戟门	文庙	苏州	明	砖木		
棂星门	文庙	苏州	明	石		
明伦堂	文庙	苏州	清	砖木		
朝天宫	学宫	南京	清			1956年被评为江苏省文物保护单位
大成殿			清	砖木		
江宁府学			清	砖木		
明伦堂			清	砖木		
东林书院	书院	无锡	明	砖木		1956年10月由江苏省人民委员会公布为省级文物保护单位；2006年6月入选第六批全国重点文物保护单位

续表

名称	类型	地点	建成年代（变化情况）	材料结构	规模	文保等级
崇正书院	书院	南京	宋	砖木		
梅花书院	书院	扬州	明	砖木		
安定书院	书院	泰州	明	砖木		
全晋会馆	会馆	苏州	清	砖木		1963年被列为苏州市文物保护单位；1982年公布为江苏省文物保护单位；2006年月被国务院公布为全国重点文物保护单位
嘉应会馆	会馆	苏州	清	砖木		1982年被列为苏州市文物保护单位
潮州会馆	会馆	苏州	清	砖木		1982年被列为苏州市文物保护单位
岭南会馆	会馆	扬州	清	砖木		
横塘驿	邮驿	苏州	明	砖木		1963年被列为苏州市文物保护单位；1982年公布为江苏省文物保护单位
孟城驿	邮驿	高邮	明	砖木		2006年被列为全国重点文物保护单位
栖霞寺	佛寺	南京	南北朝	砖木		1982年被列入南京市文物保护单位
舍利塔	塔幢		南北朝	石		1988年被列入第一批全国重点文物保护单位
千佛岩	石窟		南北朝－明	石		
大明寺	佛寺	扬州	清	砖木		1958年被列为江苏省保护单位
大雄宝殿		扬州	清	砖木		
平山堂		扬州	清	砖木		
欧阳文忠公祠	祀祠	扬州	清	砖木		
西园寺	佛寺	苏州	清	砖木		1982年被列入江苏省文物保护单位
天王殿	佛寺	苏州	清	砖木		
大雄宝殿	佛寺	苏州	清	砖木		
罗汉堂	佛寺	苏州	清	砖木		
寒山寺	佛寺	苏州	清	砖木		1982年被列入江苏省文物保护单位
紫金庵	佛寺	东山	明	砖木		2006年紫金庵罗汉塑像被国务院公布为全国重点文物保护单位
正殿	佛寺	东山	明	砖木		
净因堂	佛寺	东山	清	砖木		
灵谷寺无梁殿	佛寺	南京	明	砖石		1982年被列为江苏省文物保护单位
隆昌寺无梁殿	佛寺	句容	明	砖石		1982年被列为江苏省文物保护单位
保安寺无梁殿	佛寺	无锡		砖		1983年被列为无锡市文物保护单位

续表

名称	类型	地点	建成年代（变化情况）	材料结构	规模	文保等级
开元寺无梁殿	佛寺	苏州	明	砖		1982年被列为江苏省文物保护单位
虎丘塔	塔幢	苏州	五代	砖木		1961年被列为全国重点文物保护单位
罗汉院双塔	塔幢	苏州	宋	砖木		1996年被列为全国重点文物保护单位
北寺塔	塔幢	苏州	宋	砖木		1982年被列为江苏省文物保护单位
瑞光塔	塔幢	苏州	宋	砖木		1988年被列为全国重点文物保护单位
甲辰巷砖塔	塔幢	苏州	宋	砖		1982年被列为苏州市文物保护单位；2013年升格为全国重点文物保护单位
万佛石塔	塔幢	镇湖	元	石		1982年被列为江苏省文物保护单位
慈云塔	塔幢	震泽	明	砖木		2007年升格为第七批全国重点文物保护单位
文峰塔	塔幢	扬州	明	砖木		1962年被列为江苏省文物保护单位
白塔	塔幢	扬州	清	砖		1962年被列为扬州市文物保护单位
昭关石塔	塔幢	镇江	元	石		1962年被列为江苏省文物保护单位
天宁塔	塔幢	仪征	明	砖木		1987年被列为仪征市文物保护单位
光孝塔	塔幢	南通	明	砖木		
阿育王塔	塔幢	连云港	宋	砖木		1982年被列为江苏省文物保护单位
玄妙观	道观	苏州	宋	砖木		1982年被列为全国重点文物保护单位
山门	道观	苏州	宋	砖木		
三清殿	道观	苏州	宋	砖木		
琼花观	道观	扬州	元	砖木		1962年被列为扬州市文物保护单位
轩辕宫	道观	东山	元	砖木		
城隍庙	道观	苏州	清	砖木		
阴亭	葬具	苏州	明	石		
正殿	道观	苏州	元	砖木		1982年被列为江苏省文物保护单位
清真寺	清真寺	镇江	明	砖木		1982年被列为镇江市文物保护单位
仙鹤寺	清真寺	扬州	宋	砖木		1995年被列为扬州市文物保护单位
普哈丁墓	清真寺	扬州	宋	砖		1982年被列为江苏省文物保护单位
泰伯庙	祠祀	无锡	明	砖木		1982年被列为江苏省文物保护单位
城隍庙	祠祀	苏州	明	砖木		1982年被列为江苏省文物保护单位
先蚕祠	祠祀	盛泽	清	砖木		江苏省级文物保护单位
华孝子祠	祠祀	无锡	明			2006年公布为全国重点文物保护单位
宝带桥	桥梁	苏州	唐	石		1982年被列为江苏省文物保护单位

续表

名称	类型	地点	建成年代（变化情况）	材料结构	规模	文保等级
枫桥	桥梁	苏州	唐	石		1982年被列为苏州市文物保护单位
大觉寺桥	桥梁	苏州	明	石		1995年被列为江苏省文物保护单位
思本桥	桥梁	同里	清	石		1995年被列为江苏省文物保护单位
五亭桥	桥梁	扬州	清	石		1982年被列为江苏省文物保护单位
蒲塘桥	桥梁	溧水	清	石		1991年被列为溧水县文物保护单位
清名桥	桥梁	无锡	清	石		1986年被列为无锡市市级文物保护单位
鲸塘桥	桥梁	宜兴	清	石		2006年公布为江苏省级文物保护单位

参考文献

[1] 刘敦桢. 中国古代建筑史[M]. 中国建筑工业出版社. 1984.

[2] 梁思成. 中国建筑史[M]. 生活·读书·新知三联书店. 2011.

[3] 刘敦桢. 刘敦桢文集[M]. 中国建筑工业出版社. 2007.

[4] 李允鉌. 华夏意匠：中国古典建筑设计原理分析[M]. 天津大学出版社. 2005.

[5] 刘致平. 中国建筑类型及结构[M]. 中国建筑工业出版社. 1987.

[6] 刘致平. 中国居住建筑简史——城市、住宅、园林[M]. 中国建筑工业出版社. 1990.

[7] 刘敦桢. 苏州古典园林[M]. 中国建筑工业出版社, 1979.

[8] 陈从周. 苏州园林[M]. 上海人民出版社. 2012.

[9] 陈从周. 扬州园林[M]. 同济大学出版社. 2007.

[10] 潘谷西. 江南理景艺术[M]. 东南大学出版社. 2003.

[11] 陈从周. 苏州旧住宅[M]. 上海三联书店. 2003.

[12] 陈从周. 中国厅堂·江南篇[M]. 上海画报出版社. 2003.

[13] 陈从周. 中国园林鉴赏辞典[M]. 华东师范大学出版社. 2001.

[14] 阮仪三. 江南古镇[M]. 上海画报出版社. 2000.

[15] 雍振华. 江苏民居[M]. 中国建筑工业出版社. 2009.

后记

"建筑"一词通常被认为是泛指各种房屋，它为当代人所普遍使用的时间其实并不太久，之前的文献中一般写作"宫室"、"屋宇"、"房舍"等等。那么，前者是否就是后者的代名词呢？似乎并不尽然。翻阅相关的古籍，会发现，"建"是动词。原意为"树"或"立"（如《周礼·天官·序官》：惟王建国，辨方正位，体国经野，设官分职，以为民极。注：建，立也）；而"筑"亦为动词，取"取土捣实"之意（如《说文》：筑，捣也。《左传·宣公十一年》：称畚筑，程土物。孔疏：畚者，盛土之器；筑者，筑土之杵）。将两者合二为一，应该也属动词，即营造活动，所以在20世纪三四十年代那些承担房屋建造的单位仍被称之为"营造厂"。今天所谓"建筑"，其实是将"建筑物"一词略去后缀而成。可见"建筑"一词其实包含了动词和名词两个属性，具有各类建筑物和营造活动两层意思。

据此，本书最初的构想确实曾包含有营造的内容，然而在纂写过程中却发现，用一个章节来介绍当地传统的营造技术存在着许多问题。首先是用万余字的篇幅难以将传统建筑的结构方法、营造程序、装修装饰等叙述清楚；其次是民间建筑的结构、形式并不统一，其营造方法也有诸多差异，要将其表述清楚，更需要相当的篇幅，所以考虑再三，最终只能割舍了这部分内容。好在一般人的印象中，"建筑"似乎更熟悉且仅为名词，而本人介绍苏州地区传统营造方法的专著《苏州民居营建技术》也已出版，另有介绍扬州地区营造技术的专著《扬州民居营建技术》亦将刊印，尽管仍未能涵盖江苏境内不同地区传统营造技艺的全部，但因这两地历史上经济发达，建筑水平领先于周边及其他地区，能够代表江苏传统营造技艺的最高成就，所以尚不至于有遗憾之感。

一年多来，在经过了结构构思、资料收集、研究分析直至文稿纂写等的忙碌之后，文稿终于完成，工作结束的快慰扫却了多日的疲惫。在本书即将面世之际，谨向曾对写作提出有益建议的同济大学教授路秉杰先生表示衷心的感谢，同时也向为编辑和出版耗费了大量精力的中国建筑工业出版社的有关领导、李东禧主任、唐旭副主任以及吴绫、杨晓编辑示以诚挚的感谢。

雍振华
2014年8月于苏州

作者简介

雍振华，1956年9月生于上海。1982年1月本科毕业，获学士学位；1989年3月研究生毕业，获硕士学位。现为苏州科技学院建筑与城市规划学院教师，主要从事中国建筑历史、传统民居建筑、中外造园史、园林规划设计等领域的研究与教学工作。撰写和参编了《苏式建筑营造技术》（中国林业出版社）、《2012江苏乡村调查——苏州篇》（商务印书馆）、《江苏民居》（中国建筑工业出版社）、《园林工程》（苏州大学出版社）、《城市公园绿地规划与设计》（中国建筑工业出版社）、《中国古典园林鉴赏辞典》（华东师范大学出版社）等专业著作和工具书；近十数年来发表论文30余篇；并完成古建筑修复、改造及仿古建筑设计等项目10余项。

现为住房与城乡建设部民居建筑专家组成员、中国民族建筑研究会民居建筑专业委员会委员、中国文物学会传统建筑园林委员会会员、中国风景园林学会会员、苏州民族建筑学会理事、苏州风景园林学会理事、苏州科技史学会理事、苏州香山帮营造协会理事。